PONTE CREATIVO

QUESTLOVE
PONTE CREATIVO

Traducción de Juan Trejo

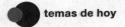

temas de hoy

Obra editada en colaboración con Editorial Planeta – España

© 2018, Ahmir Khalib Thompson
© 2019, Traducción: Juan Trejo
Corrección de estilo a cargo de Rosa Iglesias Madrigal

Título original: *Creative Quest*

© 2019, Editorial Planeta S.A. – Barcelona, España

Derechos reservados

© 2019, Editorial Planeta Mexicana, S.A. de C.V.
Bajo el sello editorial TEMAS DE HOY M.R.
Avenida Presidente Masarik núm. 111, Piso 2
Colonia Polanco V Sección, Miguel Hidalgo
C.P. 11560, Ciudad de México
www.planetadelibros.com.mx

Diseño de la colección: Planeta Arte & Diseño
Diseño de portada: © Jeanette Abbink
Fotografía del autor: © Michael Baca

Primera edición impresa en España: abril de 2019
ISBN: 978-84-9998-735-4

Primera edición impresa en México: agosto de 2019
ISBN: 978-607-07-6089-1

Impreso en los talleres de EDAMSA Impresiones, S.A. de C.V.
Av. Hidalgo núm. 111, Col. Fracc. San Nicolás Tolentino, Ciudad de México
Impreso en México –*Printed in Mexico*

A mi padre, mi primer mentor.
Gracias por enseñarme a ser creativo,
a ser persistente, a ser resiliente: a ser.

ÍNDICE GENERAL

INTRODUCCIÓN

Después de décadas de carrera, con un montón de álbumes y canciones bajo el brazo, todavía no tengo claro si soy en realidad una persona creativa. La mayor parte de mis días paso más tiempo absorbiendo el trabajo creativo de los que me rodean que creando algo propio. A veces me da la impresión de que soy mejor estudiante que profesor o creador. La cosa más creativa que he hecho hoy, por ejemplo, ha sido levantarme y enviarle un mensaje a Jimmy Jam sobre una extraña cara B del año 1987. Aunque bien mirado, eso no está nada mal; siento que mi vida está completa porque solo estoy a un mensaje de distancia de los artistas que formaron parte de mi colección de discos de la infancia. Hace que me sienta casi tan satisfecho como si hubiese creado yo mismo ese tema. Me pasó algo parecido hace unos días: me desperté, me puse a trabajar y no creé nada propio. A veces pienso que el exceso de información me cohíbe: me fijo demasiado en los detalles más nimios, soy demasiado meticuloso, incapaz de liberarme de la influencia del trabajo ajeno. ¿Qué es más importante para mí: hacer una canción que impacte al mundo o sentirme satisfecho aprendiendo de las canciones (o libros o películas) de los demás? En otras ocasiones me pongo a crear como un loco: hago álbumes o participo en gags o aprendo a utilizar artículos del hogar o a escribir libros. Entonces ¿soy creativo? ¿Puedo enseñar a otras personas a sacarle partido a su energía creativa y a dejar atrás parte de su ansiedad creativa?

Este libro pretende responder a esas preguntas y, al mismo tiempo, dejarlas sin respuesta. Examinaré mi proceso creativo observando los procesos creativos de personas que conozco; ya sean artistas reconocidos, músicos, cocineros, humoristas o directores de cine. Me comportaré como un buen estudiante con esos buenos maestros e intentaré entender cómo nutren mi propia creatividad. También contaré historias que tienen que ver con mi vida. Dichas historias no siempre serán una novedad, pero el hecho de contarlas de nuevo hará que sirvan para un propósito diferente. Cuando hablé sobre algunas de ellas en mis memorias *Mo' Meta Blues* lo hice con la intención de guiar al lector a través de los pasillos que conforman mi vida. Cuando cuento algunas de esas historias en «The Tonight Show» es para echarme unas risas con Jimmy o para pasar al siguiente segmento del programa. En este libro, dichas historias hablan por sí mismas, son oportunidades para presentar y analizar el proceso creativo. Así que entiéndelas como una especie de remix.

• • •

¿Las personas creativas hacen las cosas sin pensar? ¿Les preocupa si lo hacen mal o que les digan que lo están haciendo mal, o bien simplemente entran en una habitación, agarran pintura y lienzo y se ponen a trabajar? Me lo pregunto porque yo nunca he sido capaz de dejar de lado esa clase de autoconciencia.

Por eso siempre me han interesado los libros que hablan de la creatividad. O, mejor dicho: siempre me han interesado porque despiertan mi escepticismo. Los compro y los leo y después me detengo a pensar si aportan algo o no a la opinión general que tengo sobre ese asunto; en concreto, a cómo esas ideas salen de mi cerebro para llegar al mundo. Por lo general, no aportan gran cosa. Con esto no quiero decir que esos libros no sirvan para nada; o no necesariamente. Muchos de esos libros han supuesto todo un hito para otras personas, de ahí que me aconsejasen que los comprara, pues me aseguraron que me cambiarían la vida. Pero cuando eso no sucede, suelo sentirme un poco decepcionado. Lo que he llegado a aprender es que mi enfoque de la creatividad no se parece al de la mayoría. No sé si mi manera es mejor o peor, pero sé que es diferente, en buena medida porque mi experiencia me ha llevado a practicar disciplinas muy diversas, a veces sin preparación previa alguna. Los libros sobre creatividad, al menos todos los publicados antes de este que tienes en las manos, suelen inscribirse en dos amplias categorías. Por una parte están los libros que tratan el tema de la creatividad a modo de guía directa. ¿Cómo puedes grabar un disco superventas? ¿Cómo puedes escribir el guion de un taquillazo? ¿Cómo puede una persona corriente valerse de su instinto creativo? Por otra parte, hay libros que enfocan la creatividad como si se tratase de una práctica terapéutica. ¿Cómo puedes lograr que tus ideas te conviertan en una persona más confiada y segura en tu día a día? Mi intención es escribir un libro que sea ambas cosas a la vez. Trabajo en el campo profesional de la creatividad desde que era adolescente y siempre me han cautivado esos dos ámbitos: tanto lo «creativo» como lo «profesional». El arte no tiene por qué ser algo que se lleva a cabo a puerta cerrada con la intención de obtener un beneficio espiritual estrictamente personal. Aunque tampoco se trata de un proceso basado en un producto que se encuentra a expensas del mercado. Yo vivo y trabajo en el punto exacto en que se cruzan arte y comercio.

Quiero mostrarle a la gente cómo aprendí a moverme en esas dos pistas al mismo tiempo, cómo fui capaz de correr riesgos en mi tratamiento del arte al tiempo que gestionaba los pros y los contras del éxito comercial. El resultado es este libro, que cuenta cómo llegué a entender en qué consistían la creatividad y el éxito en los asuntos creativos. Quiero valerme de mi experiencia —no solo de mis éxitos y mis fracasos, sino también de los retos (y las victorias) que asumieron otros— para ayudar a los lectores a adentrarse con garantías en la esencia del proceso creativo. Todo el mundo puede imaginar hasta qué punto es amplio semejante proceso. Todo el mundo sabe que empieza con una idea y acaba con la realización de esa idea, pero la búsqueda del artista es, al mismo tiempo, más general y más específica. Tienes que saber cuándo dejarte arrastrar por una idea y cuándo soltarla, cuándo quedártela para ti y cuándo lanzarla al mundo, cuándo disfrutar de lo ganado y cuándo avanzar hacia territorio desconocido. La creatividad no es como un parque de atracciones —es algo mucho más complicado que eso—, aunque hay unas reglas de juego, unos principios generales que hay que seguir, y mi objetivo es que los lectores se hagan una idea panorámica del asunto.

En *El mago de Oz*, después de que Dorothy pasara las mil y una aventuras, la Bruja Buena le dice que en todo momento había tenido a su alcance el poder para volver a casa. Lo único que tenía que haber hecho era entrechocar los talones de sus zapatos color rubí. Como yo no soy la Bruja Buena voy a hacerte esperar hasta el final. Aunque voy a decirte algo desde el principio: tú —y solo tú— tienes el poder para lograr que estos ejercicios creativos funcionen. Yo solo puedo lanzarte pistas, miguitas de pan y algo de ciencia. Toma lo que quieras cuando quieras. El libro está en tus manos. Hasta qué punto te resultará útil es cosa tuya.

No es mi intención hacer grandes declaraciones, pero voy a hacer una: si usas este libro de manera adecuada, aprenderás algo, incluso si lo que aprendes es que ya disponías de tu propia versión de mucho de lo que aquí se dice. Ese es uno de los secretos que tal vez alguien con más vista que yo para los negocios se guardaría como *bonus track*; sin embargo, yo lo estoy colocando en primer lugar: un montón de las cosas que voy a decir aquí están en sintonía con cosas que ya has intuido. Lo que voy a hacer es aportar pruebas que lo confirmen. Te mostraré cómo otras personas hacen cosas parecidas. Y lo que es más importante: voy a animarte a reconocer que tus intuiciones sobre la creatividad seguramente eran correctas. Llegar a un punto en el que puedas fiarte de tu intuición es una parte muy importante de lo que supone avanzar en el terreno de la creatividad.

• • •

A menudo pienso en la creatividad como algo que tiene lugar en medio de una corriente. Las ideas se desarrollan a mi alrededor todo el tiempo y lo que yo tengo que aprender es a procesar todas esas ideas. He aprendido a ser un filtro: informado, activo, comprometido y motivado. Ya sea que estuviese trabajando en un disco, en una canción, en un diseño o participando en una conversación, he tenido la suerte de cruzarme con gente importante de diferentes campos: de Neil deGrasse Tyson al presidente Barack Obama, de Tom Sachs a Björk, de Ferran Adrià a David Lynch, de Kehinde Wiley a Wangechi Mutu o Usher. Todas esas personas me han inspirado; a menudo cuando me contaron historias de personas que, a su vez, los inspiraron a ellos. Todas las personas creativas están asentadas en la base de un árbol que extiende sus ramas a lo ancho y a lo alto —hacia otros campos o remontándose en el tiempo— de un modo que ayuda a definir y redefinir sus procesos creativos.

Lo que sigue es una especie de salto, pero la creatividad siempre lo es. Así que agarrémonos del brazo, metafóricamente hablando, y saltemos.

Questlove
Nueva York

LA CHISPA

La colección de discos

Cuando era niño mi padre tenía la colección de discos. Supongo que, técnicamente, era *una* colección de discos, pero para mí era LA colección. Tenía muchos discos de estilos muy diferentes. Tenía música soul, por obvias razones, porque había sido cantante doo-wop y líder de un grupo muy popular a mediados de los años cincuenta, y el soul —como mínimo el delicado soul de mediados de los años setenta, antes de que apareciese la música disco— era el descendiente más directo del doo-wop. Lo que ahora denominamos *rock de yate* o *rock suave* con armonías vocales al estilo Kenny Loggins o Christopher Cross era su género favorito, porque le daba la impresión de que transmitía vibraciones parecidas al doo-wop. Pero le gustaba el rock tocado en estadios y el jazz y también algo el reggae; le gustaba un poco de todo.

Lo que pasaba con los discos era que no daban la impresión de ser ideas cerradas. Eran ideas que podías abrir e ideas que podías utilizar. Y eso era lo que hacía mi padre. Ponía discos en casa. Los recuerdos son tan vívidos. Me sentía en casa estando en Filadelfia:

tenía tres años. Habitualmente después de cenar y antes de irnos a la cama, disponíamos de una ventana de unas dos horas en las que mi madre y mi padre se relajaban y escuchaban música; colocaban seis discos en el tocadiscos, en el cargador, y dejaban que sonasen. Eso implicaba que escuchaba todas las caras A de los LP. Una noche, el primer disco de la pila era «Stevie Wonder Presents: Syreeta», el segundo álbum de Syreeta Wright, la talentosa letrista y vocalista casada con Stevie en aquella época. El segundo tema de ese disco era *Spinnin' and Spinnin*, que plantea la teoría de que una relación amorosa puede ser como un carrusel: ilusiona pero también desconcierta. La parte central del tema recuerda un poco al circo, suena casi a *music hall*, y no deja de acelerar. Cuando acabó de sonar, escuché un fuerte chasquido en la cocina. Fui a ver qué pasaba y vi que un ratón había quedado atrapado en una ratonera, estaba atrapado por el cuello, aunque todavía estaba vivo y chillaba. Desde ese día los roedores son para mí un trauma.

Ese recuerdo le ofreció a la canción un ancla emocional. Pero también recuerdo haber pensado en ella analíticamente; me obsesioné con el resto de los elementos del disco. Me preocupaba en particular el murmullo del sintetizador final que sonaba justo en el momento en el que el cuello del ratón quedó atrapado en la trampa. Echando la vista atrás, puedo apreciar con claridad que Stevie y Syreeta habían sufrido una sobredosis de Beatles, especialmente del «Sgt. Pepper's Lonely Hearts Club Band». (Syreeta había incluido una versión de *She's Leaving Home* en su primer disco, lanzado dos años antes.) Valerse de The Beatles y del pop británico blanco a modo de influencia le aportó libertad a Stevie: como músico negro no quedó confinado en los ejercicios funk o en el típico compás cuatro por cuatro de la música electrónica. Le permitió crear algunas de sus mejores piezas, que casualmente son algunas de las mejores piezas jamás compuestas. En aquel momento, sin embargo, yo tenía tres años. Todavía no era capaz de colocar mis emociones a un lado y mi capacidad de análisis al otro. Todo me llegaba de golpe. Aquel sintetizador final sonó como un toque de difuntos para el ratón, y eso daba miedo. Nunca me he librado de esa sensación.

Empecé a pensar de ese modo en relación con todos los discos que había en casa. Poco importaba que fuese Al Green cantando *Call Me* o Pilot tocando *Magic*. Todas las canciones significaban algo más de lo que parecían. Atrapaban el tiempo (en el sentido de que eran grabaciones o sesiones de grabación), pero también atrapaban otro tipo de tiempo (en el sentido de que recordaba con mucha intensidad dónde me encontraba cuando las había escuchado). Esa sensación ha perdurado a lo largo de mi vida: en mi primer accidente de coche estaba sonando *Ironic* de Alanis Morissette. Patiné sobre el hielo durante una cita con una chica que estudiaba en Rutgers; conducía con cuidado, intentando esquivar un choque múltiple con cinco vehículos involucrados, y cuando me giré para echar un vistazo, el coche volteó directamente hacia ellos. Esa canción estará para siempre asociada a accidentes de coche. *Spinnin' and spinnin'.*

Aquellos discos supusieron una de las más importantes iniciaciones a la hora de generar ideas y desear convertirlas en productos creativos. También escuchaba música a través de otras fuentes. Escuchaba música en la radio. Escuchaba música cuando la banda de mis padres se subía al escenario a tocar. Escuchaba música cuando practicaba la batería. Pero los discos lo tenían todo. Eran música en el aire, pero también estaban aquellos discos negros dando vueltas, con la etiqueta en el centro, y tenían una foto en la funda, y luego estaban los textos. Eran algo físico en mis manos, podía notar su peso, podía tapar con ellos la luz del sol. Eran la materialización de una idea, y eso era importante. Después de pasar toda una vida grabando discos, ahora me encuentro a la sombra del árbol que conforma el proceso al completo, el producto al completo. Pero creo que en aquel entonces ya tenía la semilla.

Hemos recorrido un largo camino desde entonces y, en cierto

sentido, hemos retrocedido. Los discos ya no tienen cubiertas grandes. Ya no tienen textos introductorios como los de antes. Ya no tienen etiqueta en el centro. Y la mayoría de la música que consumimos no tiene un soporte físico. Está en la nube y de ahí baja hasta nuestro bolsillo, sin que lleguemos a tenerla nunca en las manos. Pero sí puedes darle vueltas en tu cabeza. Las canciones siguen siendo ideas. Cuando las escucho todavía rememoro aquellos momentos en los que sostenía la cubierta del disco en mis manos y pensaba en la mente que había sacado aquel tema de la nada y le había dado existencia. En aquel entonces no entendía el proceso, y no estoy seguro tampoco de entenderlo ahora.

Subir

Al hablar de creatividad solemos utilizar metáforas. En primer lugar, es complicado ser preciso: he leído montones de libros sobre el proceso creativo a lo largo de estos años y, por lo general, lo primero que intentan responder siempre es la pregunta sobre qué es lo que hace que una persona sea creativa. Si te topas con una persona en la acera, ¿cómo puedes llegar a saber si es o no una persona creativa? No esperamos que esa persona, de repente, rebusque en su bolsa, saque un lienzo y pinte un cuadro al óleo, así pues ¿cómo podemos saberlo? ¿Dependerá de lo que diga o de lo que haga? ¿Encontraremos alguna pista en su lenguaje corporal o en su modo de mirar?

Voy a responder a esas preguntas diciendo que se trata de preguntas equivocadas. La cuestión no radica en si, en cuanto te vean, van a poder afirmar si eres creativo o no. Si eso es lo que te preocupa, ponte una boina. La clave radica en si eres o no capaz de conectar con tus impulsos creativos. La creatividad es fuego. Así lo hemos establecido. Pero yo voy a empezar por la chispa.

¿Qué es la chispa? Es el primer paso de cualquier acto creativo. No hay fuego sin chispa. (Voy a resistirme al debate entre el *TeamSpringsteen* o el *TeamJoel* a estas alturas del libro.) Así que ahí es por donde quiero empezar: dentro de tu cabeza. ¿Cómo se tiene una idea? ¿Cómo te das cuenta de que se está formando en tu mente? ¿Y cómo puedes lograr que tu mente se convierta en una de esas mentes receptivas a las ideas?

Habrá gente que te dirá que existen estudios que demuestran que todo el mundo es creativo, al menos en cierto grado. Es más, hay estudios para casi cualquier cosa. Pero digamos que es cierto. Todo el mundo es creativo en cierto grado. Pero los grados son importantes, lo son en relación con el clima o con un delito. Recuerdo haber hablado de esto con alguien dedicado a los negocios. Fue en uno de mis salones culinarios: son reuniones que organizo en Nueva York, en Gehry, a las que invito a amigos chefs a crear nuevos platos para mí y para mis invitados, habitualmente músicos, artistas, humoristas o escritores. También acuden algunos empresarios, aunque no del estilo Wall Street; podríamos denominarlos empresarios del mundo cultural. (De hecho, algunos de esos empresarios han sido los responsables de algunas iniciativas muy interesantes, dado que tienden a aplicar la creatividad desde un ángulo diferente.) Esta persona en concreto trabajaba para una compañía de Internet. Cuando era joven le interesaba mucho la música. Tocaba el piano, pero en realidad no le habían dado nunca una clase porque siempre había intentado componer sus propios temas. Le dije que muchos de los músicos que conocía habían pasado por un proceso similar. Habían rechazado verse sometidos a restricciones porque lo que querían era ampliar horizontes. Me dijo que muchos empresarios funcionaban justo del modo opuesto: aceptaban verse encasillados porque ampliar objetivos entrañaba un riesgo.

«¿La creatividad es importante en el mundo de los negocios?», le pregunté.

Era una pregunta que me había planteado personalmente

pero que nunca se la había hecho a nadie en particular, al menos no a nadie que se dedicase al mundo de los negocios. Eso ocurrió en los primeros meses de trabajo de este libro y me lo planteé como parte de mi investigación.

«Te responderé en dos palabras —me dijo—. Gordon Torr.»

«¿Cómo?» Pensé que se trataba de algún código. A lo mejor era algún término *cockney*. A lo mejor «Gordon Torr» significaba «Hasta la médula» o «Sin lugar a dudas».[1]

Resultó que Gordon Torr era el nombre de una persona. Torr, sudafricano, había sido director creativo en los años ochenta y noventa. Había dirigido campañas había dirigido compañías y también había escrito libros motivacionales y novelas. Por lo visto, estaba en contra de la idea de que todo el mundo fuese igual de creativo.

> Creer que todo el mundo tiene la capacidad de ser tan creativo como la persona que tiene al lado es tan absurdo como creer que todo el mundo tiene la capacidad de ser tan inteligente como quien tiene al lado y, sin embargo, es algo universalmente aceptado como una tontería. Por otra parte, es una creencia relativamente nueva, algo que se ha arraigado desde hace treinta o cuarenta años; coincide hasta tal punto con la popularización de la idea de que la creatividad es un elemento esencial para el éxito tanto social como económico como para ser una mera coincidencia.

Yo no lo hubiese dicho de ese modo si me lo hubieses preguntado unos pocos días antes. Lo que yo habría defendido es que todo el mundo es creativo, aunque no del mismo modo. Pero después de que ese amigo me dirigiese a Gordon Torr, empecé a ver las cosas desde su punto de vista, al menos durante un tiempo. Ser creativo tiene que ver con eso. No hay que aferrarse en exceso a tu

---

(1) En cockney se utilizan palabras que riman para sutituir a las palabras originales, de ahí que en inglés «Gordon Torr» le sugiera «To the core» o «Through the door». *(N. del e.)*

Ser creativo tiene que ver con eso. No hay que aferrarse en exceso a tu propio criterio. De vez en cuando hay que mostrarse flexible.

—

propio criterio. De vez en cuando hay que mostrarse flexible. Hay que permitir que las influencias inesperadas (como lo que me ocurrió con Torr) te hagan cambiar de idea. Siempre puedes retomar tus convicciones si son válidas. Está bien ejercer de turista adentrándose en los puntos de vista de los demás. Empecé a pensar en los ejemplos de creatividad empresarial con una mirada cínica. En una ocasión me encontré en Internet con una lista que proclamaba: «Maneras de ser creativo», y si bien en cualquier otra ocasión la habría pasado por alto, me detuve un rato a estudiarla y me dejó absolutamente frío. ¿Acaso intentaba la persona que la había escrito disolver el sentido del asunto al codificarlo de una manera tan burda y reduccionista?

Finalmente, acabé situándome en un punto intermedio respecto a lo que planteaba esa pregunta. Me dije que todo el mundo nace con alguna clase de impulso creativo, o como mínimo la mayoría de la gente. Se trata de una energía genuinamente humana. Los niños se cuentan cuentos sobre el mundo. Dibujan. Juegan sin restricciones con sus muñecos, haciendo que animales de peluche hablen entre sí. Pero este libro no es para niños. Es para adultos. Y respecto a los adultos, me da la impresión de que el impulso creativo —a pesar de manifestarse en la mayoría de los seres humanos— está distribuido de un modo desigual. Aun así, enfoqué dicha distribución de manera diferente gracias a Gordon Torr. No llegué a conocerlo personalmente. Es muy probable que sea buena persona. Pero yo no le veo la razón a lo de argumentar que algunas personas son más creativas que otras en ciertos aspectos esenciales. Lo que yo diría es que la creatividad está distribuida de manera desequilibrada en el interior de un mismo individuo. Opera de un modo diferente en las diferentes disciplinas. Opera de un modo diferente según el momento. Todos tenemos puntos ciegos y áreas creativas donde nos marchitamos, pero también hay aspectos en los que brillamos y áreas creativas en las que florecemos.

Como resultado, todo el mundo —pues todos somos creativos, al menos en algún sentido, si bien no de un modo tradicional— tiene que aprender cómo localizar sus ideas, cómo llevarlas a cabo, cómo sentirse respecto a ellas una vez lanzadas al mundo y cómo asimilar las reacciones de los demás al respecto. Una persona creativa puede no desear darle salida a sus ideas, lo que convierte la creatividad en algo simplemente teórico. Y según el mismo patrón, aquellas personas que definimos como no creativas pueden aprender a tener ideas y a convertirlas en alguna cosa, a pesar de que no broten de ellos de manera natural; en particular cuando se trata de algo que encaja con sus personalidades. Cuando eso ocurre, ¿qué sentido tiene llevar a cabo ninguna distinción?

Vamos a necesitar una definición de lo que es una persona creativa para seguir adelante. Aquí va el primer intento: una persona creativa es una persona que crea.

Empecemos por ahí. Esa es una de las lecciones fundamentales de la creatividad. No hay que preocuparse si una idea o una escena o una canción te llega en un principio bajo una forma simplista. Esa llegada parcial es una especie de embarazo. Las semillas saben muy bien cómo convertirse en otra cosa. Una persona creativa es una persona que crea. Dejemos esa semilla en la tierra durante un rato. Luego volveremos para echarle un vistazo.

Quiero dirigirme a todas las personas que crean. Quiero darle espacio a todo el mundo. Eso no quiere decir que todo el mundo vaya a extraer lo mismo de este libro. A algunas personas les resultará útil de arriba abajo (eso espero). A otras solo les interesarán algunos aspectos. Mi intención es que este libro sea una especie de guía más que una serie de reglas y ejercicios específicos. Hay libros sobre creatividad que pretenden ser muy programáticos, en parte porque quieren convencerte de que encierran un secreto. Yo no pretendo tener ninguna clase de secreto. Mi intención es justo la contraria. Tengo mis historias, y las historias de otros —gente que conozco o gente que he conocido durante el proceso de escritura de este libro— y espero que todo el mundo aprenda de ellas. No quiero decirle a nadie qué es lo que tiene que hacer. Quiero decirles qué es lo que pueden hacer.

Einstein y Jiro

Hemos definido, sin grandes pretensiones, a una persona creativa como alguien que crea. Pero ¿qué es la creatividad? Resulta prácticamente imposible trazar una definición que agrade a todo el mundo. Wikipedia es una fuente para todo. Dice: «La creatividad es un fenómeno mediante el que se forma algo nuevo con alguna clase de valor».

No creo que sea del todo cierto. ¿Tiene que tratarse de algo nuevo o puede ser simplemente algo nuevo para la persona que lo está haciendo en ese momento? Lo mismo puede decirse del sentido de valor. Según quién seas, el momento en el que te encuentres y dónde estés, el valor puede variar mucho.

Pero existe un problema incluso más importante. Esa definición se centra en la naturaleza impersonal de la creatividad. Se centra en cosas que se forman, más que en la persona que las crea. En lo que respecta a este libro, al menos en un principio, quiero pensar que la creatividad está —y al mismo tiempo no está— en la mente. ¿Cuáles son las costumbres y creencias que se desarrollan a su alrededor, qué la incentiva, qué la evita? Según mi propia definición —la de la Questopedia—, la creatividad es la personalidad que permite que se forme algo nuevo con alguna clase de valor.

La creatividad es la personalidad que permite que se forme algo nuevo con alguna clase de valor.

—

Eso la libera de un poco de presión, ¿no es cierto? Debería hacerlo, como mínimo.

Desde mi punto de vista, la personalidad no es siempre un valor positivo. O mejor dicho: es positivo en la mayoría de ocasiones, cuando se le permite operar de manera creativa. De no ser así, puede convertirse en algo aburrido. Desde mi punto de vista, crear cosas tiene que ver con encontrarle un lugar a los sentimientos que, de otro modo, interferirían en el día a día. Podrían ser sentimientos hostiles. Podrían ser sentimientos depresivos. En mi caso se trata de dos sentimientos habituales, y no quiero que semejantes sentimientos dominen mi día a día, de ahí que funcionen tan bien como motor para crear cosas.

Siendo niño, cuando me contaron que Einstein había pasado sus últimas décadas de vida en Nueva Jersey, me pareció algo muy extraño. Se me hacía difícil imaginarlo caminando al lado de otros habitantes arquetípicos de Jersey; me vino al pensamiento Tony Soprano, aunque por aquel entonces no existía. ¿Acudió Einstein, acompañado de alguien como Tony, a ver las obras de un edificio? ¿Caminó por las aceras de Atlantic City, rebuscando monedas en sus bolsillos con la esperanza de conseguir las suficientes como para ganar algo de dinero en el casino? Una vez, acompañé a mis padres desde Filadelfia a un concierto que tenían que dar en algún lugar del noreste. Tomamos la autopista I-95, que pasaba cerca de Princeton, en Nueva Jersey, y cuando vi uno de los carteles, recordé haber leído que Albert Einstein recorría las calles de Princeton estudiando las aceras en busca de colillas de cigarrillos. Cuando encontraba una, la recogía y vaciaba los restos de tabaco dentro de su pipa. Eso no implica que fuese una persona tacaña. Bueno, tal vez lo fuese, pero no era ese el motivo por el que lo hacía. Su médico le había prohibido fumar, pero él se saltaba la prohibición. Estaba siendo ingenioso y también le estaba diciendo al mundo con ese gesto que no quería que lo encasillasen. Si quería hacer algo, iba a hacerlo. Que alguien intentase detenerlo.

Las colillas de Einstein me recuerdan otro componente de la creatividad: hay que prestar atención. Hay que mirar al suelo. Posiblemente esto me haga sentir más culpable que otras prácticas creativas, en buena medida porque, para empezar, me pregunto si realmente soy una persona creativa. Tal vez simplemente sea un buen estudiante, rastreando las aceras en busca de los restos dejados por otras personas para recogerlos y rellenar con ellos mi pipa. No estoy seguro de eso. Pero siempre me he mostrado especialmente atento a las idas y venidas de los proyectos creativos de los demás; en particular, en lo que a música se refiere. Cuando era pequeño escuchaba las canciones y apreciaba cosas extrañas en su interior. También escuchaba lo evidente, por descontado. Tomemos un tema como *Somebody's Watching Me* grabada por Rockwell a principios de los años ochenta. Rockwell no era su nombre auténtico. Se puso ese nombre porque se movía bien. En realidad se llamaba Kennedy William Gordy y sus orígenes familiares eran bastante impresionantes. Era hijo de Berry Gordy, fundador de la Motown, y le pusieron ese nombre en honor a dos personas que para su padre eran toda una inspiración: John F. Kennedy, que había sido asesinado seis meses antes de que Rockwell naciese, y William *Smokey* Robinson, que venía produciendo un éxito tras otro para el sello discográfico de su padre desde los años sesenta. A principios de los ochenta, Rockwell, gracias a la magia del nepotismo, consiguió un éxito considerable con *Somebody's Watching Me*, que era una espeluznante canción sobre la paranoia y el horror. El video era inolvidable. Rockwell se topaba con sus temores en cada esquina y tenía que convencerse de que se los estaba imaginando. Al final llegaba el cartero. Parecía un tipo amable. Pero al acercarse a la cámara podíamos apreciar que tenía una mano deforme, lo que venía a dar a entender que tal vez Rockwell no se había imaginado todas aquellas cosas. Ese era el gancho del video: la revelación. El gancho de la canción eran los coros, con la alucinante voz de Michael Jackson. Eso supe apreciarlo. Era imposible no hacerlo. Pero yo escuchaba algo más: las notas de un teclado que yo estaba convencido de que era la semilla de la canción.

Hay que prestar atención a las semillas. Volvemos aquí a las metáforas botánicas. Las grandes ideas crecen a partir de las pequeñas cosas. Los escritores suelen mostrar especial sensibilidad con las palabras. Los artistas son sensibles al color y a las líneas. Si quieres despertar tu creatividad presta atención a los actos creativos de los demás. Es más: intenta prestar atención al modo en que aquellas cosas que no habrías definido como actos creativos son ejemplos perfectos de creatividad. Eso me lleva de vuelta a Einstein y al modo en que su manera de fumar ilustra ciertos principios creativos, aunque también me lleva a Tokio. En 2016 publiqué un libro titulado *somethingtofoodabout* en el que hablaba de diez chefs y de los aspectos creativos de sus vidas. La génesis del libro no fue la comida sino una película, aunque una película sobre comida. Era *Jiro Dreams of Sushi*, el gran documental sobre el chef de sushi Jiro Ono. Cuando se estrenó la película, en 2012, Jiro estaba a mitad de la ochentena y, en términos generales, estaba considerado como el mejor chef de sushi del mundo. A mí me enloqueció. Tenía tal capacidad y ponía tanto de sí mismo en lo que estaba haciendo, que era... hacer sushi. Había apreciado expresiones semejantes en el rostro de otras personas, pero por lo general eran personas que estaban grabando un disco, pintando o se encontraban sobre un escenario. ¿Acaso era posible que lo que estaba haciendo con pescado y arroz fuese un proceso similar, tal vez incluso exactamente el mismo? Vi la película varias veces. Y para mi cumpleaños, en 2013, viajé a Japón. Tenía previstas algunas actuaciones como DJ, pero el asunto principal del viaje era ir a ver a Jiro. Fui al barrio de Chuo, en el distrito de Ginza, llegué hasta la calle Cuatro y, finalmente, llegué al Edificio Tsukamoto Sogyo. Es un edificio de oficinas en el centro de Tokio. Hay carteles de neón. No daba la impresión de ser el lugar adecuado. Pero al meterme en el paso subterráneo del metro, a un lado, allí estaba el local de Jiro.

Mientras comía, pensaba en la comida como un acto creativo, y fue una buena idea, porque eso me permitió apreciar lo que Jiro estaba haciendo. No solo preparaba piezas de sushi, planeaba la comida. Cada plato podía tener sus propios gusto, textura, color y sabor distintivos, pero él siempre estaba componiendo. Era como un concierto de música clásica; o tal vez sería más adecuado decir como la actuación de un DJ. Sabía que nos tenía en su mano, a los comensales, durante un tiempo limitado y quería llevarnos por una experiencia que activase toda una serie de pensamientos y emociones. Unas cuantas piezas que te hacían elevarte, después otras pocas que te hacían llanear y finalmente otras te hacían descender para, justo después, elevarte de nuevo. Hasta ese momento no había entendido hasta qué punto un chef podía ser un artista creativo. Quiero decir que si hubiésemos estado hablando en una fiesta y me hubieses preguntado si los chefs eran artistas creativos habría asentido y habría dicho que, obviamente, lo eran. Sí, sí, artistas creativos. Pero en realidad no entendí que lo eran hasta que me senté en el Sukiyabashi de Jiro.

Ciencia extraña

En el inicio del proceso de escritura de este libro descubrí un artículo en Internet. Se titulaba *Why Weird People Are Often More Creative* («Por qué la gente rara suele ser más creativa»). El artículo decía que la mayor parte de la gente funciona filtrando buena parte de la información propia de su campo. Pero hay un grupo de personas que no pueden o no lo hacen. Se permiten plantearse un espectro más amplio de ideas, incluso aquellas que no pueden aplicar en la situación en la que se encuentran. A ese tipo de rareza, la psicóloga de Harvard Shelley Carson la denomina «desinhibición cognitiva», y cree que se encuentra en el núcleo duro de cualquier clase de creatividad. Si nos pasamos el día descartando aquellos pensamientos que no encajan con lo que entendemos por aceptable, correcto o adecuado, no tendremos ideas que vayan más allá de las ideas de las que siempre disponemos.

Ese es el primer punto. Hay que estar dispuesto a desinhibirse cognitivamente hablando. No tienes por qué llevar puesto un vestido hecho de carne, sino que hay que intentar siempre inspirarse en algo sorprendente; o sorprenderse uno mismo estando siempre inspirado. Hay infinidad de ejemplos. Cada uno de ellos es un acto de creación. Recuerdo una vez en casa de un amigo, sentado de noche en el jardín. Los pájaros y los grillos hacían ruidos. No sé gran cosa ni de pájaros ni de grillos. Pero quise inmiscuirme en su discusión. Imaginé que estaban hablando unos con otros siguiendo la letra de canciones que conocía. Uno de ellos cantaba *Changes* de David Bowie, pues producía un ruidito así: *ch-ch*. Otro de ellos hacía un ruido como de «z», así que me dije que tenía que ser *Rump Shaker*, debido al «zoom zoom zoom in the boom boom». Al cabo de un rato empecé a notar algo más, no el aspecto alfabético del sonido sino el hecho de que se producía en ráfagas. Uno de los animales (¿un pájaro?) cantaba formando tríadas y otro (¿un grillo?) lo hacía formando pares. Eso me dijo algo más: 3-2-3-2. Ahí había algo de ritmo. Da-da-da, da-da. Era *Louie Louie* de los Kingsmen, lo cual significaba también que era otra canción de David Bowie, *Blue Jean*. Recuerdo que ese tema me decepcionó porque era el que Bowie había compuesto después de *Let's Dance*. ¿Eso era todo? (Nota aparte: hacia el final del tema, mientras canta *Somebody send me*, Bowie se pone más y más intenso, hasta el punto en que empecé a temer que vomitase.) Eso me hizo pensar en la versión que The Jackson 5 hicieron de *Mama I Gotta Brand New Thing (Don't Say No)* y en cómo la guitarra de Dennis Coffey suena como si alguien estuviese diciendo «*pick it up*» («recógelo»), y entonces me di cuenta de que estaba pensando en eso porque se me había caído un vaso de papel. Y lo recogí. (Ese tema, por supuesto, es también un ejemplo del abuso que la Motown llegó a hacer de los abruptos y tenebrosos finales a base de sintetizador.) Nada de todo esto tiene una relevancia especial más allá de sugerir que hay patrones y vínculos en todas partes y que si intentas mantenerte en una de las vertientes creativas de la mente, deberías dejar a tu cerebro que encuentre el modo de llegar.

Voy a intentar ofrecer otra definición de creatividad. No se trata de permitir que todo entre sino de evitar que todo se quede afuera. Aparecerán muchas definiciones. Anotémoslas. Hay un test al final. (No te preocupes, no es un verdadero test. Reservo esa clase de cosas para mis alumnos de la NYU. Compraste el libro. Estás leyéndolo. Eres responsable de lo que recuerdas y de lo que no.) ¿Conoces esos pósteres 3-D que dan la impresión de que no muestran nada pero que cuando empiezas a mirarlos se convierten en algo? La imagen 3-D oculta solo aparece cuando desenfocas los ojos del modo correcto. Es una metáfora del proceso. Ser creativo es una mezcla de desenfocar la mirada del modo correcto al tiempo que sigues enfocado en la imagen.

Es más que una metáfora. Es un estado físico. Piensa en todas las cosas que haces a lo largo del día. Para la mayoría de tareas el mejor escenario posible es que tu mente se encuentre alerta, afilada y brillante. Imagina que eres una persona diurna (como yo) o

—

No se trata de permitir que todo entre sino de evitar que todo se quede afuera.

una persona nocturna (tristemente también como yo) y programa todos tus trabajos según eso. Si tienes que despertarte a las cinco de la madrugada para poder responder todos tus correos electrónicos sin tener la mente lenta, eso es lo que tienes que hacer. Si tienes que quedarte hasta tarde en la oficina para poder transcribir las notas de la reunión, eso es lo que tienes que hacer.

Pero cuando creas, la ecuación es un poco diferente. Recuerdo haber leído un estupendo artículo de *The Atlantic* hace ya unos años. Era estupendo porque resultaba absolutamente inesperado, y sin embargo me confirmó algo que venía sospechando desde hacía mucho tiempo: que crear requiere de un tipo de enfoque mental diferente al resto de labores. El artículo citaba un estudio de una profesora de psicología llamada Mareike Wieth, titular en el Albion College de Michigan. Diseñó un experimento con más de cuatrocientos estudiantes, los examinó a las ocho y media de la mañana y a las cuatro de la tarde. También les pasó una encuesta para determinar si preferían las mañanas o las tardes. A partir de esos datos intentó descubrir si el estado de alerta de los estudiantes afectaba su rendimiento en el examen. Algunas de las preguntas eran analíticas, problemas lingüísticos. En esos casos, el momento del día y el nivel de sueño de los estudiantes no tenían efecto ninguno sobre su efectividad. La capacidad de análisis era sólida tanto si estaban cansados como si se sentían muy despiertos. Esto resultaba un tanto sorprendente, porque daba a entender que los estudiantes no tenían que estar en estado completo de alerta para resolver correctamente problemas matemáticos. Algo que no les sonaba tan bien a los padres que se irritaban porque sus hijos no se iban a la cama a la hora que les tocaba... Aunque el resultado más interesante estaba relacionado con el otro tipo de preguntas: se les exigía a los estudiantes que participasen en la resolución de problemas innovadores. El artículo las denominaba «preguntas basadas en la percepción». Para responderlas, los estudiantes tenían que ponerse en el lugar de otro, o bien cambiar de punto de vista respecto a algún juego de palabras, o bien diseñar un puzle y resolverlo. En esos casos, el momento del día y el nivel de atención de los estudiantes afectaba a sus respuestas; pero no del modo en que podríamos pensar. No eran más efectivos en la resolución de problemas «basados en la percepción» cuando estaban más despiertos. Lo hacían mucho mejor cuando estaban menos alerta. Eso es cierto: la resolución de problemas creativos mejoraba en un veinte por ciento debido al cansancio. La profesora que había creado el estudio dedujo que el cansancio posibilitaba los pensamientos azarosos. (Un estudio parecido descubrió que con ligeros niveles de alcohol en la sangre se conseguían los mismos resultados.)

Tómate un momento para asimilarlo. Las personas eran más creativas cuando no estaban completamente alerta. El estado tradicional de alerta es enemigo de lo que entendemos por creatividad. Recuerda: desinhibición cognitiva. Para mantenerse en contacto con la vertiente creativa de uno mismo y las ideas que allí se generan, tienes que observar a través de los pensamientos organizados y centrados y encontrar qué se oculta tras ellos. Es posible que no haya nada allí, o bien que encuentres algo brillante.

Es lo que no es

En el otoño de 2016, justo cuando empezaba a trabajar en este libro, participé junto a Malcolm Gladwell en la charla inaugural de un congreso en la ciudad de Nueva York. No fue una charla muy extensa, no dispusimos de mucho tiempo sobre el escenario, pero antes de que empezase, en los camerinos, le hice una de mis preguntas favoritas. «¿Alguna vez te has quedado sin ideas?», le dije. Me miró sorprendido durante unos segundos. «¿A qué te refieres?», me preguntó. «Ya sabes —le aclaré—. Para los libros.» Meditó su respuesta. Me dijo que algunas de sus ideas no surgían con forma de libro y tenía que repensarlas más adelante, y cómo algunas de sus ideas resultaban ser partes, más adelante, de ideas de mayor importancia. Escuché lo que me dijo. Pero en realidad lo que escuché decir fue:

> No. No, no me quedo sin ideas. Hay un proceso secundario que me importa mucho más, cómo refinar una idea, perfeccionar la ejecución, conectar una idea con el público adecuado, aceptar la evaluación crítica de todo ello. Pero quedarme sin ideas... Nunca.

La charla con Malcolm también me recordó los puntos de tensión de cualquier sistema creativo. De nuevo: las personas creativas siempre tienen ideas. Ese no es el asunto. El asunto radica en aprender cómo atrapar dichas ideas sin verte atrapado por ellas, cómo mostrarlas sin quedar demasiado expuesto, cómo avanzar pero que no te asuste moverte hacia los lados o hacia atrás. Muchos libros sobre creatividad hablan sobre todo del viaje. Eso está bien. Me gusta la idea de un viaje, aunque Journey nunca me interesó demasiado; *Who's Crying Now* es bastante indiscutible. Pero también he trabajado y trabajo en la parte comercial de las artes y eso significa que dicho viaje tiene un objetivo final en el mercado.

Este libro, en ese sentido, es diferente a otros libros sobre creatividad. Doy por hecho que lo que haces acabará llegando a algún sitio, ya sea frente a los ojos o los oídos de los demás. No tiene por qué tratarse de una tienda tradicional de discos. Pero acabará en algún lugar. Otros libros que he leído afirman que el artista creativo tiene que descartar cualquier expectativa al empezar, que tiene que empezar practicando escritura automática o dejando que la mente vague por cualquier rincón o idea. Eso puede funcionar bien durante un rato, pero estoy en contra de las implicaciones a mayor escala de esa teoría. No atiende lo suficiente a la disciplina o la dirección. Todo el mundo necesita objetivos. Espero que este libro ayude a esbozar algunos de esos objetivos de un modo que resulte productivo y también los ratifique.

Una de las estrategias más importantes es la afirmación negativa. Mi difunto mánager, Rich, solía hablar de un concepto de Maimónides conocido como teología negativa, mediante la cual llegas a conocer a Dios únicamente a través de todo aquello que puedes decir que no es Dios. En su momento, esa idea no arraigó en mí, pero ahora que soy mayor tiene algo más de sentido (además, cuando murió volví a repasar sus correos electrónicos buscando momentos de sabiduría que hubiese pasado por alto). Dedícale a las ideas la misma clase de respeto. Crea un espacio negativo alrededor de tu idea. Si estás en disposición de pintar un retrato, haz una lista de todas las cosas que no quieres que sea: demasiado realista, por ejemplo, o que tenga colores muy brillantes. A veces resulta complicado llegar al corazón de una idea, así que lo que se puede hacer es descartar todo aquello que no sea el corazón. Eso también ayuda a centrar tus objetivos artísticos. De vuelta en 2013, me hicieron una entrevista conjunta con David Byrne en el Skirball Center de la New York University y hablamos acerca de todos los diferentes niveles de creación. En nuestra conversación, él hizo eco de esta idea: no imagines en qué quieres convertirte, imagina aquello en lo que no quieres convertirte. Ayuda a reforzar las partes de tu identidad creativa de las que no puedes prescindir y que es posible que estén ahí solo porque alguien te dijo que tenían que estar ahí. Imaginar qué es en lo que no quieres convertirte es un proceso de perfeccionamiento necesario.

También es algo en lo que pienso todo el tiempo últimamente. Una de las cuestiones que me preocupan es el modo en que mi propio trabajo creativo se ha expandido. No solo lidero The Roots

———

No imagines en qué quieres convertirte, imagina aquello en lo que no quieres convertirte.

(junto con Tariq Trotter) y trabajo en «The Tonight Show», produzco discos, doy clases en la universidad, ejerzo de DJ, escribo libros, diseño objetos y tengo mi propio programa de radio y emisora en Pandora. No digo esto para presumir ni tampoco por falsa modestia. Nada de eso: lo digo porque me preocupa un poco que todas esas responsabilidades trabajen en contra del perfeccionamiento del que David Byrne me habló. Hoy en día, en ciertas ocasiones, pienso que no sé si tengo un auténtico objetivo creativo, más allá del objetivo de continuar con todos esos proyectos. A pesar de que tengo dieciséis trabajos diferentes, a veces me siento como si no tuviera ninguno. Cuando me acuerdo de lo que me recomendó David Byrne siento de nuevo el impulso de definirme, aunque solo me dura unos segundos. Lo interesante del proceso, cuando me comprometo con algo, es lo clarificador que puede resultar, pues separa el trabajo (ocupaciones, responsabilidades, obligaciones) de la identidad artística (quién soy realmente cuando reduzco cualquier cosa a su esencia). Y lo cierto es que lo que hago, aquello que soy en tanto que artista, son cosas bastante específicas; cosas que, obviamente, no encajan en la matriz generalizada del arte popular contemporáneo. Nunca nadie va a otorgar un premio al Batería Breakbeat del Año o al Mejor DJ Melódico Feng Shui Rítmico que Basa la Mayoría de lo que Hace en la Música Soul y el Hip-Hop pero también Incorpora Cualquier Otra Clase de Género que le Viene a la Mente. La razón por la cual sé que poseo una misteriosa habilidad bastante concreta es que rara vez siento que alguien la entienda por completo. El otro día estaba en una fiesta, primero ejerciendo de DJ y después de invitado, y hacia el final de la noche me acerqué a un productor musical que conozco y respeto. Empezamos a hablar sobre mi selección de DJ y de cuánto le sorprendía el modo en que yo permitía que unas canciones hablasen con otras y el modo en que lo construía todo como si se tratase de una obra arquitectónica. Yo también me sentí sorprendido, me recordó lo infrecuente que era para mí escuchar un comentario sobre lo que hago de alguien que es capaz de prestar atención y que sabe lo suficiente como para comentármelo. Fue un momento de validación y me ayudó a retomar el tema David Byrne: ¿Qué eres en tanto que artista y qué no? Mientras hablaba con el productor musical, mientras me sentía protegido por la empática audiencia que conformaba una única persona, fui capaz de admitir ante mí mismo que no era exactamente un compositor de música pop ni un instrumentista virtuoso ni una legendaria estrella televisiva ni un brillante profesor. Una vez que aclaré todo eso, la esencia de lo que hacía —batería breakbeat, DJ melódico feng shui— se convirtió en algo de lo que podía enorgullecerme, más que algo por lo que tener que pedir disculpas. Tener claro qué es lo que no eres antes de decidir qué eres te permite mantenerte firme en tu propia categoría.

Hacer cosas en el mundo y rehacer el mundo

Cuando haces cosas, sean las que sean, sin importar hasta qué punto tu impulso es amplio o específico, inmediatamente te sitúan en una parte diferente de la experiencia humana. Ni mejor ni peor —a pesar de que yo, obviamente, pienso que de algún modo es mejor—, pero sí diferente. Tanto tu mente como tu alma cambian después de crear algo. Así pues, ¿adónde te lleva eso? ¿Qué te aporta? A nivel esencial, ¿qué le aporta a tu sangre y a tu mente?

Laurie Anderson acudió en una ocasión a uno de mis salones culinarios. Fue un tremendo honor tenerla allí. En aquella época, acababa de publicar «Heart of a Dog», un álbum básicamente recitado que versaba sobre la muerte: hablaba de la muerte de su perra, Lolabelle, pero también de la muerte de su madre, Mary Louise, y de quien fue su pareja durante muchos años, Lou Reed. El álbum era extraño, conmovedor y cortante y todas las cosas que cualquiera podría esperar de ella. Me intimidaba un poco hablar con ella,

Tener claro qué es lo que no eres antes de decidir qué eres te permite mantenerte firme en tu propia categoría.

—

en parte por lo que he dicho y en parte por *O Superman*. No hay muchos temas new wave o art rock que hayan sido más influyentes en la comunidad hip-hop. Logró tanto con un fantasmagórico ritmo repetitivo y una única voz. El álbum «The Heart of a Dog» era la banda sonora de una película con el mismo título que había realizado la cadena de televisión franco-alemana Arte. Ella ya había trabajado anteriormente con ellos. La cadena emitía un programa desde 2002, titulado «Why Are You Creative?» («¿Por qué eres creativo?»), en el que el director alemán Hermann Vaske preguntaba a centenares de artistas, músicos, actores y más sobre su creatividad. Es una gran fuente de información y regresaré a ella a lo largo de este libro. Me gusta el segmento dedicado a Laurie, emitido en 2002 aunque grabado probablemente cinco años antes o más. Empieza con la habitual pregunta de Vaske: «¿Por qué eres creativa?».

Laurie se toma su tiempo. «¿Como algo opuesto a, por ejemplo, tumbarse en la playa y limitarse a nadar o cosas por el estilo? Eso puede ser creativo. Me gusta fingir que estoy siendo creativa cuando me tumbo en la playa.

»¿Por qué? Porque me hace reír. Me hace sentir que puedo cambiar cosas. Casi cada día significa algo diferente porque soy lo que denominas como una artista multimedia. Algunos días hago música. Otros días trabajo con animatronics o arreglando computadoras. Ese es uno de los grandes nuevos trabajos que he emprendido como artista. No sé realmente qué significa. El arte que más me interesa es el que redefine y tú te quedas en plan: "¿Esto es arte? No lo tengo claro". Me gusta cuando no queda claro si se trata de arte, de política o de otra cosa. Probablemente en lo que confío es en reír, más que cualquier otra cosa de las que pasan por mi mente. Si realmente me río sé que hay algo ahí que es tanto físico como mental.»

Y entonces se echa a reír, como para demostrarlo.

Lo que más me interesó fue la otra parte de la respuesta. Ella hace cosas porque eso le hace sentir que puede cambiar cosas. Vivimos en un mundo en el que luchamos constantemente desde nuestra insignificancia, en el que las cosas pasan a nuestro alrededor o nos pasan a nosotros. Ser creativo, en cualquiera de sus formas, es la prueba de que podemos dejar una huella en nuestro entorno, de que podemos dejar una marca en el tiempo. Incluso su ampliación de la definición de arte hacia la política o «cualquier otra cosa» sigue manteniéndose fiel a esa idea de creatividad. Cuando hacemos algo, hacemos algo diferente.

La definición de Laurie es una de las mejores y más amplias definiciones de creatividad que he escuchado nunca. Su respuesta despertó en mí toda una serie de pensamientos, y uno de los primeros estaba relacionado con el tema del público. ¿A quién me refiero exactamente cuando digo que dirijo a alguien mi creatividad? ¿Es lo mismo que decir que soy un artista que tiene en cuenta a su público? De ser así, ¿qué artistas están incluidos en esa categoría? ¿Cuáles quedan excluidos? Si no se trata de lo mismo, ¿qué diferencias hay entre creatividad y arte? ¿Se trata de una cuestión relativa al talento? ¿Se trata de motivación? ¿Se trata de las posibles recompensas, de lo rápido que llegan o de lo consistentes que son?

———

Ser creativo, en cualquiera de sus formas, es la prueba de que podemos dejar una huella en nuestro entorno, de que podemos dejar una marca en el tiempo.

Respondamos a la pregunta empezando por algo incuestionable. Algunas personas tienen talento, sin importar cuan dividido esté. Tomemos a alguien como Tariq Trotter, mi compañero en The Roots. Tariq es un artista, de la cabeza a los pies. Cuando nos conocimos éramos compañeros en The Philadelphia High School for the Creative and Performing Arts (CAPA). Pretendía ser artista visual, tenía mucho talento para el dibujo, un talento que extendió a la escritura y después a rapear. Alguien como Tariq puede resultar intimidante. No quiero decir que intimide en sí mismo. Me refiero a que cuando alguien inicia el camino hacia la satisfacción creativa, alguien como Tariq distorsiona la percepción de las cosas. Las personas como él generan expectativas poco realistas. Y eso que Tariq —un artista en todos los sentidos— no encaja en las definiciones más exclusivas de lo que suele denominarse artista.

Pretendo revertir todo ese movimiento que tiende a separar a unos artistas de otros diciendo que un hombre o una mujer es más o menos artista que cualquier otro. Es más, quiero ampliar la definición para incluir a cualquiera que esté creando algo de la nada sirviéndose únicamente de sus ideas. Incluyo al padre que hace proyectos de manualidades en el garaje. Incluyo a la madre que canta los fines de semana y que, después de veinte años, vuelve a componer canciones. Incluyo a los poetas de salón y a los pensadores de acera. Incluyo al mundo, no porque todos los proyectos creativos sean iguales en su concepción o ejecución, sino porque todo proyecto creativo le importa a alguien. El tiempo trazará las diferencias entre las ballenas talladas en madera de balsa y *Moby Dick*. Lo que quiero decir es que las diferencias que existen entre unas cosas y otras tal vez no sean tan grandes como algunas personas creen.

La otra razón para esta definición es que se trata de una suerte de posicionamiento. Aquellas personas que ya saben que son artistas conocen algunos detalles sobre su propia creatividad. Eso no quiere decir que no tengan que luchar con ella. Hay capítulos más adelante donde relato con detalle cómo incluso los artistas más experimentados pueden meterse en embrollos, sentirse bloqueados, verse superados por las críticas, autosabotearse o caer en la tentación de los halagos. Ese tipo de cosas siempre rondan por ahí. Pero también quiero llegar a aquellas personas que no están tan seguras de que su propio estatus sea creativo. ¿Por qué? Porque un trabajo más creativo es uno de los modos de salvar el planeta. ¿Es mucho pedir? Espero que no. Los estudios han demostrado que las personas creativas tienden a ser más sensibles respecto a los sentimientos de los demás y a las fluctuaciones del tejido social en el que están inscritos. Al mismo tiempo, a menudo están menos preparados para lidiar con esa clase de cosas. Como resultado, pueden apartarse del mundo. Mecanismos de defensa, depresión. La producción creativa no es solo un medio para evitar esas dificultades, sino también una manera de conectar a esas personas con el resto del mundo. La creatividad crea conectividad. Insisto, esta es una manera de definir la creatividad mucho más amplia de la que ofrecen la mayoría de libros sobre creatividad. Si eres un profesor en un colegio de una colonia pobre que trabaja duro para que sus alumnos se involucren en un programa contra la violencia y como parte del mismo has diseñado una campaña publicitaria que necesita eslóganes y una canción, estás siendo tan creativo como el tipo que ha compuesto el nuevo *jingle* para una cadena de restaurantes, que a su vez es tan creativo como el cantante de soul comercial que acaba de componer una nueva canción de amor. Las flechas tienen objetivos diferentes, pero han salido del mismo arco.

No te tires escaleras abajo tras intentar imaginar qué es y qué no es creativo, o por qué un tipo de creatividad es superior a otra. Sigue ascendiendo. Esta es una guía para ayudar a aclimatarse a las alturas. Esta es una guía para los peldaños más altos.

Protestar demasiado

«Pero, Quest —podrías decir—, yo no soy creativo. Eso no va conmigo. Cuando tocaba hora de dibujo libre en primaria no sabía qué hacer. Cuando nos pedían que contásemos una historia, me quedaba en blanco. No tengo ideas. Yo veo el mundo tal como es. Y una parte de ver el mundo tal como es implica admitir que no soy del tipo de personas de las que tú estás hablando. Ojalá fuese creativo, pero no lo soy.»

Mi respuesta sería muy sencilla. Te quejas demasiado. ¿Sabes de dónde viene eso, verdad? De Shakespeare, de *Hamlet*. La madre de Hamlet, Gertrudis, está viendo una obra de teatro en la que Hamlet ha incluido algunos detalles que ocurrieron en la vida real relacionados con su tío, Claudio, que asesinó al padre de Hamlet para poder casarse con la madre de Hamlet. Un enredo. En cualquier caso, en un momento dado Hamlet puede disponer de una compañía de teatro ambulante con la que interpretar la obra frente a Claudio. Quiere introducirse en la mente de Claudio y ver si puede obligarlo a confesar, o al menos hacerlo sentir culpable. Esa es la historia que hay detrás de una de las más famosas líneas de Shakespeare: «La representación será la trampa donde caerá la conciencia del rey». Pero a quien afecta en primer lugar la representación es a la madre de Hamlet. Mientras Gertrudis observa, piensa que el personaje de la obra que en teoría la representa está haciendo un esfuerzo excesivo por demostrar que no está involucrada en la trama del asesinato. Ella «se queja demasiado». Cuando la gente habla de esta parte de la obra, siempre pienso que Gertrudis cree que la dama de la obra se queja porque reprime su sentimiento de culpa. Pero eso solo es cierto en parte. De hecho, está introduciendo la idea de su culpa en la mente de los demás al quejarse. Antes de que empiece a hablar de eso, a lo mejor ni siquiera se habrían detenido a pensar que ella es cómplice del asesinato.

Así es como me siento cuando la gente niega su propia creatividad. Cuanto más insisten en que nunca han tenido ideas, más me convenzo de que tal vez no sea así, a pesar de que hasta ese mismo momento no hubiese pensado que fueran especialmente creativos. Por eso quiero ayudar a esas personas a acceder a sus propias ideas, a pesar de que no están seguras siquiera de tenerlas. Quiero que se pongan en camino, y que se aparten de su propio camino.

Una de las cosas en las que he estado pensando es que tal vez la idea de la creatividad es mayor que la creatividad en sí. Nunca me lo había planteado de ese modo. Toda mi vida he creado teorías románticas sobre cómo se crean las cosas. Durante años me ha enloquecido el remix de Pete Rock del tema *Shut'Em Down* de Public Enemy. Era como mi Estrella Polar. Cuando lo escuchaba veía un montón de cosas. Me llevaba hasta un lugar totalmente eufórico. Llevé a Pete Rock a mi programa de radio y le pregunté sobre esa canción. Quería conocer cómo fue su proceso creativo; deseaba, por encima de todo, llegar al significado profundo. Quería una epifanía. Pero no la conseguí. «Ah, eso —me dijo—. Había olvidado que tenía una sesión de grabación ese día, me quedé dormido, agarré los cinco primeros discos que tenía en lo alto de una pila, puse varias cosas juntas y crucé los dedos. Encajaron.» Para él no significaba nada. O, mejor dicho, sí significaba algo, pero algo totalmente prosaico: simplemente no quería que pasasen al siguiente tipo. Esa respuesta me llevó a dar un paso atrás, pues era asombrosamente simple. Pero creo que en realidad demuestra lo que comenté antes. Los actos creativos les ocurren a las personas creativas, especialmente cuando se permiten adentrarse en el zen del momento, cuando no se dejan paralizar por un exceso de reflexión o por la pereza. Tienen que situarse en un dulce punto intermedio entre ambas cosas. Si estoy contando la historia no puede convertirse en un hecho. Estaré creando un relato, porque la creatividad es un relato. Pero muchas historias que he oído en mi programa siguen el mismo patrón que el de Pete Rock cuando grabó el remix de *Shut'Em Down*: se despiertan, son conscientes de su responsabilidad creativa, cumplen con dicha responsabilidad y acaban con ella.

Tomarse un respiro

Saber que D'Angelo llegaba tarde tal vez salvó mi vida. Suena raro, pero es cierto. Dejen que lo explique.

Este libro es una guía personal sobre el proceso creativo, pero es también una guía práctica, teniendo en cuenta que el acto creativo nunca puede ser algo práctico. Con esa voluntad me senté para empezar a escribir y me puse deberes. Me dije: «Imagina una estrategia única que puedas recomendarle a cualquiera para proteger y preservar su creatividad».

Supe al instante en qué consistiría, a grandes rasgos. Se trata de una estrategia que reconoce el mundo en el que vivimos. Un mundo ajetreado. Hay mucho ruido por todas partes y, en tanto que eres una persona creativa, se te exige que encuentres la señal. Pero para encontrarla necesitas disponer de cierto monitor o comprobador interno. Necesitas momentos de silencio donde puedas oír tu propia voz. Necesitas un ámbito donde puedas relajarte.

Si te da la impresión de que te estoy recomendando meditar estás en lo cierto. Pero se trata de algo un poco más específico. Son muchos los libros que recomiendan la meditación para la salud mental y que recomiendan meditaciones de todas las formas y tamaños. Algunas personas aconsejan profundizar más, tomarse una hora al día para adentrarse de verdad en la propia consciencia y sentir las redes del espíritu. Esto último no es mío. Lo copié de un folleto que me encontré en la calle, en Portland, en una ocasión: «las redes del espíritu». Otras personas recomiendan tomarse cinco minutos, pero hacerlo justo antes de irse a la cama, porque eso permite que al dormir tengas sueños lúcidos y así dichos sueños se convertirán en visiones que te señalarán un camino a través del cual ver satisfechas tus ambiciones. Algunas de esas recomendaciones se centran en temas generales de salud mental, otras en la salud física, otras en la espiritualidad. En la actualidad, me encuentro en un punto de mi vida en el que soy mayor y me siento más calmado. Controlo mejor mi agenda, a pesar de que mi agenda es más frenética. Como resultado, no dejo pasar un solo día sin meditar durante treinta minutos.

A lo largo de los años me he topado con muchos de esos planes y he probado bastantes de ellos. Algunos tuvieron un maravilloso efecto. Otros me dejaron frío. No estoy aquí para comentar las prácticas que proponen otras personas. Pero en los últimos tiempos he estado investigando sobre formas de meditación que ayuden especialmente en lo que se refiere a la creatividad. La creatividad necesita un tipo de energía específico. La paz interior puede ayudar mucho, pero también puede convertirse en un enemigo. Así pues, ¿de qué manera puede uno adentrarse en su interior, de modo que le acerque a ciertas soluciones al mismo tiempo que refuerce su compromiso con aquello que está haciendo?

A lo que yo he llegado, después de años de probar y equivocarme, es a la idea de la micromeditación. Se trata de fases breves e intensas en las que que se busca apartarse del yo. Te alejan del momento en el que estás —ya sea una acalorada discusión o una crisis profesional o incluso el abatimiento matinal antes de que tu mente se ponga en marcha— para llevarte a otro tipo de momento, solo durante un rato, y luego te devuelven exactamente al mismo punto en el que te encontrabas antes. Las micromeditaciones deben durar un minuto como mucho y a veces ni siquiera tienen por qué ser tan extensas. A veces son de treinta segundos, a veces de quince. Son un poco más largas que un parpadeo, pero más cortas que una siesta. Tal vez puedan ser definidas como un lento guiño. No son lo bastante largas como para relajarte por completo. No requieren nada especial. En cierto sentido, si las practicas de la manera correcta, no parecerán en absoluto una meditación sino más bien como dar un paso atrás y evaluar la situación. Funcionan —al menos a mí me funcionan— porque necesitan de las dos partes de mi cerebro, la parte que está justo en el momento presente, llevando a cabo una tarea, y la parte que está pensando en el momento por venir. Son como una vista a ras de suelo y una vista aérea. Cuando ambas visiones se superponen, según avanza el tiempo, te aportan las herramientas necesarias para hacer salir a la superficie tus mejores ideas, para calibrarlas, para descartar aquellas que no sirven, para comprometerse con las que podrían ser útiles.

Todo esto puede parecer un poco abstracto, pero no se me ocurre un ejemplo concreto. Aunque, espera: he practicado una micromeditación y se me ha ocurrido un ejemplo. Lo ves: ¡funciona! En cualquier caso, tuvo lugar en nuestro primer Picnic Roots en Nueva York, en 2016. Disponíamos de una buena alineación en Bryant Park, entre los que se encontraban John Mayer, D'Angelo, Rahzel y varios artistas más. John Mayer estaba en el escenario con nosotros, calentando el ambiente. Estaba tocando su último solo y, en esos últimos minutos, Keith McPhee, el mánager de producción de The Roots, se me acercó corriendo. Keith, al igual que le ocurre a mucha de la gente con la que trabajo, suele dejarse llevar por el pánico (no solo pánico: ¡PÁNICO!). De hecho, es una de las condiciones implícitas en algunos de los puestos de nuestro operativo: el chico del pánico. Mi naturaleza no es esa. No le doy la vuelta a las piedras. Necesito un equipo que pueda funcionar como un reloj a mi alrededor. Este es otro tema del que hablaré a lo largo de este libro. En un rincón de mi mente, y a veces en primera línea, está la idea de que cierto tipo de comportamiento anal-retentivo, a pesar de resultar terriblemente útil en el mundo real, es enemigo de la creatividad. Evita que la mente alcance las mejores ideas del mejor modo posible. Si bien creo en esta idea, también sé que probablemente sea el momento de dejarla de lado. Pero ahora no es el momento para ello. Tengo que contar una historia, y queda por delante la mayor parte del libro.

En cualquier caso, John Mayer estaba tocando y cantando y poniendo su cara de tocar la guitarra, y de repente vi cómo Keith corría hacia mí. «¡Eh! —me dijo—. ¡¡¡Es el último tema de Mayer y D no ha llegado!!! ¿¡Qué hacemos!?» Estaba previsto que D'Angelo fuera el siguiente. John Mayer estaba a punto de iniciar el solo de ese tema, lo que nos daba unos tres minutos. Lo que me dijo Keith cayó sobre mí como una losa, hasta el punto de que, en cierto sentido, me vi como desde fuera. Noté que algo se movía en mi interior. A cierto nivel, pensé que me había llegado al corazón, no en sentido emocional sino físico. Sentí una palpitación. Keith me transmitió todo su pánico directamente, como en un relámpago. (Hablaré con los términos propios de una comedia de situación. Fue como el resoplido de *Scrubs* que lanzaba Zach Braff cuando algo le sorprendía. En este caso, yo era Zach Braff frente al John McGingley interpretado por Keith. La situación fue exactamente así.) De repente fui consciente de que había dos batallas en marcha: la batalla para hacerse a la idea de la crisis y la batalla para sobrevivir. Sé que me estoy poniendo un poco melodramático, pero lo único que intento es expresar cómo me sentí en ese momento. Una espada pendía sobre mi cabeza. Lo que pasó justo después fue algo que, ahora que tengo tiempo para pensar en ello, me pasa constantemente o, como mínimo, me ha ocurrido a lo largo de los años, aunque nunca lo había codificado ni le había dado nombre. Cuando Keith estaba delante de mí, con la boca abierta, con los ojos muy abiertos, con las malas noticias colgando entre nosotros, todo se detuvo y me permití cerrar los ojos durante diez segundos. En ese momento empecé a respirar lo más hondo que pude. Imaginé que tenía a un yogui conmigo, en mi interior, diciéndome que inhalase hasta que pudiese sentir la punta del dedo meñique de mi pie. Sabía que D'Angelo llegaría unos veinte minutos tarde —no fue un descubrimiento místico, simplemente recordé todas las otras ocasiones en las que había llegado veinte minutos tarde— y que necesitábamos unos minutos más para las transiciones, lo que implicaba que iba a tener que rellenar un hueco de treinta y tres minutos. Me fijé en el mapa de todos los temas que The Roots todavía no habíamos tocado. Cuatro de ellos estaban señalados como un conjunto. Eso podía suponer unos veinte minutos. Junto a esas canciones señaladas aparecieron rostros que podía reconocer: la cara de Common, la cara de Dave Chappelle. Ambos se encontraban allí. Cada uno de ellos podía aportar unos cinco minutos. Aunque no estuviesen muy animados, lo harían. Tendrían que hacerlo.

Regresé de la micromeditación. Habrían pasado unos diez segundos, tal vez quince. Kirk Douglas, nuestro guitarrista, estaba a unos pocos metros de donde me encontraba. Seguramente se había acercado mientras yo pensaba. «¿Estás bien?» Pensé que me habría visto con los ojos cerrados, respirando con fuerza, y se preocupó (como era de esperar) por mi salud. Le hice un gesto para despejar sus dudas. Le dije que alguien tenía que preparar un pequeño grupo de temas. Common accedió al instante. Chappelle, que en un primer momento no estaba seguro, también accedió con rapidez. Poco después apareció D'Angelo, la multitud se puso a gritar y el problema quedó resuelto. O mejor dicho: el problema quedó resuelto en la micromeditación.

Fue un momento muy profundo para mí. Me enorgulleció solventar el problema, pero se trató de una epifanía más que de cualquier otra cosa. Después del concierto, me sentí como si hubiese dejado atrás una rutina que venía siguiendo desde hacía meses, tal vez incluso años. Me acordé de cuando acabamos «Things Fall Apart», cuando estábamos ya metidos en «The Tipping Point», cuando The Roots recibió la primera mala crítica de nuestra carrera, cuando algunas partes de nuestro trabajo empezaron a parecernos más bien monótonas, poco interesantes. En ese momento empezó a acumularse cierta oscuridad y fue creciendo y expandiéndose en los años siguientes. Conocimos muchas victorias en aquel entonces, pero también unos cuantos fracasos. En muchos sentidos esa es la distribución habitual de sentimientos en lo que a una carrera creativa se refiere. Pero también creo que, poco a poco, perdí la habilidad de controlar mi propia mente. Ahí es cuando aparecieron las micromeditaciones.

Ya he dicho que es complicado ser preciso al hablar de una epifanía, pues desde fuera siempre parece algo artificial. Sabía que estaba empezando a trabajar en un libro sobre la creatividad. Sabía que tendría que empezar a pensar de manera organizada sobre los hábitos que contribuyen a la producción creativa y sobre las costumbres que le restan valor. Aun siendo así, aquel momento durante el Picnic fue muy significativo para mí, y cuanto más pensaba en él más marcado aparecía ante mis ojos. Me proporcionó un ejemplo casi perfecto de algo que sabía que quería transmitir a los demás, la importancia de estar al mismo tiempo presente y ausente, de estar ahí y al mismo tiempo no estar ahí. Es una estrategia mental, un truco *jedi*, el ejercicio zen. Tienes que sentirte completamente consumido por el momento y, a la vez, a un millón de kilómetros de distancia.

Las micromeditaciones adoptan infinidad de formas y surgen en las más variadas situaciones. Pero son el andamiaje clave para cualquier acto creativo que necesitemos. Si eres escritor y te encuentras en una cafetería, tecleando mientras escuchas «Big Fun» de Miles Davis, y te das cuenta de que no estás utilizando las palabras adecuadas, permítete desaparecer durante diez segundos dentro del tema *Ife*. No tendrás ni idea de adónde fuiste, pero al mismo

——

Tienes que sentirte completamente consumido por el momento y, a la vez, a un millón de kilómetros de distancia.

tiempo sabrás que has dado la vuelta al mundo, y en algún punto intermedio de ese viaje darás con las palabras necesarias.

La analogía definitiva para las micromeditaciones la encontramos en el gimnasio. Cuando la gente dice que siente como si se desgarrase no está utilizando alguna clase de argot, sino un término técnico. Las fibras musculares se desgarran y se dañan, y cuando se recuperan es cuando aparece la musculatura. En cierto sentido, así es como pienso en las micromeditaciones. No son necesariamente momentos de paz. O mejor dicho: te sitúan en un lugar interior, pero puede ser una experiencia intensa y, a veces, suponen apartarse violentamente de aquello que tienes entre manos. El diminuto punto de desgarro se repara solo y aparece el músculo creativo.

La Micromeditación
Dedica unos segundos a apartarte de lo que estás haciendo y deja que tu mente se acomode.

MENTORES Y APRENDICES

Voces autorizadas

¿Cómo entiende la mente humana la creatividad? Demos un paso atrás: ¿Cómo entendemos nosotros la creatividad? Cuando empezamos alguna clase de actividad creativa, ¿cómo pasamos de ser un recipiente vacío a un productor creativo preñado tanto de ideas como de estrategias que posibiliten darle forma a dichas ideas?

Si me hubieran preguntado cuando era joven, probablemente habría dicho que aprendemos todas esas cosas de otras personas. Crecí en una casa que, bajo ningún concepto, podía definirse como convencional. Mi padre, Lee Andrews, fue cantante doo-wop en la zona de Filadelfia en los años cincuenta. Él y su grupo, The Hearts, tuvieron una serie de éxitos, incluido *Teardrops* y *Long Lonely Nights*. Para cuando yo llegué al mundo, la carrera de mi padre había ya acabado, del mismo modo que le ocurrió al doo-wop al final, y volvió a florecer en forma de giras de viejos éxitos y de reinvención creativa. Mi madre y él dieron conciertos como si se tratase de una versión nostálgica de Lee

Andrews y The Hearts, y mi hermana Donn y yo nos íbamos de gira con ellos. Desde muy pequeño aprendí a orientarme en la carretera (no conducía, pero era una especie de GPS: «Ahmir, ¿iremos más rápido si giramos a la izquierda? Ahmir, da la impresión de que ese puente está en obras. Ahmir, agarra un lápiz y apunta lo que ha dicho el muchacho de la gasolinera». El muchacho de la gasolinera había sido una fuente poco fiable de indicaciones, del estilo del Espantapájaros en *El mago de Oz*). Aprendí a conectar micrófonos y luces en los clubes (en un escenario bien iluminado, el color verde no le va bien a los negros). A lo largo de todo ese tiempo me formaron para tocar la batería. Practicaba sin descanso empujado por el entusiasmo de mis padres, y a veces hablar de entusiasmo se queda corto para describir su comportamiento. (No voy a quejarme aquí, lo que pretendo decir es que los hijos de la gente del mundo del espectáculo reciben un tipo específico de educación, que no consiste precisamente en disfrutar de mucho tiempo libre.) Cuando tenía trece años, el baterista habitual de mi padre se lesionó justo cuando debía tocar en el Radio City Music Hall, así que yo ocupé su lugar.

Esa fue mi formación, y fue intensa. Por otra parte, no estuvo necesariamente relacionada con la creatividad. Me enseñaron una profesión: el negocio familiar. La mayor parte de mi educación como artista llegó un poco después, como resultado del trato con un mentor muy específico. Demos un paso atrás y reflexionemos sobre la palabra *mentor*. (Espero que no hayas dado realmente un paso atrás cuando lo dije. Podría ser peligroso. De ser así, por favor, fíjate en el texto que está al inicio del libro y que me protege de cualquier clase de litigio provocado por los daños que hayas sufrido al dar un paso atrás cuando dije que lo dieras.) La palabra viene del nombre de una persona: Mentor. Es uno de los personajes de la *Odisea* de Homero; es el hombre mayor al que se le confía cuidar del hijo de Odiseo mientras este esté fuera, combatiendo en guerras y contra monstruos de un solo ojo. Así pues, desde el primer momento esa palabra indica que un mentor es un hombre que ayuda a un joven, en particular si el padre del joven no está presente.

Eso no deja de ser interesante para mí, pues si bien mi padre fue uno de los profesores más destacados de mi vida, fuente de cuantiosa inspiración y motivación, también tuve un mentor, Richard Nichols, que representó a The Roots desde el principio —desde antes del principio, de hecho, cuando éramos Square Roots—, hasta que murió de leucemia en 2014. Rich fue un destacado mentor desde los inicios: cuando lo conocí yo todavía estudiaba bachillerato, como Tariq, y estábamos empezando a montar la banda que se convertiría en Square Roots y, más adelante, The Roots. Primero fuimos Radio Activity. Después nos convertimos en Black to the Future. Ninguno de esos nombres prosperó. Square Roots nos gustó durante un tiempo, hasta que descubrimos que había otro grupo con el mismo nombre y tuvimos que acortarlo a The Roots, que resultó ser una especie de declaración de largo recorrido. Arraigó en el interior de nuestros seguidores, que es lo que hacen las raíces (roots). En esa época, Rich era uno de esos tipos que va por ahí viendo conciertos. Había sido uno de los habituales de un programa de radio de jazz en la Temple University y conocía a un tipo llamado Joe A. J. *Shine* Simmons que también estaba metido en el mundo. Joe nos había visto tocar en algún sitio y le dijo a Rich que teníamos algo. Rich fue a vernos a un local llamado Chestnut Cabaret. Creo que esa primera noche no lo impresionamos mucho. No teníamos a nuestro bajista habitual y los temas que tocamos fueron un tanto limitados desde su punto de vista. Pero en los camerinos hablamos con él, le explicamos hasta qué punto lo que habíamos hecho esa noche encajaba en la idea general que teníamos de la banda que queríamos ser y supongo que a Joe le sonó bien, por lo que decidió pagarnos algo de tiempo en un estudio de grabación. Fuimos a un estudio en Bensalem, en los suburbios, y grabamos *Anti-Circle* y *Pass The Popcorn*. Y algo hizo clic. De allí surgió una relación de refuerzo creativo mutuo. Ya lo he dicho en otras ocasiones y volveré a decirlo. Si digo exactamente lo mismo una y otra vez, que así sea, porque algunas verdades no necesitan variaciones: Rich fue como la Estrella Polar para nuestra banda. Observándolo aprendimos cómo hacerlo: cómo tener claras ciertas ideas y aun así experimentar, cómo utilizar el material a tu alcance y aun así incorporar nuevos ingredientes, cómo pasar con sorprendente rapidez de la concepción teórica a la ejecución.

Crecer como artista en presencia de Rich, aprender a ver las cosas bajo la luz que él producía, fue una estupenda formación. Uno de los elementos más importantes de su creatividad era su carácter incansable. Hablaba de su creatividad de un modo extraño. Hablaba de estafar, decía que él era como un estafador, un timador de ideas. Lo que quería decir con eso era que tenías que estar siempre atento, creativamente hablando. Tenías que tomar los atajos cuando se presentaban para poder ponerte manos a la obra cuando fuese necesario. Aunque, obviamente, es posible que no fuese eso lo que él pretendía decir. A veces también le gustaba hablar con acertijos. Tenía esa habilidad propia de los maestros zen, como si entrenase a ninjas, y de algún modo así era: ninjas de la mente. En una ocasión me dijo que siempre tienes que estar en una posición que implica, al mismo tiempo, saberlo todo y no saber nada. Sé exactamente a qué se refería, y al mismo tiempo no tengo ni idea de qué quería decir.

La escalera

Rich siempre va conmigo. Todos los mentores importantes de mi juventud van conmigo. Pero iniciar un capítulo de un libro sobre creatividad hablando de mentores puede resultar un poco engañoso; o, por lo menos, apunta en cierto sentido hacia una dirección equivocada. Lo más importante del tiempo que pasé con Rich, desde la perspectiva de la formación creativa, no fueron las lecciones que me dio. Fueron las lecciones que escuché. Por decirlo de otro modo: lo importante en la relación con un mentor es el otro lado, el del aprendizaje. Podrías decir que estoy utilizando una tautología, que cualquiera que tiene un mentor es, por definición, aprendiz. Pero a lo que me refiero es a que el o la artista que está empezando su carrera artística, ante los primeros brotes de su creatividad, no puede preocuparse por los aspectos relacionados con el mentor. Tienes que pensar en el lado en el que tú te encuentras. Más adelante, *a posteriori* y con la debida perspectiva, podrás fijarte en el otro lado y preguntarte sobre los métodos del mentor, sus éxitos y sus fracasos. Así es como pienso ahora en Rich, tras más de dos décadas. Pero el proceso artístico consiste en mantenerse tercamente aferrado a tu lado de la ecuación, terca e incluso un poco egoístamente. Piensa en cómo te tratan como aprendiz. Piensa en cómo escuchas a los demás, en qué te dicen y cuándo te lo dicen, y en cómo te sientes fortaleciendo tus músculos y ensanchando los huesos de tu cara (creativamente hablando): eso es lo que importa. Ser un aprendiz es lo que te lleva desde el punto cero a cualquier otro punto. E incluso una persona creativa que pretende desarrollar una vida creativa sin llegar a convertirse en un profesional creativo de pleno derecho debe reflexionar sobre esas cuestiones. Todo el mundo surge de algo.

Hablé de estas cuestiones ampliamente en un libro anterior. Pero no se trata del libro en el que estás pensando. Las historias sobre Rich y mis padres tuvieron cabida principalmente en mi primer libro, *Mo'Meta Blues*, porque es un libro autobiográfico. Toda la vida de Questlove está ahí, incluidos muchos de los momentos en los que ciertas experiencias alimentaron mis necesidades creativas. Pero el libro del que quería hablar es el más reciente de los que he escrito: *somethingtofoodabout*. En él me sumergí en el

Lo importante en la relación con un mentor es el otro lado, el del aprendizaje.
—

mundo de la comida y de los chefs. He mantenido relación con muchos chefs a lo largo de los últimos años. Tuve un restaurante en el barrio de Chelsea durante un tiempo y después empecé a realizar salones culinarios con invitados donde pedía a tres chefs que preparasen tres platos, a veces relacionados con un tema amplio (la memoria, la comunidad). De la semilla plantada por esos salones creció ese libro sobre comida en el que recogí extensas conversaciones con diez de los más innovadores chefs del país, desde Daniel Humm hasta Ludo Lefebvre o Dominique Crenn. Aprendí muchas cosas mientras escribía ese libro, pero ahora solo me interesa hablar de una de ellas: el aprendizaje. Los chefs con los que hablé habían recibido una amplia formación. Algunos de ellos habían estudiado en escuelas de cocina, donde aprendieron a cocinar en un entorno escolar, rodeados por otros alumnos que estaban siguiendo el mismo proceso de formación. Otros habían sido autodidactas y se mudaron a ciudades con tradición culinaria, como Nueva York o París, o a lugares inesperados (como Denver o Austin). Según su bagaje, tenían ideas diferentes respecto al hecho de ser aprendices. Algunos de ellos creían que ser aprendiz durante un largo periodo de tiempo era imprescindible. Los chefs jóvenes, advertían, no tienen que mostrarse demasiado ansiosos por superar a sus mentores, especialmente antes de ser capaces de desarrollar su propia voz y una madura cantidad de ideas. Otros creían que era mejor un periodo corto como aprendiz. Lo que a ellos les parecía más importante era la inspiración, y esta podía presentarse con igual facilidad a los veinticinco como a los cuarenta y cinco.

En mi vida y en mi arte tiendo a quedarme con lo que ya conozco. Tuve que practicar con la batería durante años antes de llegar a sentir que tenía derecho a dar un paso al frente como baterista. Pero la cuestión no es tan simple. Como quedará claro más adelante, mi firme creencia en un largo periodo como aprendiz conllevó un peaje respecto a mi habilidad para pensar por mi cuenta como artista independiente. De entre los artistas que conozco, aquellos que dejaron atrás antes el periodo de aprendizaje a menudo se han mostrado más confiados respecto a sus propias ideas. No siempre tienen en cuenta el pasado y no siempre son conscientes de que se alzan sobre los hombros de gigantes.

Al hablar específicamente con chefs descubrí un segundo principio importante: todos son muy sinceros respecto a las conexiones entre el periodo de aprendiz y las influencias. No quiero decir que estén influenciados por aquellos que fueron sus mentores. Eso se da por supuesto, o tal vez basta con decirlo una sola vez. Lo que quiero decir es que, después de identificar y analizar su relación con los mentores, pasaban rápidamente a hablar de diversas formas indirectas de aprendizaje: cómo aprendieron de personas a las que observaron sin que lo supiesen, gente a la que estudiaron sin estar con ellas, personas con las que se toparon que posiblemente no llegaron a saber nunca el impacto creativo que causaron en ellos. Esa es la segunda sección más importante de este capítulo, y para muchas personas creativas será la primera sección. No todo el mundo llega a tener un mentor real, de carne y hueso. Yo tuve la suerte de disfrutar de varios: primero mi padre, después Rich y luego vinieron otros muchos. Todos fueron increíblemente importantes y poderosos, hasta el punto de que me resulta imposible no pensar en ellos constantemente. No dejo de preguntarme qué pensarían mis primeros mentores respecto a las elecciones creativas que llevo a cabo, cómo me guiarían y cómo me corregirían (con amabilidad o rudeza) si creyesen que voy en una mala dirección. Pero quiero animar a la gente a que piense solo parcialmente acerca de las figuras específicas de sus vidas y, en términos generales, acerca del proceso completo de absorber técnicas y lecciones provenientes de un grupo de creadores de línea similar. Quiero hablar de las influencias.

La influencia de las influencias

Los mentores son como grandes gatos que mantienen a sus cachorros cerca. Cuando te alejas, ellos se acercan. Cuando te apartas del camino, ellos te reorientan. Cuando llegas al punto de ser autoconsciente, podemos recurrir al momento de *El rey león* en el que lo alzan para enseñárselo al mundo. Las influencias, por otra parte, son como un pulpo. Aunque yo las imagino como una especie muy concreta de pulpo, uno que usa sus tentáculos para chupar energía y nutrientes de todo aquello que toca. Algo así como un pulpo vampiro, aunque no daría miedo: un pulpo vampiro de felpa.

Hay muchas teorías rebuscadas sobre si deberíamos o no permanecer a la sombra de (o iluminados por) las cosas que generan la más brillante luz creativa. Muchos de mis compañeros de clase de cuando estudié el bachillerato en CAPA han vivido historias de éxito: ¿alguna vez has oído hablar de un grupo llamado Boyz II Men? Debido a que mis compañeros estaban muy interesados en desarrollarse creativamente, surgieron al menos dos escuelas de pensamiento y yo quiero examinar las dos desde el estrecho prisma de los músicos de jazz. Entre los músicos jóvenes podemos encontrar a los tradicionalistas, liderados por músicos como el organista Joey DeFrancesco y el bajista Christian McBride. Han tomado la senda de Wynton Marsalis, argumentando que el sentido del jazz radica en preservar y propagar la historia del género. Es necesario saber de dónde venimos para que eso te ayude a llegar a donde quieres llegar. No solo respetan, sienten reverencia por sus predecesores. Luego tenemos a los rebeldes, liderados por músicos como el guitarrista Kurt Rosenwinkel. Conoce la historia del jazz, pero no quiere sentirse aprisionado por ella. Quiere seguir el camino abierto por artistas como Frank Zappa, un iconoclasta que estudió el pasado para poder desmantelarlo.

Hay muchos matices intelectuales interesantes en cualquier discusión sobre las influencias artísticas. Pero si hay un tema sobre el que no sean posibles las desavenencias es que los artistas se influencian unos a otros. Tomamos nuestras ideas allí donde las encontramos, y en buena medida las encontramos en la obra de otros artistas. Al igual que al analizar el papel de los mentores, la reflexión *a posteriori* es lo único que nos permite conocer con precisión qué artistas nos han influenciado. En cuanto empiezas a clasificar, las jerarquías cambian. Aquel pintor al que creías estar imitando resulta ser una pequeña influencia. El compositor al que quieres parecerte por encima de cualquier otra cosa puede diluirse hasta convertirse en una nota al pie. El escritor que crees que habías rechazado por completo puede convertirse en tu principal fuente de inspiración. El crecimiento creativo va reubicando las cosas a lo largo del tiempo. Tienes que detectar las influencias a medida que recorres tu propio sendero creativo. Todo lo que yo puedo hacer, todo lo que haré, es contarte historias sobre creadores que influyeron en mí en momentos diferentes de mi vida creativa y sobre cómo dicha influencia echó raíces (ya hice un

—

Tomamos nuestras ideas allí donde las encontramos, y en buena medida las encontramos en la obra de otros artistas.

juego de palabras sobre eso) y cambió la forma de las cosas que estaban por llegar.

Aquí está la primera historia. En gran parte, tiene lugar en un estacionamiento. Cuando The Roots empezó a funcionar, nos interesaba mucho The Pharcyde, un grupo de hip-hop de Los Ángeles que había grabado algunos de los discos más interesantes de principios de los noventa. Utilizaban sonidos que nadie más había utilizado. Su primer álbum, «Bizarre Ride II The Pharcyde», incluía un tema titulado 4 *Better of 4 Worse*. Tenía el sonido más asombroso que cualquiera de nosotros podía imaginar. Lo escuchamos miles de veces intentando descifrar los samples. ¿Era ese fragmento de Lou Donaldson? Alguien creyó haber oído a The Emotions. Y aquello otro era, sin duda, de Fred Wesley y The New J.B.'s. Una de las cosas que nos tenían alucinados era el Fender Rhodes. En aquel entonces, decidimos que queríamos algo así en uno de nuestros discos. Rich conocía a un joven que solía pasar por su casa, que se había convertido en una especie de club o estudio de grabación. El joven se llamaba Scott Storch y sufría el síndrome del Jukebox Humano: se sentaba frente a un teclado y podía tocar cualquier canción que le pidiésemos. Era ideal para presumir en las fiestas, pero también era algo más: nos permitía observar todas nuestras influencias (Scott acabó convirtiéndose en un productor muy importante, primero de Dr. Dre y después de todo el mundo, desde Beyoncé hasta 50 Cent pasando por Snoop Dogg.) En aquel momento, Scott fue un canal para nuestra inspiración artística, al tiempo que nos ilustró sobre el principal secreto de las influencias: el primer paso a la hora de crear es recrear. La mayoría de las personas crean cosas porque están encantadas con las cosas que escuchan o leen y quieren que haya más de esas cosas en el mundo; el modo más fácil y más sensible de hacerlo es intentar crear nuestra propia versión de algo que ya existe.

The Pharcyde siguió inspirándonos de maneras muy curiosas. Cuando The Roots grabamos nuestro segundo álbum, «Do

You Want More?!!!??!», tocamos en un espectáculo en el Irving Plaza, en Nueva York, y entre el público había un montón de músicos de hip-hop. Estaban algunos miembros de Wu-Tang Clan. Miembros de Brand Nubian. Y también integrantes de The Pharcyde. Después del concierto fueron al *backstage* para hablar con nosotros. A esas alturas éramos considerados iguales, o muy próximos entre sí. Ellos tenían su sonido y nosotros el nuestro, y el modo en que uno de los grupos influía en el otro dejó de ser claro. Ese es el segundo de los puntos fundamentales: en cuanto creas algo por cuenta propia dejas de ser la sombra de otro. Puedes no ser demasiado original o puedes intentar con todas tus fuerzas distinguirte, o tal vez lo que deseas con todas tus fuerzas es que el otro artista reconozca que le estás rindiendo homenaje, pero el meollo de la cuestión es que en el momento en el que empiezas a hacer cosas, en cuanto das ese salto, adquieres el mismo estatus que cualquier otro artista. Eso no quiere decir que seas bueno. Eso no quiere decir que seas importante. Pero, de repente, se trata de una diferencia de grado más que de una diferencia de clase. The Roots y The Pharcyde, en el *backstage* del Irving Plaza, eran dos bandas charlando. Sin embargo, había cosas que todavía nos distinguían: iban a iniciar una gira, y nosotros éramos sus teloneros. Eran veteranos. Pero nosotros estábamos haciendo lo mismo: insisto, una cuestión de grado, no de clase.

Durante la charla, les hice preguntas sobre el nuevo álbum en el que estaban trabajando. Les pregunté si seguían trabajando con J-Swift, que había producido «Bizarre Ride». Nos dijeron que habían roto con él y que estaban pensando en trabajar con Q-Tip. A mí me pareció una idea alucinante: ¿A Tribe Called Quest y The Pharcyde trabajando juntos? Eso era multiplicar por diez la cuestión de los mentores. Les dije, con toda sinceridad, lo mucho que me ilusionaba oírselo decir. En las siguientes semanas, oí decir que el proyecto no había salido adelante, al menos no de ese modo. Q-Tip no disponía de música nueva para compartir con The Pharcyde. En lugar de eso, los puso en contacto con un joven productor llamado Jay Dee. Era de Detroit y tenía un grupo allí. No sabía mucho más de él. Estuvo presente aquella noche en el Irving Plaza, como descubrí después, pero no dijo nada. Era la persona más silenciosa que había conocido en mi vida. (De hecho, rebusco en mi memoria una conversación con él y no la encuentro. Creo que asentí hacia él y que me dijo: «¿Qué pasa, hombre?», que es como se saludan en Detroit.) Y, para ser sincero, no estaba interesado en nada que él pudiera decir, aunque hubiese tenido algo que decir. Jay Dee era algunos años más joven que yo y no lo tenía etiquetado como alguien importante, alguien a quien tuviese que ubicar en mi radar. No era nada personal. No se encontraba en mi línea de influencias. No todo el mundo podía serlo.

Unas pocas semanas después de eso, estábamos metidos en la gira haciendo de teloneros para The Pharcyde. En uno de los conciertos, acabamos nuestra actuación y guardamos nuestro equipo y nos fuimos al estacionamiento. Un estudiante que trabajaba en la emisora de radio de la universidad tenía que llevarme a una entrevista y yo necesitaba mi chamarra (que era una Triple Five Soul). Mientras esperaba que viniesen a buscarme, escuché los temas de The Pharcyde, o al menos la versión que tocaban y que se colaba entre las paredes del club y llegaba hasta el estacionamiento. Lo que más llamó mi atención fue un extraño ritmo lateral. Era el bombo de la batería, repicaba frenéticamente. No se parecía a nada que hubiese escuchado antes. Regresé al club para atestiguar con la vista lo que estaba oyendo y cuando entré vi que la banda estaba tocando *Bullshit*, el tema que abría su nuevo álbum. Ese ritmo de bombo sin precedentes era cortesía de Jay Dee, el chico de Detroit al que había descartado como posible influencia debido a su juventud.

Lo que hice en ese momento es lo que hago siempre cuando me topo con algo radicalmente nuevo. Me quedé paralizado.

Había aprendido a lo largo de los años que mi respuesta a una innovación creativa que me llegaba inesperadamente no era alabar o admirar o incluso reconocer el logro de manera fría, analítica. Por lo general, lo que me ocurría era que me quedaba paralizado. Eso fue lo que me ocurrió cuando escuché el disco «The Chronic» de Dr. Dre, por ejemplo. No se trataba de un álbum que me gustase o me dejase de gustar. Estaba mucho más allá de eso. Era P-Funk pulido hasta llegar a ser peligroso, y dejaba atrás el relato gansteril, y... no sabría decir nada más que eso. Necesitaba absorberlo, procesarlo, repetir el proceso hasta sentirme satisfecho. Atención, el tercer punto fundamental en ese sentido: si algo te hace sentirte incómodo, especialmente si ese algo proviene del campo de la creatividad en el que tú te desarrollas, presta atención. Tu mente te está diciendo que ahí hay algo más que tienes que procesar por debajo de la reacción superficial. Jay Dee, al que llegué a conocer como J Dilla, ofrecía un sonido de batería que me dejó clavado en el suelo. Un año después, grabó su primer álbum con su grupo de Detroit, Slum Village, que a un mismo tiempo concentraba y ampliaba las brillantes innovaciones que había utilizado en *Bullshit*. Después de eso se convirtió en uno de mis amigos y colaboradores más cercanos. Era más joven que yo, y por eso mismo no era exactamente un mentor ni yo era exactamente un aprendiz. Pero sin duda ha sido una influencia para mí. Lo estudié. Observé las cosas que hacía. Me fascinó el modo en que funcionaba su mente, y también el modo en que hacía funcionar la mía. No hay nada como la brillantez de otra persona, especialmente si se trata de una brillantez que no eres capaz de entender de inmediato, para mantenerte tanto hechizado como motivado. Ese es el punto fundamental número cuatro: las influencias no son, en un principio, plato de buen gusto. Se trata de ver contrastadas tus propias expectativas.

Contaré más cosas de Dilla más adelante, muchas más. Pero

mis primeros encuentros con su mente musical, en la forma de una epifanía en el estacionamiento y después mi absorción de Slum Village, me llevaron a adquirir una comprensión más amplia de mi propia manera de entender la batería. Al principio, con The Roots, me costó mucho demostrar que tenía derecho a estar allí, en el mundo del hip-hop. Eso me llevó al estilo por el que aposté en nuestros primeros álbumes, en los que la batería sonaba del modo más preciso posible. Esa era la idea que yo tenía en la cabeza. En aquel entonces, yo tenía muy presente la angustia de las influencias en relación con la diferencia entre la batería del hip-hop y la del soul. Quería que los que escuchasen nuestra música se preguntasen si estaban escuchando a una persona o a una máquina. Me permitía cometer errores, pero no imperfecciones. Cuando escuché el trabajo de J Dilla para *Bullshit*, provocó en mí un cambio profundo, uno de esos cambios que iban a resonar en mi interior durante años. Me llevó, por ejemplo, a la relación musical con D'Angelo (su *Me and Those Dreamin' Eyes of Mine*, que escuché en una versión temprana de «Brown Sugar» en abril de 1995, me produjo el mismo tipo de discrepancia, lo que vino a decirme que no puede ser casualidad sino más bien una idea). Dicha idea me hizo entender más sobre el modo de tocar la batería de músicos que me gustan y que no son considerados bateristas en primera instancia (los más destacados, Stevie Wonder y Prince). Me abrió los ojos a lo que podría ser considerado el equivalente musical de despatarrarte en el sofá con la mano sobre el vientre. Resulta complicado ser descuidado en lugar de llamativo, y hacerlo igual de bien. Pero es el modo en el que puedes lograr también que tu arte muestre humanidad. Es una lección que nunca olvidaré, y dio comienzo en el estacionamiento que había detrás del concierto de The Pharcyde.

Columpios ingleses

Como ya he dicho, J Dilla se convirtió en uno de mis amigos y colaboradores más cercanos antes de morir debido a una rara enfermedad autoinmune en 2006. Realmente forma parte del tejido de mi vida como artista. Pero quiero explicar otro ejemplo que tiene una menor carga sentimental: un caso en el que me influyó alguien que no llegó a formar parte de mi vida.

Cuando The Roots empezaba, pasamos un año en Inglaterra. Éramos tan pobres que cuando mirábamos hacia los contenedores de basura sentíamos envidia. Vivíamos todos hacinados en un único apartamento y comíamos papas fritas con queso y salsa de tomate. Mientras estuvimos allí, me enamoré de una chica sudafricana. Tuvo que marcharse y regresar a su hogar para votar en las elecciones: fueron aquellas elecciones históricas en las que se puso fin al apartheid. No puedo culparla. Me hizo prometerle que iría a ver la actuación de un DJ llamado Aba Shanti-I en un local llamado House of Roots. Probablemente hice algún chiste sobre ese nombre. Rich me acompañó. El local era una iglesia reconvertida. Aba Shanti-I estaba en el púlpito dándole la espalda al auditorio. Estaba de cara a la cruz, flanqueado por dos altavoces gigantescos. Al contrario que cualquier otro DJ al que hubiese visto en mi vida, únicamente se valía de un plato de tocadiscos. Eso implicaba que tenía que detenerse entre disco y disco, lo cual creaba un potente efecto teatral. Pero a mí lo que me atrapó fue el modo en que utilizaba el sonido. Antes de hacer sonar los discos, se centraba en la mesa de mezclas y bajaba todas las pistas. Apagaba todas las frecuencias bajas, las medias y las altas. Era como un ecualizador, pero estaba mudo. Entonces agarraba el micrófono con la mano derecha y se lo llevaba a la boca. El público se volvía loco. Mientras tanto, estiraba el brazo izquierdo hasta la caja donde tenía los discos. Tomaba uno de ellos, colocaba la cara B en el plato y bajaba la aguja hasta el vinilo. Debido a que había bajado todas las pistas, lo único que podía oírse era la parte más alta del espectro de sonido, un ligerísimo ruido. A medio camino, subía las pistas hasta la mitad. La cara B (que acostumbraba a ser una versión instrumental de la cara A) sonaba de ese modo. Entonces le daba la vuelta al disco y colocaba la cara A, el tema auténtico, y se centraba en los bajos. Subía el volumen y la sala explotaba. Todo el mundo podía notar el efecto físico de los bajos. Lo notabas en las tripas. Nunca había experimentado algo así. Me quedé paralizado, clavado al suelo, del mismo modo en que me quedé años después al oír a J Dilla en el estacionamiento. Me di cuenta, de golpe, que el sonido tenía un poder fisiológico, y también que podía descomponerse en elementos básicos. A Rich aquella experiencia también lo transformó: un mentor influyente. Se dedicó en cuerpo y alma a convertir a The Roots en la banda de hip-hop con el directo más potente del mundo. Decía que su intención era que la gente experimentase una colonoscopia cuando tocábamos. Aba Shanti-I me enseñó que la música puede ser reducida a una esencia física, casi sagrada, y que para comunicar el efecto desde el escenario apenas necesitaba equipo técnico.

No es sorprendente que muchas de mis historias sobre las influencias provengan de los principios de mi carrera. En ese periodo fue cuando mi identidad artística se estaba desarrollando, todavía no tenía claro qué quería ser. Retomando el comentario que me hizo David Byrne, probablemente sí tenía una mayor certeza respecto a lo que no quería ser. Supongo que sabía, de alguna extraña manera, que lo que no quería era ser uno de esos bateristas cuyo sonido no puede distinguirse del de un caja de ritmos, ni tampoco quería tocar en una banda que se conformase con un sentido convencional del sonido. Pero cuando eres una joven alma rebelde, ¿a dónde hay que mirar? Yo miraba a donde podía, y estaba predispuesto a que las cosas que veía me afectasen. Era una persona receptiva. Si estás apuntando los aspectos fundamentales de este capítulo —y yo ya he perdido la cuenta de cuántos han aparecido— apunta este también. Sé receptivo. Prepárate para ver cómo cambia tu futuro en un estacionamiento detrás del local donde está tocando The Pharcycle o en una iglesia en Inglaterra. Pero eso no es todo. Y ahora el último punto fundamental de esta sección: asegúrate de hacer resúmenes de lo que aprendes. Aísla tus reflexiones y conviértelas en una breve tesis. Dilla me enseñó a preservar la humanidad a cualquier precio. Aba Shanti-I me enseñó cómo aislar elementos individuales para obtener el máximo poder. Para mí, estos detalles se convirtieron en raíles que iban a guiar mis futuras creaciones. Encontrarás tus propios raíles. Lo sabrás únicamente cuando encuentres aquellas manifestaciones artísticas que te paralizan de un modo productivo. Porque dichos momentos aportan puntos de partida. Como si escribieses tus mandamientos.

Perseguido por el fantasma

Al inicio de este libro dije que yo no era creativo. Hay una parte de mí que, en realidad, no cree esa afirmación, pero otra parte de mí sí lo cree. Estoy dividido en dos, como mínimo, respecto a esa cuestión. Uno de los aspectos que divide mi opinión es el modo en que toco hoy en día la batería. Una de mis técnicas principales consiste en recrear el modo de tocar la batería de artistas del pasado. Reproduzco con precisión su técnica específica y su sonido; y, a través de ese método, intento apoderarme de su espíritu. No tengo razón alguna para mostrarme modesto respecto a lo bien que lo hago porque no estoy seguro de si es algo de lo que se pueda alardear. De hecho, podría llegar a ser algo embarazoso. Si escuchas el álbum «Wise Up Ghost», que grabamos en 2013 con Elvis Costello, podrás oírme tocar la batería, obviamente. Pero en realidad toqué como lo haría Steve Ferrone, el veterano baterista de sesiones de estudio que había participado en un millón de proyectos diferentes, que había trabajado con todo el mundo, desde Chaka Khan hasta los Bee Gees y que acompañó a Tom Petty durante más de veinte años. Steve me dio el bombo que utilicé en ese disco y junto con él me entregó (secretamente) toda una serie de reglas sobre cómo tocarlo. Me transmitió ese conocimiento. Existe como una influencia en mi mente porque soy un estudioso de los bateristas y cuando él me regaló ese bombo activó esa influencia.

Mi participación como Questlove haciendo de Ferrone en «Wise Up Ghost» no es más que un ejemplo de un fenómeno que he vivido en centenares de ocasiones a lo largo de mi vida y mi carrera: cuando toco la batería soy yo, pero a la vez no lo soy. O mejor dicho: siempre soy yo, pero me pregunto si existe un yo independiente del contexto en el que me encuentro. En mi mente, siempre me encuentro en medio de la fórmula «¿Qué haría X en mi lugar?», donde la X es intercambiable. En el caso de «Wise Up Ghost», era Steve Ferrone. Si toco un tema estilo James Brown, algo que me ocurrió recientemente, es el inolvidable Clyde Stubblefield. Si toco un tema en la onda del soul de principios de los años setenta, es Bernard *Pretty* Purdie. La X adquiere unas características u otras dependiendo de la respuesta más adecuada. Conozco a los bateristas y su forma de tocar hasta tal punto que puedo garantizar que nunca me equivocaré en la respuesta. En esos casos, cuando resuelvo la X es cuando muestro mi auténtico talento: recupero a esos bateristas para ti; actúo como DJ, historiador y profesor. ¿Es eso una forma de creatividad? Si lo es, entonces soy uno de los hombres más creativos del mundo. Soy capaz de reproducir técnicas y trucos de manera exacta. Digamos que me paso un día creando ritmos y que decido enfocarme en J Dilla. Hay ciertas cosas que él nunca me transmitió. Colocaría toallitas húmedas de papel sobre las baldosas del suelo para amortiguar el ruido en la sala. Ciertos temas los tocaría con baquetas de algodón debido a la textura que aportan. Cuando era más joven, mis amigos, mis productores, mis ingenieros de sonido siempre me decían que dejase de tocar con tanta fuerza el bombo si estábamos grabando. No entendía qué era lo que querían decir, y lo cierto es que no les hacía caso, hasta que vi tocar a J Dilla. Estaba en un estudio en Detroit viendo cómo tocaba la batería y su ingeniero me explicó que cuanto más suave tocas mejor se escucha. De repente, aquello adquirió sentido para mí de un modo en que jamás lo había pensado, y solo tuvo sentido porque lo estaba viendo tocar.

En cierto sentido, se trata de seguir la corriente. Pero es algo más que eso. Es la articulación literal, física, de la distinción entre creación y creatividad. En la sala que tenemos los de la banda en «The Tonight Show», tengo bombos a los que les he puesto los nombres de los bateristas que idolatro y cada uno de ellos está afinado para que recree con precisión el sonido de ese baterista. Hay uno al que le puse el nombre de Jerome *Bigfoot* Brailey, ajustado para que suene como P-Funk. Hay otro al que llamo Gary Katz, afinado para que suene como los discos de Steely Dan que él produjo, o al menos para que recuerde a ese estilo de pop sofisticado y seco. Hay uno al que llamo Fish por Fishbone, que es pequeño y tiene una forma afilada. A otro le puse el nombre de John Bonham, de Led Zeppelin, que aporta un sonido abierto y resonante como el de Bonzo en la época de «Physical Graffiti». Mis bombos Stevie Wonder honran discos diferentes: «Music of My Mind» y «Journey Through the Secret Life of Plants», y suenan diferente porque están asociados a diferentes periodos musicales del propio Stevie. (Tal vez sea este el momento adecuado para recordarle a todo el mundo que Stevie Wonder era un baterista maravilloso, uno de mis favoritos, aunque no siempre era técnicamente preciso. Es como la versión funky de Tony Williams: todo sentimiento, con un montón de sorpresas llamativas.) Una vez que tengo preparadas las baterías para ser Donald o Larry o Stevie 1 o Stevie 2, los imito a la perfección. ¿Significa eso que soy creativo? Como ha habido mucha gente que me ha dicho que sí, voy a aceptar que lo soy. Pero, para ajustar más la pregunta, ¿estoy creando algo que es únicamente mío? ¿O soy una especie de monstruo de Frankenstein formado por una unión de todos los bateristas perfectos que conozco y me gustan?

La cosa empeora; o mejora, si lo que estás buscando es una prueba de que todas las elecciones creativas están modeladas por elecciones del pasado. Todos los temas que he grabado en un estudio conllevan un periodo en el que he tenido que cerrar los ojos, para regresar al año en el que el bombo sonó del modo en que yo quiero que suene. Es como una especie de método de actuación. A lo mejor, si cierro los ojos, me convierto en Bernard *Pretty* Purdie, de vuelta en el Fillmore en 1971, acompañando a Aretha. Puede ser incluso algo más específico que eso. Cuando estaba grabando el tema de The Roots «*Radio Daze*» para el álbum «How I Got Over», algo en la textura del bombo me hizo pensar en un grupo de principios de los setenta: Three Dog Night. Para llegar hasta ahí, tuve que cerrar los ojos y crear una imagen mental del logotipo de los vinilos ABC Dunhill, que parecía una pequeña casa. Fue como un tipo de influencia, como algo parecido a un mentor, un tipo de sinestesia y un tipo de sesión de espiritismo: el logotipo de los discos entró en mi cerebro y me trajo un sonido propio del pasado.

En ciertas ocasiones, no se trata simplemente de maquinaciones mentales. Grabé un disco con Pharrell y cuando acabamos me dedicó el mejor cumplido que pudo haberme dedicado. «Gracias a dios —dijo—. Finalmente vas a lograr que Stevie se fije en mí.» Eso fue porque lo que acabábamos de grabar recordaba a la época Hitsville de la Motown y él creía que Stevie se daría cuenta. Pero el hecho de que nuestro tema sonase así no era una casualidad. El día que lo grabamos, llevaba puesto un jersey de cuello alto, totalmente negro, y cuando acudí a los estudios Daptone, donde estábamos trabajando, me fijé en las fotos y en los objetos de Sharon Jones, que acababa de fallecer. Me metí en el personaje. Era Questlove-tocando-al-estilo-cuello-alto-de-Stevie y la encarnación de Questlove sabía exactamente cómo crear el efecto deseado.

A veces, existen variaciones a un segundo y un tercer nivel, ocasiones en las que los monstruos de Frankenstein se reúnen y construyen su propio monstruo. Una tarde, mientras tocaba el bombo Steve Ferrone, pensaba en la noche en que acompañó a Prince y Tom Petty y Dhani Harrison y Jeff Lynne, cuando tocaron el tema de George Harrison *While My Guitar Gently Weeps* en la ceremonia de ingreso en el Salón de la Fama del Rock and Roll. No estuve allí aquella noche, pero he visto el video una y otra vez: dos de mis ídolos tocando juntos, uno a la guitarra y otro a la batería. Y cada vez que lo veo pienso en las decisiones creativas que tomó Steve y en las que yo habría tomado en su lugar. Me siento guiado no solo por el tema que estoy tocando sino también por la gente que me rodea —por no hablar de las personas que me han modelado internamente—, así que si yo hubiese tocado *While My Guitar Gently Weeps*, mi primer impulso habría sido tocarla como lo hacía Ringo Starr, del modo más seco posible. Eso habría funcionado si tocase con The Beatles. De hecho, seguramente habría sido el único modo posible. Pero en la versión que Prince hizo del tema, semejante enfoque solo habría resultado útil hasta cierto punto. En el momento en el que Prince empieza su solo resulta imprescindible un tipo diferente de batería, y no pude atender por completo a la discusión sobre el enfoque de Steve. Durante unos segundos, me dio la impresión de que me encontraba al borde de una epifanía creativa original. Rebusqué entre mis recuerdos de nuevo, revisé los bombos en la sala, revisé el jukebox que tengo en mi cabeza y salí de allí con Sheila E., que tocó la batería en algunos de los discos más aventurados y exitosos de Prince de finales de los ochenta. Siempre pensé que Sheila E. era el mejor acompañamiento para los poderosos solos de Prince. Así que al ver a Steve tocando detrás de Prince, pensando en cómo tocaría yo si hubiese estado detrás de Prince, me dije que yo habría sido Ringo justo hasta el momento en que Prince empezase su solo: en ese momento hubiera pasado a ser Sheila E. Este suele ser el caso, que siempre conozco la receta para la aleación correcta. Aunque tal vez en ese tema yo sería un cuarenta por ciento Charlie Watts, otro cuarenta por ciento John Bonham, un diez por ciento Pretty Purdie y otro diez por ciento Gregory C. Coleman, de The Winstons.

Lo bueno es que, a pesar de lo que acabo de explicar, la gente cree que tengo un estilo propio como baterista. Una parte de mí piensa que si lo creen es porque no conocen todas las influencias que corren por mi interior en un momento dado. Pero otra parte se pregunta, casi a la vez, si hay alguna diferencia. Si has interiorizado todas tus influencias y les das salida de manera adecuada en el momento más oportuno o siguiendo nuevas permutaciones interesantes, tal vez te veas sumergido en un acto extremadamente creativo. Si un escritor sabe cómo crear una imagen al final de un párrafo, y sabe que otro escritor ya lo hizo antes que él, ¿se está limitando a imitar a un escritor anterior o está llevando a cabo una elección creativa, muy estudiada, y desplegándola en un nuevo contexto? Da qué pensar.

Y da para jugar. Si me pongo a pensar en un baterista absolutamente original, por lo general acabo pensando en Clyde Stubblefield, que tocó la batería para James Brown junto a otro gran baterista, Jabo Starks. A Stubblefield se le conoce sobre todo por *Funky Drummer*, pero fue el que marcó el ritmo en muchas de las mejores canciones de finales de los sesenta, la edad de oro de la música de James Brown, *Cold Sweat*, por ejemplo, y ¿es necesario decir algo más? Ya he dicho alguna vez que Clyde fue como los Stones para Jabo, que sería The Beatles. Jabo fue un baterista más del estilo soul y Clyde tenía cierta tendencia al free-jazz y a veces se dejaba ir, alterándolo todo a su alrededor, alterando a las masas. Para mí, Clyde era verdaderamente original. Pero, de nuevo,

original puede ser una palabra en la que apoyarse cuando no se
sabe de dónde vienen las cosas. En mi mente me remonto desde
finales de los sesenta, la época Clyde-Jabo del catálogo de James
Brown, hasta principios de la década, específicamente a *I've Got
Money*, un tema de 1962 que fue la cara B de «Three Hearts in a
Tangle». Si nunca lo has escuchado debería darte vergüenza; aunque lo entiendo perfectamente. R. J. Smith, que escribió, literalmente, el libro sobre Brown, lo describía como «uno de los grandes discos menos conocidos de la carrera de Brown». La batería
en ese tema es de lo mejor. Suena a velocidad de vértigo. Y no se
trata ni de Clyde ni de Jabo. Eso fue mucho antes de que ellos
aparecieran. La batería en *I've Got Money* la toca Clayton Fillyau,
y por lo que he oído decir a algunos de los que estuvieron cerca de
Brown, Clyde y Jabo realmente admiraban a Clayton; lo tenían
presente del mismo modo en que yo tengo presentes a Clyde y
Jabo.

En lo que respecta a la creatividad, la originalidad pura es, al
menos parcialmente, un mito. A la gente le gusta ese mito porque
todos tenemos nuestro ego o porque hay que vender una marca.
Pero no es algo totalmente real. Los jóvenes creativos no tienen
que preocuparse por eso. O, mejor dicho: creo que puedo decirte
en confianza que va a preocuparte toda tu vida, así que no te preocupes por el hecho de que te preocupe.

Pasajes temporales

Finalmente, una de las cosas más importantes que hay que recordar sobre las influencias es que nunca son iguales. El tiempo cambia a los artistas y el tiempo cambia el arte que practican y el
tiempo cambia el modo en que entienden las fuerzas que dan forma a ese arte. Si decides embarcarte en el ciclo vital de la creatividad pasarás por toda una serie de fases. De hecho, en este capítu-

El tiempo cambia a los artistas y el tiempo cambia el arte que practican y el tiempo cambia el modo en que entienden las fuerzas que dan forma a ese arte.

—

lo estamos atendiendo a todas ellas. Esa es la gran revelación: te he estado guiando por una especie de cronología sobre el modo en que el trabajo de un artista recibe influencias a lo largo de la vida. Ya hablé de mi fase como principiante, cuando estuve bajo la tutela de mentores como mi padre y Rich Nichols; también de mi fase como joven maduro, donde tuvieron lugar epifanías en presencia de artistas como The Pharcyde y Aba Shanti-I; y también de mi fase de la mediana edad, en la que he llegado a tener mi propia identidad creativa, a pesar de que sigo sospechando que me limito a imitar a aquellos artistas que llegaron antes que yo. Para acabar este capítulo deseo hablar de la creatividad en mi fase final de la mediana edad, o incluso en la vejez. Todavía no estoy ahí, pero puedo notar cómo se acerca, y una de las cosas que noto que se está aproximando es cierta fragilidad en relación con los giros de la rueda creativa. En un momento dado, más que preocuparte sobre cuáles son tus influencias, vas a empezar a preocuparte de si eres o no una influencia para otras personas. Empezarás a competir por eso y tal vez te sientas incómodo. Pero igualmente vas a tener que pasar por ello.

El ejemplo del que me voy a servir en este caso vuelve a ser J Dilla. Una noche de febrero, no hace mucho, fue el cumpleaños de Dilla. Me acordé de él y, mientras lo hacía, telefoneé a D'Angelo, que siempre estuvo cerca de él. Le llamé porque estaba pensando sobre el fenómeno general de cómo la gente se siente de un modo determinado. Es algo que la gente negra suele decir: «sentirse de un modo determinado». Se trata de una forma suavizada de sarcasmo. No es tan malo como decir que sientes unos celos terribles de los logros de otra persona. Sirve para admitir que algo te afecta de algún modo pero que también eres capaz de mantener la distancia, de tomártelo con calma, admitiendo sin admitir que sientes envidia. Es a un tiempo algo positivo y negativo. De hecho, son muy pocos los artistas cuya música no quiero escuchar, ya sea porque no quiero verme influenciado por ella o porque no quiero saber gran cosa de las personas que están detrás de esos trabajos en concreto porque me hacen sentir de un modo determinado. Como ya dije, la cosa empeora con la edad. Con cada año que pasa son más esas personas que no escucho. Cuando tenía diez años sentía una curiosidad total e imprudente. No me asustaba consumir cualquier cosa: si me interesaba, lo abordaba. Mi espectro de intereses era muy amplio porque quería saber qué había por ahí fuera. Era como un pulpo vampiro. Ahora que soy mayor también soy más cauteloso. He reducido mis influencias a mi panteón de bateristas y cantantes y guitarristas, y resulta difícil que alguien nuevo entre en él.

Cuando telefoneé a D'Angelo estaba pensando en el proceso de envejecer y hacerte menos permeable, y pensaba cómo J Dilla siempre logró evitar caer en esa red. «Oye —le dije a D'Angelo—, ¿no te parece una locura que nunca nos sintiésemos amenazados por Dilla?» Eso hizo que D'Angelo se quedase en silencio. Por lo general, D'Angelo se parece a mí en ese sentido. Puede envidiar a otros artistas en cuestión de milésimas de segundo. Puede apartarse al instante de alguien si le preocupa verse demasiado influido. De algún modo, Dilla esquivó esa cuestión, siempre. Hasta cierto punto, fue así porque su talento era innegable. Pero también porque se posicionó de un modo concreto como artista.

Dilla revertió el circuito. Hizo que todos los que lo rodeaban sintiesen que realmente les sorprendía quiénes eran, como personas y como artistas. Era capaz de reconocer que te estaba aportando energía creativa y, al mismo tiempo, comportarse como si tú también se la estuvieses aportando a él. Ya fuese sincero o se tratase de una estrategia, eso revertía el circuito. De algún modo lo rejuvenecía y te hacía sentirte mayor, pero también te llevaba a cuestionarte la jerarquía por completo. A su modo, era extremadamente frío y extremadamente motivador.

D'Angelo quería que le pusiese un ejemplo. Y yo tenía uno. Tuve que remontarme a cuando trabajábamos en su álbum «Voodoo», cuando acabamos una de las canciones en las que más lo habíamos apoyado: *The Root*. Quise tocársela a Dilla, que estaba de visita en Nueva York. Apenas disponía del tiempo de subirse a un coche para ir al aeropuerto de regreso a Detroit. Pero escuchó el tema y dio la impresión de que le gustaba. «Eh, hombre —me dijo—, estoy deseando llegar a casa. Tengo que ensayar eso.» Ocho horas después, ya de vuelta en Detroit, me telefoneó. «A ver qué te parece esto», me dijo. Colocó el teléfono junto al altavoz y sonó su propia versión, que me pareció exacta, *a The Root*. De alguna manera había logrado escuchar la versión anterior una vez, memorizarla y recrearla a la perfección. Formé parte del proceso de creación de ese tema. La escuché durante horas y horas en el estudio. Incluso así no pude sentarme y ponerme a tocarla. Llamé al ingeniero de sonido que estaba trabajando en el disco. «Voy camino del estudio», le dije. Quería comprobar si era capaz de volver a tocar la misma parte del mismo modo en que él lo había hecho. Era un reto, como ver un espectáculo de magia y, acto seguido, intentar cortar a la chica por la mitad y volver a unirla. Fallé estrepitosamente. Desmembré a la chica. Me sentí un fracasado. No pude entender cómo él lo había logrado. Quería recrear la versión que alguien había hecho de mi propia versión, y no pude ser yo mismo con tanta precisión como él lo había sido. Pero ni siquiera durante un segundo sentí algo. ¿Cómo habría podido? Lo único que Dilla hizo fue tomar lo que yo había hecho y crear algo nuevo a partir de ahí, como si estuviese copiándolo. Él creó algo porque yo había creado. Si se hubiese tratado de otra clase de persona, otra clase de productor, otra clase de talento, tal vez me habría sentido superado o me habría venido abajo, pero no sentí nada de eso. Simplemente aluciné. (Dilla es una de las dos personas que he conocido en mi vida con el talento necesario para escuchar algo, absorberlo, y ser capaz de hacer con eso algo diferente. El otro es Tariq. Su cerebro es ideal para esas cosas. Puedes meterlo en una habitación, hacerlo escuchar una única vez una grabación del Discurso de Gettysburg y después destruir la cinta. No la necesitarías más. Lo habría guardado todo en su cabeza.)

Dilla era capaz de crear de un modo que yo no podía entender, y eso no es precisamente lo primero que pienso cuando pienso en un mentor. Habría pensado que tenía más que ver con la enseñanza de ciertas habilidades, con su refinamiento, con identificar qué hay ahí y qué no hay. Y, sin embargo, la habilidad de Dilla para hacer que te sintieses en una calle de doble dirección, como si todo el mundo inspirase a todo el mundo —su talento para conseguirlo carecía de malicia en cualquier sentido— posiblemente era lo que posibilitaba que las cosas llegasen a buen puerto. En aquel entonces, todavía trabajábamos con bobinas abiertas, no con ProTools. Cuando ralenticé la cinta y acepté mi fallido intento de hacer lo que Dilla había hecho, le pedí al ingeniero que le diese la vuelta a la cinta para poder escuchar la parte de la batería hacia atrás. Al escuchar invertido el sonido de la batería detecté algo nuevo. Lo utilicé como introducción musical para el diálogo de *Mo'Better Blues* que incluimos en «Things Fall Apart». Fue una situación arriesgada que acabó bien para todo el mundo. Una exitosa historia de creatividad y de cómo el ejemplo de Dilla me llevó a una conclusión zen en busca de nuevos modos creativos usando material viejo de una manera nueva. Pero también es un ejemplo estelar del tipo de influencia y de la presencia de un mentor que duran para siempre. Tal vez no fue un proceso perfectamente fluido —fue frustrante ir al estudio y descubrir que no podía hacer lo que él había hecho— pero creó un recuerdo fluido que sigue resultándome rentable.

El desequilibrio que crea el equilibrio
Presta atención a las personas que hacen cosas que no puedes entender.

EMPECEMOS

Una buena taza de café

A veces la creatividad se convierte en un producto. Pero siempre es un proceso. Las ideas, incluidas aquellas destinadas a permanecer en tu cerebro, te traspasan sin descanso formando una corriente continua. Se trata de intentar capturarlas.

Pero ¿qué sucede cuando no puedes sumergirte en la corriente? ¿Qué ocurre esas mañanas en las que te sientes indolente o resacoso, o cuando te topas con ese amigo que tanto te incomoda camino a la oficina (o al estudio) o cuando te sientas a corregir tu brillante manuscrito (o álbum o serie de pinturas) y no consigues que las ideas salgan de tu cabeza?

En esos casos, tienes que poner las ruedas en marcha. ¿Y cuál es la mejor manera para lograrlo? Llevo mucho tiempo interesándome por las respuestas que podían darme en ese sentido las personas creativas. Son muy variadas. Voy a desplegar aquí algunas de ellas, sin seguir un orden particular: café, caminar un buen rato, una caminata corta, subir escaleras, mirar por la ventana, café, apuntar los nombres de todas las personas que conozcas en orden alfabético inverso, meditar, escuchar la radio, café, ir a un restaurante y pedir huevos revueltos, contar hasta diez hacia delante y hacia atrás, leer una página de un libro vuelta del revés, llamar a un número de teléfono desconocido a propósito, teclear «mucho trabajo y poca diversión hacen de Jack un tipo aburrido» unas mil veces, hacer tallas de madera, café.

Mucha gente cita el café. Yo no tomo café. La única ocasión en la que recurrí al café fue cuando me tomé dos expresos triples antes de ver una película porque no podía mantenerme despierto; y mi cita igualmente tuvo que despertarme a codazos. Pero empecemos por ahí. En *somethingtofoodabout* hablé con un chef llamado Ryan Roadhouse, que abrió de la noche a la mañana un restaurante llamado Nodoguro en Portland, Oregón. Ryan tenía uno de los procesos creativos más interesantes de entre todos los chefs con los que hablé. Cuando empezó, preparaba comidas para una especie de club de cenas. Su esposa le ayudaba preparando las mesas y le pidió a algunos artistas que conocía que diseñasen el interior del local. Llegado a un punto, se dijo que sus ideas funcionaban. Pero no sabía cómo hacer que la gente regresase una segunda o una tercera vez. Lo que hizo fue al mismo tiempo adecuado y profundo. Estudió la obra de otros artistas para unir sus ideas. Su primera fuente fueron los libros de Haruki Murakami. Se fijó en que los personajes de Murakami comen toda clase de comidas curiosas: en *Escucha la canción del viento*, un hombre vierte Coca-Cola sobre sus tortitas como si fuese jarabe improvisado. Se sirvió de esas extrañas comidas de ficción como punto de partida y empezó a inventar. Después de preparar platos siguiendo a Murakami dedicó otro mes a un japonés visionario: en esta ocasión preparó comida según las películas de Hayao Miyazaki. En su tercer intento regresó a Estados Unidos, específicamente a *Twin Peaks*, la fundacional, perturbadora y surrealista serie de televisión creada por David Lynch y Mark Frost. Todos los que vieron la serie recuerdan al agente Dale Cooper, interpretado por Kyle MacLachlan y su pasión por las tartas... y el café.

El menú *Twin Peaks* de Ryan tuvo un extraño y feliz final. Mientras escribía *somethingtofoodabout* pensé que sería interesante que Ryan cocinase para el propio Lynch —y para mí, por supuesto—. Dado que a David no le gusta mucho viajar y Portland quedaba descartado, organicé la cena en Los Ángeles, en el Chateau Marmont, y, hablando de escenas surrealistas, allí estaba yo, comiendo un menú basado en *Twin Peaks* con David Lynch en Bungalow 3.

A Lynch le encantaron los platos, que incluían unas natillas de café (chawanmushu con gel de trompetas de la muerte y maíz liofilizado) y ensalada de nabos Waldorf (con miso y manzana fresca). Contó un montón de historias estupendas, incluido el origen de la escena de *Twin Peaks* en la que Dale Cooper y el Sheriff Harry S. Truman (Michael Ontkean) están a punto de tomarse una taza de café y Pete Martell (Jack Nance) entra corriendo a la habitación. «Amigos, no tomen ese café —les dice—. Había un pescado en mi cafetera.» La escena surgió de una historia real en una cafetería a la que solía acudir. Uno de sus amigos le dio un trago al café y lo escupió. Tenía un sabor horrible. Investigaron y resultó que alguien había dejado una pastilla de jabón Lava en la cafetera. Lynch está obsesionado con las cafeterías y el café, en parte porque le sirven como espacio de meditación en el que dar a luz sus extrañas ideas. En *Atrapa el pez dorado*, su libro sobre la creatividad, lo explicó de este modo: «Pensar en una cafetería es seguro. Puedes tomarte un café o una malteada y alejarte hacia terrenos oscuros y luego regresar a la seguridad de la cafetería».

Valoro el método del café, aunque yo no bebo mucho café. En lugar de unir mis ideas, simplemente me confunde. En los días en los que siento que no tengo ideas dentro de la cabeza, habitualmente hago estiramientos. Durante los certámenes deportivos los atletas hacen estiramientos. Se preparan durante semanas, durante meses, durante años, pero también es importante la preparación diaria. Yo los he visto ahí, a un lado de la pista, durante las competiciones. Se tocan los dedos de los pies. Saltan arriba y abajo. Estiran el cuello a un lado y al otro. La razón para hacerlo es que nadie quiere empezar a competir y sentir un tirón o una punzada. Y una pequeña molestia en algún punto de la musculatura o el esqueleto puede hacer abandonar a un atleta.

Yo recomiendo algo parecido en relación con la creatividad. Es igual de exigente que una competición deportiva. En cierto sentido, podría decirse que incluso es más exigente. Así que será mejor que aprendas a hacer estiramientos cerebrales. Aquí tienes algunas estrategias a seguir:

—*Jardín*. No me refiero a algo literal, aunque aprovéchalo si, literalmente, tienes acceso a un jardín. Cuando tengo la oportunidad de hacerlo o cuando he conocido a personas que pueden hacerlo, resulta inmensamente gratificante. Se fijan en cosas en las que habitualmente no se fijaban. Sus sentidos se afilan. Su ritmo cardiaco se ralentiza. Muchas mañanas intento llevar a cabo algo igualmente relajante, y en la mayoría de las ocasiones eso supone acudir a mi catálogo MP3 y rebuscar. Me fijo en algunos títulos. Me fijo en el orden que siguen las cosas. Eso me lleva a pensar en mi propia obra en un contexto creativo estructurado. Lo cual me conecta con obras que me motivan sin intimidarme. Tal vez también te funcione si dispones de cientos de miles de canciones en MP3 en tu disco duro. Si no es así, inténtalo con algo parecido. Reordena tus libros. Descuelga las fotografías y vuélvelas a colgar; puedes ordenarlas de un modo diferente o dejarlas como estaban. Contacta con lo creativo a través de la organización. Te destensará de la manera adecuada.

—*Hazlo sonar hacia atrás*. En la mayoría de las ocasiones vemos las cosas en un único sentido. Estamos a merced de los paradigmas comunes. Por eso precisamente la sabiduría convencional tiene tanto efecto sobre nosotros. ¿Recuerdas cuando Donald Trump comenzó a ascender en las primarias del Partido Republicano? La gente no podía creerlo porque no encajaba con lo que sabíamos de política. (Hablando de política, no voy a hacerlo más. Al menos no hablaré de la improbable llegada a la presidencia del innombrable. Como dijeron los grandes filósofos Daryl Hall y John Oates, de algunas cosas es mejor no hablar.) Ya hablé en otra ocasión de un ejercicio que les gusta practicar a Richard Nichols y a Ben Greenman: se trata de creer justo lo contrario de aquello en lo que crees. ¿Crees que los seres humanos están transformando el clima del planeta? Pues cree que no es así, al menos durante un minuto. ¿Crees que Lee Harvey Oswald actuó solo? Pues acepta la idea de la conspiración, aunque solo sea unos minutos. Este ejercicio es algo diferente. Toma una obra de arte que te guste especialmente y dale la vuelta. (Si lo haces con el teléfono móvil, la pantalla puede rotar contigo, pero puedes bloquearla, y si no puedes bloquearla, ponte cabeza abajo.) Si se trata de un libro, empieza a leerlo por el final. Detente con cada palabra: «Chica luego Mingus luego». (Este es el final del libro de Charles Mingus, *Beneath the Underdog*; avanza de atrás hacia adelante y eso también puede convertirse en el principio de algo grande.) Si se trata de una canción, es posible que necesites de alguna aplicación para hacer que la música suene hacia atrás, pero merece completamente la pena. El posfacio se convierte en introducción. El crecimiento que preludia la acción se convierte en un extraño tipo de postre. (Escuchar música al revés es una tradición contrastada. Cuando Run, de Run-D.M.C., escuchó por primera vez lo que los Beastie Boys habían hecho con *Paul Revere* —Adam Yauch revertió la pista del ritmo 808— fue como si hubiese descubierto el fuego. Y Marley Marl, cuando produjo *The Bridge* de MC Shan, apretó por error el botón de *reverse* cuando estaba sampleando un stab de una sección de metales. Y, de repente, el todopoderoso sonido del stab se convirtió en una equivalente en vientos al ladrido de Scooby-Doo. Pasó de ser una exclamación a un signo de interrogación. Haz al revés todas las preguntas y las respuestas vendrán también.)

—*Desplumar aleatoriamente*. Esta es una estrategia relacionada, aunque para llevarla a cabo necesitarás un tipo específico de libro: un diccionario. No sé si siguen existiendo en la era de Internet y de los teléfonos móviles que conocen el significado las palabras, pero antes eran esos volúmenes gruesos que contenían la mayoría, si no todas, las palabras de una lengua concreta. Los tenemos en inglés. Lo que yo solía hacer era abrirlo de manera azarosa y elegir una palabra. Podía ser *raído*. Podía ser *cuña*. Podía ser *jardín*. Casi nunca fue *azarosa* o *indicar* o *palabra*, aunque tenían las mismas oportunidades de ser escogidas que cualquier otra. Pero fuera cual fuese la palabra, sería mi palabra para ese momento, y en cuanto la escogía me obligaba a pensar en ella. ¿*Arco*? De acuerdo; no parece difícil. Tal vez una canción sobre cómo el país sigue sin encontrar un objetivo al convertir a las personas equivocadas en sus objetivos. ¿*Mira*? De acuerdo, es una orden sencilla, una de las más simples, para pedirle a la gente que preste atención. Seguramente esa clase de pensamientos no lleven a ninguna parte, pero esa no es la cuestión. Lo importante es que haya surgido un pensamiento. Existe una interesante variación en esta estrategia que aprendí de alguien famoso, aunque no recuerdo quién. (Sería Tom Cruise. No sería Tom Cruise.) Es un poco más matemática y un poco más misteriosa. Toma un libro. Escoge un número inferior al número de páginas que tiene, después otro entre el uno y el veinte, y finalmente un tercero entre el uno y el diez. Ve a la página en cuestión, la línea y la palabra y después utiliza la palabra seleccionada. Cuando lo practico, me gusta pensar en ese código de tres números como si se tratase de una de esas viejas cerraduras Master y estuviese desbloqueando el día.

Sí, y...

Así es como el día comienza. Ese es el salto.

Pero después hay que enfrentarse a la cuestión de cómo echar a rodar una idea para que se convierta en algo más que un primer

EMPECEMOS

destello. Las ideas son una recopilación; no hay muchos compositores que hayan creado una pieza sirviéndose de una sola nota. (¿O sí los hay? Sería interesante hacerlo al estilo John Cage.) Si eres una persona joven y creativa recuerda esto. Si eres mayor, apúntalo para poder recordarlo. La reorientación mental es la mitad de la batalla; a veces es incluso las dos mitades. Esa es una de las razones por las que he intentado fijarme en disciplinas creativas que requieren un elevado flujo creativo. Me refiero a disciplinas en las que la persona en cuestión tiene que manejar una elevada carga creativa en una sola actividad. No estoy llevando a cabo un juicio sobre la calidad de la creatividad, sino sobre la tasa de ideas con las que hay que lidiar. Por ejemplo, un poeta que trabaja en una única imagen cristalina durante buena parte del día —proponiendo, revisando, ajustando, intentando dar lo mejor de sí para ser preciso o precisa— tiene que lidiar con una creatividad de flujo escaso. Lo cual puede resultar igual de valioso. En ciertos casos es la única manera posible de funcionar. Pero, por lo general, lo que yo necesito para ponerme en marcha es una creatividad de flujo abundante. Es la creatividad antes de que aparezcan los filtros y las directrices.

Muchas formas de arte dependen de un flujo elevado de creatividad. Los dibujantes de tiras cómicas, por ejemplo. Si alguna vez has visto un documental sobre un dibujante de cómics clásico, te habrás dado cuenta de cuántas vueltas necesitan darle a sus ideas antes de escoger una lo bastante decente como para ponerse a trabajar sobre ella. ¿Un perro en una torre de control aéreo? No. ¿Un gato en la Casa Blanca? No. ¿Un gato en una ventanilla de pedidos de comida para llevar? Sigue sin funcionar. ¿Un perro en una ventanilla de pedidos de comida para llevar? Podría ser. Todas las viñetas que has visto en un papel llegaron a existir gracias a los centenares de bolas de papel con intentos fallidos que quedaron en la basura.

En mi caso, ese tipo de flujo abundante no surge de manera

89

natural. En parte porque la música, a la que he dedicado la mayor parte de mi vida, tiene unos costos fijos asociados. Los estudios de grabación funcionan como los servicios públicos básicos. Cada minuto de flujo cuesta dinero. Pero también he pasado casi una década involucrado con el mundo de la comedia y eso me ha permitido acceder a una disciplina creativa que le saca el máximo partido a la creatividad de flujo abundante: el humor improvisado.

Casi puedo oír los suspiros. El humor improvisado tiene mala reputación, en gran parte debido a que tiende a ser demasiado arbitrario. Hay todo un episodio de *Bojack Horseman* construido alrededor de la premisa de que el humor improvisado es una especie de culto para descerebrados poblado de idiotas irritantes. Estoy seguro de que hay gente así en el mundo de la improvisación. Pero lo que siempre me ha impresionado es el principio básico que dicta: «Sí, y...». Todo el mundo sabe a qué me refiero, ¿verdad? Cuando un grupo de improvisación está trabajando y uno de los miembros lleva la escena hacia una dirección concreta —digamos que el punto de inicio es la sección de urgencias de un hospital y el primer cómico en intervenir introduce la idea de que se trata de una sección de urgencias para extraterrestres— el resto de los miembros tiene que seguir adelante con ese tema sin ponerlo en cuestión, con coherencia. Y si el segundo cómico en intervenir lleva la premisa de los extraterrestres un poco más allá —podría sugerir que la gente que está en la sala de espera está interpretando un drama médico para los extraterrestres, que los tienen secuestrados—, el tercer cómico tiene que incluir eso también en la narración. Tienen que aceptar esos parámetros cambiantes, así como los nuevos ingredientes, y desarrollar nuevos puntos de inicio teniéndolos en cuenta.

Mike Birbiglia, un excelente cómico y contador de historias especializado en improvisación, también cineasta y cuya última película habla de ese mundo (se titula *Don't Think Twice* y alude no solo a Bob Dylan sino también al «Sí, y...»), entiende el humor improvisado como un entorno colaborativo y generoso único. Verte obligado a trabajar con las ideas de otros no solo te convierte en un cómico más flexible e innovador, sino que afecta también al resto de tu vida. «Ha cambiado el modo en que lo entendía todo —explicó en la NPR durante una entrevista—. Me ayudó a ejercer como padre y a ser un buen esposo y un mejor amigo... Me ayudó en todos los trabajos colaborativos.» Dado que Mike es una persona sana, equilibrada y responsable, le gusta señalar que pensar al estilo «Sí, y...» ha mejorado sus relaciones con los demás y, especialmente, su vida más allá del trabajo creativo. Mi objetivo aquí es un poco diferente. No estoy apelando a la parte insana, desequilibrada e irresponsable de las personas, pero pretendo alejarme un poco de la naturaleza colaborativa del humor improvisado. Aunque tal vez sería más adecuado decir que lo que pretendo es dar a entender que también existe un modo íntimo de decir «Sí, y...». Cuando empieces a trabajar por la mañana procura no descartar nada. En las fases iniciales no existe algo así como una mala idea.

Pensemos en Eminem. Cuando empezó a ser conocido, muchas de las conversaciones sobre él versaban sobre su autenticidad. Él fomentó ese debate porque le ayudaba a elevar su perfil y también porque debe de haber estado completamente seguro sobre que él era tan auténtico como cualquiera; era tan auténtico como D.M.C., tan auténtico como Rakim, tan auténtico como Chuck D. Estaba haciendo algo un tanto diferente a lo que hacían ellos, pero lo hacía desde una total autenticidad.

Pero lo que muchas de esas primeras reacciones pasaron por alto fue cuánto empleaba el pensamiento «Sí, y...». Detengámonos en una canción como *Stan*. O mejor dicho detengámonos en *Stan* porque no hay muchas canciones como esa. Todos los que formamos parte de la industria del entretenimiento —todo aquel con cierto nivel de fama o notoriedad— ha tenido encuentros con fans que nos han hecho sentir un poco incómodos. Recuerdo una gira con The Roots a finales de los noventa en la que las mujeres todavía viajaban en el autobús. Eran fans. Habían estado en el concierto. Querían conocer a la banda. Eso no es algo tan común como pueda parecer. Teníamos *groupies* que nos esperaban en la puerta de los camerinos, pero solían ser chicos de unos veinte años con chamarras a la moda y con muchas conjeturas sobre dónde había colocado los micrófonos cuando grabé *Sugar Won't Work*. (Para que conste, coloqué un Royer con una cinta justo detrás de mí y un micro de fútbol americano Shure en el bombo de la batería.) En una gira, en una ciudad, me fijé en dos atractivas mujeres que se acercaron al autobús para saludarnos. Una era alta y la otra bajita. Destacaban. Dos noches después, en la siguiente ciudad, la mujer bajita estaba de nuevo en el autobús, en esta ocasión iba acompañada de una compañera alta diferente. La saludé, pero se comportó como si nunca hubiese estado allí antes. Dos noches después, subió al autobús una tercera vez, con otra amiga alta. Esa vez no le dije nada. Era como si estuviésemos en un episodio de *La dimensión desconocida*. Esa noche, no pude dejar de pensar en ella, y no de un modo positivo. No me puse a fantasear. Me dio miedo. Se me metió una idea en la cabeza, una idea que no tenía nada de bueno. Tenía que ver con un secuestro y una de esas complejas torturas que aparecen en las películas *Saw*; torturas destinadas a mí y al resto de la banda. No fue bonito. No resultó placentero. No pude pegar ojo. Intenté librarme de la idea pero reaparecía una y otra vez. Años después, Eminem lanzó *Stan* y todo me quedó claro. No hay que librarse de la idea: hay que acogerla. En la intimidad de tu hogar, en la comodidad de tu propia cabeza, debes llevarla hasta sus últimas consecuencias. Ese joven desequilibrado te quiere como artista; tanto que te quiere también como hombre; tanto que se le va la cabeza cuando entiende que no puede tenerte; tanto que agarra lo que puede, que resulta ser su novia, que está embarazada, y hace la peor combinación posible de coche, cajuela y puente. La historia adquiere todo su sentido. Era más inquietante y más gótica que *Trapped in the Drive-Through*, aunque fun-

No hay que librarse de la idea:
hay que acogerla.
—

cionaba según uno de sus mismos principios, que venía a decir que no olvides permitir que tu mente vaya donde quiere ir. Eminem no transformó su idea en aquello-que-debería-haber-dicho. No la pasó por un filtro socialmente aceptable. No le dio un toque de buen gusto. Y no quiero decir con ello nada de la calidad de la versión final; a pesar de que la calidad es elevada. Me estoy centrando en el primer momento de inspiración creativa, en el *momentum* creativo. Llegó a tener algo partiendo de la nada gracias a una idea que tuvo. Muchos artistas, muchos compositores, se habrían apartado de la idea inicial, y muchos de ellos habrían prescindido de componer una canción desagradable y perturbadora. Pero unos pocos (incluido Eminem) se habrían permitido la oportunidad de componer una gran canción.

Otro ejemplo, del mundo del humor, aunque no del humor improvisado, relacionado con Norm Macdonald. Algunos creen que él es el cómico de los cómicos, pero en realidad es el cómico de los escritores. Todos los escritores que conozco lo adoran. Cuando les pregunto por qué, sus respuestas suelen ser parecidas. Les gusta que no le asuste mirar las cosas de un modo diferente. Esa es la combinación del breve ejercicio del que hablé antes —la idea de Rich y Ben de creer justo lo opuesto de lo que suele creerse, solo durante unos segundos, pero creyéndolo con la misma pasión con la que crees en las cosas que sueles creer— y el más amplio «Sí, y...», que te lleva a perseguir una idea hasta la madriguera del conejo. Norm Macdonald sabe que las personas desaparecidas a menudo suelen aparecer muertas en tumbas poco profundas. Se pregunta por qué las autoridades no buscan en tumbas poco profundas de inmediato, dado que es allí donde suelen acabar los cadáveres.

Si yo matase a alguien, dice, lo primero que haría es asegurarme de enterrarlo en una tumba muy profunda. No es un chiste en el sentido tradicional. Es una corriente de consciencia. Pero es un pensamiento «Sí, y...» autodirigido: siempre que Norm llega a un punto de la historia en el que otro tipo de persona creativa se detendría, él sigue adelante. Resulta interesante comprobar que cuando ha aplicado esa misma técnica en un libro no ha funcionado igual de bien. *Based on a True Story*, que fueron consideradas sus memorias, es en realidad una enmarañada deconstrucción de lo que se supone que son unas memorias. Aparece un escritor por encargo y anuncia que en realidad no le gusta Norm ni cree que sea gracioso, pero que intentará hacerlo lo mejor posible dado el dinero que le han dado. Como alguien con cierta experiencia deconstruyendo memorias y trabajando con colaboradores —aunque al mío le gusto y me gusta a mí y trabajamos bien juntos— resulta un tanto amargo y poco atractivo. Pero, de nuevo, el empezar de un modo creativo no es necesario para tener una buena idea. Eso llegará. La clave es tener ideas. Y *Based on a True Story* no anda corto de ideas.

Ya que he traído a Norm a colación, tendré que acabar con el chiste de la polilla. En cierto sentido es un chiste sobre la creatividad, sobre cómo convertir el dolor personal en pensamiento creativo; sobre conocer a tu público; sobre subvertir las expectativas. Pero por encima de todo trata del modo en que los chistes se construyen sobre ideas ya existentes, cómo se trata de elaboraciones y extensiones, perlas producto de la superposición de varias capas. Existen versiones cortas del chiste de la polilla que han aparecido en libros de chistes. En la más sencilla de ellas, un hombre entra en la consulta de un dentista y afirma que cree ser una polilla. En la versión más complicada, es una polilla, no un hombre, la que entra en la consulta de un dentista y su queja no consiste en decir que se cree una polilla (porque lo es), sino en la insatisfacción que le producen ciertos aspectos de su vida; puede ser su trabajo, puede ser su esposa. En la versión de Norm es una polilla la que aparece en la consulta del médico (aunque ahora se trata de un podólogo en lugar de un dentista, bastante más divertido), y la polilla no afirma estar insatisfecha con su vida. Se siente absoluta y totalmente abatida. Nada tiene sentido para ella. Pasa los días como si fuese un fantasma. Mire donde mire, solo ve experiencias vacías de significado. Ni siquiera le satisface ya su desesperación. La versión de Norm se convierte en una especie de tenebroso cuento ruso, una crisis existencial en toda regla. Esta versión del chiste de la polilla se extiende para detallar la tristeza de la polilla, pero acaba en el mismo punto que las versiones cortas. Cuando la polilla finaliza su triste relato, el médico dice: «Parece que necesita usted ayuda. Pero será mejor que acuda a un psiquiatra. ¿Por qué ha venido aquí?». Y la polilla responde: «Porque la luz estaba encendida».

Dar y recibir accesorios

La mayoría de las técnicas que he esbozado tienen lugar en la mente. Son ejercicios parecidos a los estiramientos pero de la consciencia, calistenia creativa. Puedes realizarlos sentado en una silla o en el ascensor.

Hay otro tipo de técnicas que requieren accesorios. Cuando estaba escribiendo mi libro *Mo' Meta Blues*, hablé con Richard Nichols sobre cómo empezar los capítulos. Para mí resultaba un poco extraño volver a contar mi propia historia. No lo había hecho hasta entonces. Sabía de manera instintiva que no habría estado bien comenzar cada nuevo apartado con una frase en plan «y entonces» («Y entonces cumplí los veinticinco...», «Y entonces me fui a Europa...»), pero mi instinto no me indicaba cómo hacerlo de otro modo. Ben tenía ideas y, por lo general, solían ser buenas, pero quería tener más de un enfoque a la hora de iniciar cada una de las secciones. Hablamos de ello y Rich empezó a hablarme de cortar y pegar. En un principio creí que se estaba haciendo el gracioso. Me explicó que en realidad estaba remitiendo a William S. Burroughs. Y al especificar al respecto se remontó hasta el movimiento dadaísta. Y entonces me explicó que se trataba de algo así como una tercera vía a la hora de componer canciones pop, cuando se dejaba atrás el modo en el que Bob Dylan había utilizado los símbolos modernistas para hablar de manera indirecta de la cultura y la condición humana, y después dejaba atrás también el método de John Lennon, que usaba versos sin sentido, engañosamente ligeros, para hablar de cuestiones muy oscuras. Y entonces me explicó una y otra vez la idea de esa tercera vía hasta que llegué a entenderla. Y entonces me ofreció después una detallada explicación sobre el corta y pega, sobre cómo Burroughs había desarrollado su propio método. Tomaba un escrito ya existente, algo que ya estuviese impreso, podía ser un libro o el artículo de una revista o incluso unos pocos párrafos escritos por él mismo, los cortaba y volvía a ordenar las palabras, obligándose a encontrar un sentido en aquella mezcla arbitraria. Y entonces me habló de varios importantes compositores que habían utilizado dicho método; si no recuerdo mal, mencionó a David Bowie y a Kurt Cobain, aunque no atendí con precisión porque seguía intentando entender el método. Y entonces experimenté en ese momento una especie de epifanía al comprobar que si creamos un nuevo contexto para las palabras antiguas esas mismas palabras parecen nuevas. Y entonces empecé a pensar cómo podía aplicarse esa idea a otras formas de creatividad. Y las piezas del dominó empezaron a caer.

Cuanto más pensaba en cómo Bowie había utilizado la técnica del corta y pega, más sentido le encontraba. Sus letras no eran, desde mi punto de vista, la parte más interesante de su legado como artista. Eso no quiere decir que no tenga algunas muy buenas. Las tiene: a mí me gusta especialmente *DJ*, por razones obvias, y me encanta *Queen Bitch* (¿a quién no le gusta *Queen Bitch*?), y *Life on Mars*, y entonces, y entonces, y entonces. Pero otros temas no parecen tener sentido, en ocasiones de un modo irritante. No me gustaría señalar ninguno en particular, a excepción de la mayoría de los que componen el álbum «Tonight» o todos los de «Never Let Me Down». Tal vez sea cosa mía, pero esos fueron algunos de los primeros álbumes de Bowie que compré en su momento, en el periodo posterior a «Let's Dance», que lo convirtió en una enorme estrella pop, y me decepcionaron. Por otra parte, Bowie siguió adelante. Siguió intentándolo. Nunca dejó de ser creativo, nunca dejó de ser artista, nunca dejó de creer en la importancia de producir. Utilizaba el corta y pega para las letras y a veces componía grandes canciones y en otras ocasiones componía canciones que no eran tan grandes. Pero componía canciones. Seguía en la brecha.

Esto nos lleva al segundo punto de estas técnicas, tal vez el más importante: están ahí para que sigas avanzando, porque el asunto principal es avanzar. La idea es generar ideas sin control y no resulta imprescindible pensar demasiado o demasiado pronto en si son útiles o no. Funcionan porque existen. En la época en la que The Roots aceptamos trabajar en «The Tonight Show», me vi inmerso de repente en dos sectores demográficos diferentes: el humor y la cocina. Ambos eran nuevos para mí. Ambos tenían que ver con personas (o como mínimo con tipos de personas) con las que yo no me había relacionado antes de adentrarme en el mundo de la televisión. Empecé a fijarme y a constatar que ambos grupos tenían sus propias culturas creativas. Los chefs y los humoristas tenían cosas en común. Pero existían diferencias en su manera de llevar adelante las cosas. Los humoristas disponían de algo así como un almacén en el que desarrollarse. Mientras estaba con Dave Chappelle antes de su aparición en «Saturday Night Live», me fijé en que se rodeaba de su círculo de confianza. En el Comedy Cellar, Chris Rock, Jerry Seinfeld y todos los que andaban por allí trabajaban con material nuevo. Probaban el nuevo material entre ellos, se lo enseñaban. No sé si los chefs disfrutan de semejante grado de libertad. Pensemos, por ejemplo, en un local como Eleven Madison Park. Tiene tres estrellas Michelin y fue nombrado el mejor restaurante del mundo. Es muy creativo. Pero trabajan prácticamente las veinticuatro horas del día. En cuanto se marcha el último cliente, a las dos de la madrugada, y acaban de limpiar, a las cuatro, aparece el siguiente chef. Y funciona. Descubrí recientemente que hay una tercera planta, secreta, donde los chefs improvisan. Encuentra tu propio almacén y comparte algunas de tus cosas.

Espontaneidad calculada

Pregunta: ¿cuál es el mejor método para encontrar ideas?

Hay gente que opina que una persona creativa debería ser capaz de hacer cosas, de cualquier manera, todo el tiempo, y que sus mejores logros tendrían que encontrarse después en su trabajo. Otras personas piensan que la esencia de la creatividad radica en la planificación meticulosa. En resumidas cuentas, podríamos decir que son dos maneras de enfocar la creatividad: con el maletero detrás o con el maletero delante.

Para complicar un poco más las cosas, detengámonos primero en los que tienen el maletero detrás. Durante mucho tiempo estuve obsesionado con Bomb Squad, el equipo de producción responsable del denso y poderoso sonido de Public Enemy a finales de los ochenta y principios de los noventa (que también trabajó con otros muchos grupos, desde Son of Bazerk hasta Young Black Teenagers). Lo que más me fascinaba era observar los comentarios de las canciones del grupo. No eran simples ideas anotadas de cualquier manera o indicaciones sobre lo que querían hacer. Eran comentarios detallados sobre cada una de las canciones. En aquella época no se utilizaba Pro Tools, así que había que dedicarse al protocolario trabajo de contar compases, de encajar una pieza con otra. El mapa del tema *Night of the Living Baseheads* es un documento increíble que evidencia el nivel intelectual del trabajo que llevaban a cabo. Si hay alguien que todavía piensa que la música de los primeros tiempos de Public Enemy era excesivamente emotiva y ruda, esos comentarios lo harían cambiar de idea para siempre. Nick Sansano, el ingeniero de sonido de ese álbum y que impartió una clase conmigo sobre este disco, compartió conmigo los detalles de grabación y me dijo que apenas había habido posproducción en ese disco, lo cual justifica la existencia de esos comentarios y les aporta una relevancia aun mayor. Otras bandas de la época —como Beastie Boys, por ejemplo— lo juntaban todo y aplicaban un montón de cirugía posterior. Volvían sobre sus propios pasos y aclaraban y colocaban una capa sobre otra. Ralentizaban algunas cosas y aceleraban otras. Eso creaba un tipo de sonido muy concreto (solo hay que pensar en la producción de Dust Brothers del disco «Paul's Boutique»). Lo que hizo Bomb Squad junto a Public Enemy era otra cosa. Y sé cuál es la explicación para ello. Ahorrar tiempo ahorra dinero. Pero el resultado es que, incluso antes de grabar la canción, esos documentos ofrecen un resumen, compás a compás, de lo que va a ocurrir exactamente en la canción. Aclara que el scratch de Run-D.M.C en *Sucker M.C's* al final del primer estribillo tendrá lugar en el compás cuarenta y ocho. Aclara específicamente dónde ralentizar para que encaje a la perfección el sample del *Fame* de David Bowie. La mayoría de la gente normal, incluso los visionarios normales (basta con pensar en Dust Brothers de nuevo) habrían cortado y pegado y editado la cinta. Ese proceso posterior a la grabación habría llevado horas. Bomb Squad iba por delante de la tecnología, literal y figuradamente. Ellos sabían que disponían de un equipo primitivo; sabían que estaban utilizando múltiples cajas de ritmos en serie. Y a pesar de todo eso, el álbum suena como si lo hubiesen grabado al momento, como si hubiesen tomado las letras épicas de Chuck D y hubiesen improvisado un brillante paisaje sonoro a su alrededor. Suena espontáneo y poderoso, lo que hace que resulte más impresionante, pues estaba todo previsto desde el principio.

Hay muchos contraejemplos que pueden oponerse a este, pero uno de los mejores es el *Super Freak* de Rick James. La cinta echa a rodar y suenan Rick y su banda. Solo disponían de quince minutos por rollo de cinta y justo en el momento en que empezaban a fundirse y a solaparse, la cinta se acabó. Rick se sentía frustrado, casi furioso. Pero al escucharlo de nuevo se fijó en una parte en la que un solo de saxofón producía ocho compases perfectos. Lo hizo sonar en loop, como si se tratase de un disco de hip-hop, y creó el sonido encima de eso. Yo había dado por supuesto que Public Enemy funcionaba de un modo parecido, en parte porque las cosas en las que yo andaba metido tendían a funcionar así. El «Voodoo» de D'Angelo, por ejemplo, no estaba previsto por completo de antemano. Encontramos el camino mientras lo hacíamos y grabamos el disco.

Yo estoy dividido entre ambos modelos. Me encantan los dos. Ambos han servido para crear trabajos maravillosos en el mundo. Mi mente analítica, que a veces supera a todo lo demás, sabe que el arte que más me gusta surge cuando la gente hace sus deberes. De nuevo voy a fijarme en J Dilla. Él tenía todos esos raros matices en su música, pero estaban muy bien planeados. Y, por otra parte, está la lección que Jimmy Jam me enseñó y que él había aprendido de Prince: que una canción da comienzo con una parte de batería y una parte de bajo, y que de ahí es de donde partes, ese es el esqueleto a partir del cual avanza dando tumbos el tema, y los músicos llegan hasta donde sus mentes le dictan. Cuando el bajo tantea, el tecladista (o el guitarrista o el vocalista) le sigue. La banda —en este caso The Time— parece un turista accidental. Así es como se descubren nuevas panorámicas desde los callejones. En ciertas ocasiones, la vida creativa implica saber cuándo una desviación del plan se convierte en el nuevo plan.

Ahí tenemos una idea asociada. Del mismo modo en que Bomb Squad generó documentos complicados pero comprensibles sobre las canciones que iban a grabar, el trabajo creativo puede empezar imaginando el final del proceso. Otros libros denominan a ese movimiento *visionar* o *imaginación productiva*. Yo lo denomino «Lo que hacía cuando era más joven y de lo que me sentía orgulloso pero también un poco avergonzado». En los inicios de mi carrera, antes de grabar los discos de The Roots, solía imaginarme la reseña que me harían en *Rolling Stone*. En aquel entonces ese era el máximo honor que podía tocarte en suerte, la manera en que constatabas que importabas como artista creativo. (Las cosas cambiaron más adelante y fueron *The Source* y después *Pitchfork* las varas de medir, pero durante una época solo lo era *Rolling Stone*.) Me interesaba cuántas estrellas me darían. Era muy difícil conseguir una reseña de cinco estrellas, prácticamente imposible. Se las dieron a «London Calling» de The Clash. Se las dieron al «Red» de Black Uhuru. Se las dieron a un montón de discos de Al Green, incluidos «Let's Stay Together» y «Call Me». Pero eso no me impedía soñar. Para mí, era algo más que un sueño tonto. Era un ejercicio con el que intentar abarcar un todo. Pensaba como crítico, imaginaba qué canciones destacarían, cuáles adquirirían relevancia poco a poco, cuáles quedarían un escalón por debajo del resto. Pero iba un poquito más lejos. Imaginaba la reseña en una hoja en blanco, lo que implicaba crear un título («El resurgimiento de The Roots»). Incluso esbozaba la fotografía que acompañaría la reseña. Eran especialmente graciosas. Sabía que éramos un grupo grande, así que me preguntaba cómo nos meterían a todos en ella. Imaginaba una caricatura al estilo de la revista *Mad*, con Tariq y conmigo en el centro y el resto de la banda flanqueándonos.

Es algo que vengo haciendo desde entonces, aunque no he llegado a ponerle un nombre interesante. ¿Protocreatividad? Sea lo que sea, puede resultar útil. Si eres escritor, imagina las frases promocionales en la edición de bolsillo. Si eres pintor, imagina lo que dirá la gente cuando se encuentre frente a tus lienzos. Ese es otro ejemplo de estar y no estar presente: eres el creador, pero también eres el público. Cuando te sitúas fuera de tu trabajo y lo observas,

Eres el creador, pero también eres el público.
—

eres capaz de ver la forma al completo y eso ayuda a comprobar si estás en la senda correcta (o, en caso contrario, si no lo estás). También sirve para adentrarse en la esencia de aquello en lo que se ha convertido finalmente la idea original. Recuerdo aquellos coches de plástico y las maquetas de aviones de cuando era pequeño. Algunas necesitaban pegamento. Algunas tenían piezas que encajaban. La mayoría de ellas tenían retazos de plástico alrededor de las piezas, pequeños trocitos de plástico extra que indicaban que el molde no era perfecto. Imaginar el futuro de tu proyecto es un modo de limar esos retazos de plástico, de librarse de lo que no es necesario. Los diferentes caminos de la creatividad exigen diferentes versiones de dicho método. Ferran Adrià, el magistral chef que abrió el camino de la gastronomía molecular, la fuerza creativa tras El Bulli, lleva mucho tiempo dibujando sus ideas sobre comida. Se trata de composiciones muy complejas: diagramas de platos, pirámides de flujo que detallan la experiencia gastronómica. He hecho algunas cosas con él y uno de los detalles más interesantes de hacerlo es observar esa parte de su cerebro creativo. ¿En qué sentido está eso relacionado con la cocina? ¿Lo distrae de su cometido? ¿Qué sucedería si la gente lo sintiera encantada con su diagrama de flujo pero odiase sus platos?

Centrémonos en Echo. No me refiero al tema de Eminem, ni siquiera a la canción de Echo & The Bunnymen *With a Hip*, que es uno de los primeros temas en los que mucha gente vio el término *hip-hop* (es del año 1981 y se refería a los *hombres conejo*). Me refiero al aparato de Amazon. ¿Sabes a qué me refiero? Es una pequeña torre que colocas en tu casa y que responde a tus instrucciones. Tienes que llamarla por su nombre, Alexa, que es la versión de

Amazon para Siri o Cortana. Aprende de la nube. Puede encender las luces de tu casa o pedir comida a domicilio. Finalmente será capaz de hacerlo todo y, llegados a ese punto, en las casas no habrá seres humanos sino un montón de Echos hablando entre sí. No lo digo para asustar a nadie, sino para indicar que Amazon sigue un proceso en el que le permite a su equipo tener grandes ideas. Cuando alguien de la compañía tiene una de esas ideas de largo recorrido («Ya lo tengo: colocaremos una diminuta torre dentro de casa que seguirá tus instrucciones»), no empiezan a investigar o a desarrollar la idea, ni siquiera sondean el mercado. Empiezan entregándole el producto al Departamento de Prensa y son ellos quienes redactan un informe como si el producto existiese realmente. Es algo brillante. Cuando una cosa sale a la venta, si es que sale a la venta, a los consumidores no les preocupan las tuercas y los tornillos. Lo que les interesa es lo que ese producto puede hacer por ellos, descrito de una manera sencilla, con metáforas comprensibles; la clase de mensaje que puedes dejar en manos del Departamento de Prensa. Dicen que es una especie de materialización de los sueños. Yo lo llamo creatividad. Amazon denominó ese proceso como *pensamiento inverso*. Hablaré de otros tipos de pensamiento inverso a lo largo de este libro, aunque si estás leyendo el libro en sentido inverso ya habrás leído esas menciones.

Así pues, ¿cuál es la respuesta? ¿Cuál es la mejor manera de adentrarse en el sendero de la creatividad? ¿Tienes que planear detalladamente antes de iniciarlo o lanzarte y sacar fotos de la zambullida? En última instancia, solo puedo responder correctamente, lo cual implica comprometerse: deberías planear de forma minuciosa pero sin olvidarte de dejar una pequeña puerta abierta en tu plan para que pueda colarse el elemento humano. Algo que parezca robóticamente perfecto, algo que no permita que corra el aire, no conectará con un público e incluso es posible que ni siquiera conecte contigo como artista en cuanto lo hayas hecho. Querrás tener una prueba de vida. Yo intento hacerlo cuando toco la batería. Me atengo a lo planeado pero también llevo a cabo alguna pequeña variación. Un tipo en Internet intentó desafiarme con *Dynamite!*, un tema de The Roots del disco Things Fall Apart. Afirmó que no era más que un loop. Yo insistí en asegurarle que estuve tocando de arriba abajo, porque es lo que hice. No me creyó. En Internet todo el mundo se siente un experto. Aporté una prueba, le dije que escuchase con atención la segunda ronda del estribillo cuando la canción está acabando, porque allí podría apreciar un ligero relleno. Sabía exactamente dónde señalar porque cuando estábamos grabando la canción sabía que iba a tener que afrontar la acusación de que no había tocado en directo. Y sí, soy consciente de que lo de colocar un poco de relleno para desmentir a futuros trolls de Internet es un tanto extraño, es actuar a la defensiva y también es una demostración de cómo me encuentro entre esos dos modelos de creatividad, pues no estoy seguro de cuál de los dos escoger. Pero esto no es más que un ejemplo del poder que tiene esta cuestión. ¿Tenerlo todo calculado o dejarse llevar por la espontaneidad? Es un combate a muerte que nunca quedará resuelto y lo que da al trabajo creativo su vida.

A través del espejo
Empieza cada día creyendo justo en lo contrario de lo que sueles creer.

LA RED

No estás solo

Buena parte de la construcción de tu propia identidad creativa tiene que ver con entenderte a ti mismo como parte de un entorno colaborativo. Necesitas consejeros, gente que te complemente y competidores. Necesitas modelos de alto nivel que te sirvan de inspiración y aguafiestas que te digan la verdad. Respira todo tipo de aires para no verte nunca en el vacío. Prince logró alcanzar el estatus de genio individual, y obviamente lo fue, pero si lo estudias de manera específica comprobarás lo importante que fueron en su trayectoria sus colaboraciones. El hecho de que fuese él quien los colocase en su sitio, el que tuviese la voluntad de hacer las llamadas oportunas y hacer que ensayasen durante horas y horas no quiere decir que su relación creativa no fuese una parte esencial del artista en que llegó a convertirse. Otras personas son respuestas para tus preguntas, y el mayor de los retos es tener claro qué pregunta están respondiendo. Es como cuando Johnny Carson interpretaba el papel del viejo Carnac, cuando leía la respuesta y tenían que formularle la pregunta. Tal vez un cantante en concreto te resultará útil para aprender armonías, aunque llegado un punto te resultará más útil para aprender a recuperarte de las decepciones. Tal vez un humorista pueda resultarte más útil en el terreno de la geometría. Toda persona creativa ha pasado por un proceso de selección. Ya han ordenado sus ideas y seleccionado aquellas que van a mostrarte. Busca aquellas que no se encuentran en la superficie, porque tal vez te presten un mayor servicio. La mayor parte de mi vida creativa la he pasado trabajando con otros, ya fuese en mi banda o en los programas de televisión o haciendo bandas sonoras para películas.

Como ya he comentado en capítulos anteriores, cuando conocí a Tariq Trotter, mi socio en The Roots, estudiábamos los dos en el mismo instituto. Conocí a Tariq porque en uno de mis primeros días estaba en la Secretaría ocupándome del papeleo y a él lo llamaron debido a un asunto relativo a un encuentro con una chica en el baño. No se hacen esa clase de cosas a menos que seas esa clase de persona. También era un artista muy dotado y, como descubrí más tarde, un fantástico MC. Pero me estoy adelantando.

En aquella época el hip-hop daba sus primeros pasos, pero iba a adentrarse en la adolescencia debido a la patada que iba a propinarle un hombre ciego. Eso nos lleva a lo que yo denomino «el momento puntual más influyente en la historia del hip-hop». Piensa en cuál puede ser ese momento. No. No. No. Te equivocas, aunque has estado cerca. Se trata de *La hora de Bill Cosby*, concretamente del famoso episodio en el que Theo y Denise van en coche y tienen un pequeño accidente con el chófer de Stevie Wonder. Esa clase de cosas solo pasa en las comedias de situación. Otra de las cosas que solo ocurren en las comedias de situación es que cuando el chófer de un genio musical mundialmente famoso te golpea con el coche te invite a ti y a toda tu familia al estudio de grabación para que seas testigo de una sesión. Los Huxtable aceptan la invitación. ¿Cómo no? Así que allí están ellos, al otro lado del cristal, viendo cantar a Stevie. Cliff finge que no le impresiona, pero está impresionado. Claire tiene la boca abierta de emoción. Sus hijos están fuera de sí. Y entonces Stevie les enseña un juguete nuevo. En un momento dado, Theo dice: «*jammin' on the one*» —ni siquiera recuerdo ahora por qué lo dice— y minutos después Stevie escoge ese sample y lo inserta en una canción.

Cuando Stevie colocó la voz de Theo en el sample la historia del hip-hop cambió para siempre. Muchos de nosotros estábamos ahí, muchos raperos en ciernes y productores que vieron el episodio y a los que les saltó la tapa de los sesos. Sabía de los DJ y de los tocadiscos desde hacía años. Pero nunca había visto a nadie hacer algo parecido a lo que hizo Stevie con la voz de Theo. Reestructuró la producción del hip-hop en ese mismo momento, en el acto. Y no soy el único que lo cree. J Dilla vivió la misma experiencia siendo todavía el joven James Dewitt Yancey en Detroit. Just Blaze experimentó lo mismo cuando todavía era Justin Smith en Paterson, Nueva Jersey. En nuestras cabezas empezaron a rodar toda una serie de mecanismos.

Papá Noel también colaboró. Por aquel entonces, Casio llevó a los hogares la tecnología necesaria para hacerlo con el primer teclado para mezclas, el SK-1. ¿Recuerdas el anuncio? Había un chico blanco improvisando con su teclado y metía a su perro, Rufus, en la canción. Rufus ladraba. El teclado ladraba. No sé si el anuncio hacía una referencia velada a Rufus Thomas (la música que tocaba el niño recordaba al sonido Memphis, y el mayor éxito de Thomas había sido *Walkin' the Dog*), pero no voy a hacer una lectura profunda del anuncio. Deseaba con todas mis fuerzas aquel teclado. Y lo conseguí. Me lo regalaron en Navidad. Utilizaba voces, pero no tardé en utilizar también ritmos pregrabados. Ese fue el inicio de un nuevo comienzo, un salto cuántico hacia delante para mi comprensión de la producción del hip-hop, a pesar de que estoy convencido de que por aquel entonces no sabía qué significaba la expresión *salto cuántico*.

En aquel entonces, Tariq era un talentoso artista visual. Principalmente elaboraba moldes de medallones africanos. Pero su creatividad se estaba metamorfoseando en algo verbal también. Todavía no escribía rimas, pero estaba sentado en una de las mesas centrales de la cafetería jactándose de sus habilidades. Por *habilidades* me refiero a peleas de gallo. Los muchachos se le acercaban y le decían algo, algo improvisado, aunque con un tanto de chispa. Ya sabes: de ese modo en que se relacionan los chicos. Podían hacer un comentario sobre sus zapatillas o su peinado. Tariq los miraba, con mirada asesina, y les replicaba con un chiste o un comentario devastador. Si un chico había crecido demasiado rápido y se le veían los tobillos, Tariq podía decir algo sobre diques, porque cuando los diques se rompen causan inundaciones. Si un chico llevaba gafas de cristales gruesos, podía preguntarle sobre alguna nebulosa, porque estaban muy lejos y se necesitaban lentes muy potentes para verlas. Esos pensamientos se convertían en rimas. Recuerdo a un muchacho que llevaba unos tenis con la suela rota. Tariq le dijo que sus tenis hablaban y, antes de que nos diéramos cuenta, el tenis parlante se convirtió en una imagen —con lengua y todo— que se transformó en un pareado. No recuerdo exactamente cuál. Sus insultos iban siempre dos pasos por delante, que es como decir que eran en sí mismo un gran ejemplo de creatividad.

Antes de dominar el SK-1, yo era uno más de los chicos que formaban el círculo de Tariq, maravillándome de sus habilidades. Todavía ronda por Internet un antiguo videoclip en el que salimos todos los integrantes de The Roots en un callejón lanzándole temas a 'Riq y él nos responde con las rimas más brillantes. Podía sacarle punta a cualquier sugerencia. (Podía rapear sobre una mesa o un peinado o un avión. Lo más sorprendente no eran los temas sino el hecho de que podía aprovechar cualquier tema. Era su versión de la comedia improvisada que sigue el imperativo «Sí, y...», y era una prueba casi perfecta de su creatividad.) Una vez que dispuse de mi instrumento, sin embargo, me convertí en algo más que un espectador. Me convertí en la otra mitad de algo. A mí me fascinaba su capacidad atlética en el dominio de las palabras, pero a él le fascinaba lo que yo era capaz de hacer con aquel pequeño teclado. Los chicos, de hecho, ya ponían una especie de fondo musical a las actuaciones de Tariq. Mientras él cantaba sus insultos, los chicos marcaban el ritmo de una canción de James Brown sobre la mesa. Pero en cuanto descifré su funcionamiento, pude introducir aquel ritmo en el SK-1 y programarlo para él. Se dio cuenta y yo me di cuenta de que se había dado cuenta, así empezó a formarse un vínculo. Fue un vínculo de respeto mutuo, pero también de mutua necesidad. Entendió que sus actuaciones mejoraban mucho con un acompañamiento de percusión y yo entendí que mis habilidades con el sampleado podían convertirse en algo con un poder social y cultural real.

Creamos una pauta para nuestras colaboraciones. Aparecería durante la hora de la comida y empezaría a retarse con los otros chicos, en un momento dado incorporaríamos el ritmo. Ese ritmo acabaría sugiriendo, tanto para él como para mí, un sample. Recuerdo una semana antes de empezar el último año, Tariq estaba creando una burla que bebía de todo lo que había visto en las noticias: tal vez Baby Jessica, que había caído en un pozo en Texas; tal vez Robert Bork; tal vez el caso Irán-Contra. Su destreza era una rareza, como se decía. Llegados a un punto, uno de nosotros empezó a hacer ritmos beatboxing del tema *Top Billin'* de Audio Two, una canción que todo el mundo conocía entonces. De repente se me ocurrió algo. Salí de la cafetería, que estaba en el octavo piso, y bajé hasta el sótano, al estudio de grabación, para grabar el ritmo de *Top Billin'* en el SK-1 con la batería. Después regresé a la cafetería para que Tariq pudiese cantar encima. Aquel día, la colaboración no funcionó. No fue capaz de encajar sus rimas con *Top Billin'*. Tenía otra cosa en la cabeza, *Suicide* de Busy Bee, pero ya no estábamos a tiempo. Al día siguiente, sin embargo, me hizo una sugerencia antes, el tema *Wrath of Kane* de Big Daddy Kane, y yo bajé al estudio y lo traje de vuelta.

Eso fue una colaboración, una sociedad en toda regla. Ambos teníamos nuestros roles. Negociamos brevemente, pero la mayor parte de la energía empleada en el proceso se la llevó la participación. Esperó ansiosamente a que llegase con mi ritmo para poder incluir la letra. Yo grabé el ritmo a toda prisa porque estaba deseando escuchar sus letras. Las colaboraciones funcionan mejor así, cuando existe el mutuo deseo de ver el otro lado de la aplicación. Sabes que lo que estás haciendo tiene valor, pero la suma es más que las partes, y cada parte cuenta.

Activismo comunitario

Esa es la definición tradicional de lo que es una colaboración, ¿no es cierto? Dos fuerzas creativas se unen para beneficiarse mutuamente. Y así fue como Tariq y yo trabajamos juntos durante esos primeros años. Fuimos añadiendo músicos. Contribuían, obviamente. Añadimos mentores como Richard Nichols. Pero el núcleo siguió siendo el primigenio: sus palabras y mi ritmo. Todo esfuerzo creativo desarrolla su propio ADN, y ese fue el nuestro.

Cuando nos embarcamos en nuestra carrera como banda de hip-hop, la idea de colaboración se amplió. Nuestro segundo álbum, «Do You Want More?!!!??!», fue básicamente una cuestión interna: fichamos a personas como Dice Raw y Ursula Rucker, así como a los artistas de M-Base, Cassandra Wilson, Steve Coleman y Greg Osby, pero nos movimos dentro de los confines del propio grupo. Para «Illadelph Halflife», sin embargo, nuestro punto de mira se ensanchó. Desde el principio nos habíamos modelado en el colectivo Native Tongues, un rincón del mundo del hip-hop que incluía a De La Soul, A Tribe Called Quest y Jungle Brothers. Nos gustaba creer que nos encontrábamos en el centro de un mundo similar, llamado Foreign Objects. Muy pronto empezamos a intentar concretar giras que incluyesen a varios grupos diferentes bajo el paraguas que podía ser Foreign Objects. Pero resultó que The Roots fue el único grupo que sobrevivió bajo esa etiqueta. Aun así, mientras grabábamos «Illadelph Halflife» fuimos conscientes de que todos teníamos conexiones con diferentes ámbitos del mundo de la música e intentamos unirlos bajo el estandarte del disco. Aquel álbum incluía colaboraciones que iban desde Bahamadia hasta Raphael Saadiq, desde D'Angelo hasta Q-Tip, pasando por Common, Steve Coleman, Joshua Redman o Cassandra Wilson. Todas esas personas recitaron versos o hicieron coros o tocaron algún solo. Pero lo de las colaboraciones no respondió a un plan que hubiésemos trazado. Fue algo orgánico, aunque no llegó a ser «Organix» (título del primer álbum de The Roots). Conocíamos a los músicos. Ellos nos conocían a nosotros. Habíamos grabado discos. Y ellos también.

Pero para el álbum que vino después, lo de las colaboraciones se aceleró. «Illadelph Halflife» se vendió bastante bien, unas trescientas mil copias (finalmente fue Disco de Oro). Según las cifras de hoy en día, sería lo mismo que mil millones. Pero para una compañía de discos de entonces era una cifra normalita. Un grupo que vendía trescientas mil copias no era para darle la patada, pero tampoco le comprabas una mansión ni una flota de coches de lujo. Era lo bastante grande como para que el sello supiese que estaban en el buen camino. Por otra parte, nos habíamos trasladado dentro de la familia Geffen al sello MCA, como parte de una inacabable serie de engaños propios de la compañía. En aquella época, Rich, nuestro mánager, decidió que necesitábamos hablar con la compañía discográfica y exigirle unas cuantas cosas de cara al futuro. Eran peticiones modestas, pero no eran en absoluto convencionales. Me había instalado en una casa en St. Albans, al sur de Filadelfia. Rich le dijo a los de la compañía que tenían que empezar a pagar por las *jam sessions* que se hacían en la casa, y que la música que se creaba allí formaría parte de la base para el nuevo álbum. Pagar por las *jam sessions* significaba algo más que ocuparse de los equipos: tendrían que pagar el transporte, en forma de dos furgonetas, y también a un cocinero que preparase la comida a los que estaban allí. Todos los factores se alinearon como por efecto de un poderoso electroimán y poco después empezamos a atraer a todos los talentos locales. Allí estaba The Roots, obviamente, pero también un puñado de personas que estaban empezando sus respectivas carreras. Estaba Jill Scott, que trabajaba en una tienda de ropa pero que estaba decidida a dedicarle más tiempo a cantar. Estaba Jamal, que trabajaba como repartidor de pizza pero que componía e interpretaba canciones; acabó convirtiéndose en Musiq Soulchild. Bilal estaba allí e India. Arie y Eve y Common. Era como un salón. Recuerdo llegar a casa en más de una ocasión y encontrarme con una enorme *jam session* ya iniciada. No solo iniciada: fuera de control, con demasiada gente haciendo demasiado ruido. Yo era el aguafiestas. Me habría gustado correr hasta mi dormitorio, agarrar el teléfono (era uno de esos que tenía cable, allá por el siglo xx), y llamar a la policía para informar del alboroto. Acogía en mi propia casa a los ruidosos. Pero me sorprendía descubrir cómo habíamos creado un espacio en el que la gente podía trabajar junta, donde surgían ideas, donde esas ideas saltaban de una mente a otra. En las primeras páginas de este libro hablé de desinhibición cognitiva y de cómo una psicóloga de Harvard había desarrollado la teoría de que las personas creativas filtraban el mundo que se desarrollaba a su alrededor de un modo diferente, o más bien poco. Ven demasiado. Se les queda en la cabeza. No tienen más remedio que hacer algo. En aquel entonces, St. Albans era algo así todo el tiempo. Pero esa piedra en el agua creó una onda. Lo que tenía lugar en St. Albans se extendió a dos clubes: el Five Spot, en Filadelfia, y el Wetlands, en Nueva York. Esa parte de la historia se centró principalmente en The Roots y el hip-hop, no solo en lanzar las carreras de otros, pero nos sirvió para volver a contactar con Scott Storch. Y cuando el movimiento transformó la crisálida en mariposa, hacia 1999 —The Roots publicamos «Things

Fall Apart», se convirtió en Disco de Platino, la gira fue fenomenal y otros artistas de ese círculo emergieron— el colectivo se transformó en el movimiento Black Lily, lo cual favorecía que las cosas siguiesen en marcha cuando estábamos de gira. Black Lily se centró básicamente en artistas femeninas o en grupos centrados en mujeres, como Jazzyfatnastees, Jaguar Wright y Jill Scott. Floetry volvió a Estados Unidos desde Londres y entró a formar parte del colectivo. Les Nubians llegaron desde París. Kindred the Family Soul lideró la segunda oleada de acontecimientos. La pequeña de ocho años Jazmine Sullivan dormía entre bambalinas la mayor parte de las noches y después se subía al escenario para actuar. Al mismo tiempo, James Poyser y yo, que estábamos trabajando principalmente con Erykah Badu (y después con D'Angelo y Common) en los estudios Electric Lady en Nueva York más que en clubes, evolucionamos hacia otra versión del colectivo musical, que denominamos The Soulquarians. Gente como Bilal y Nikka Costa entraron en esa órbita. Otros regresaron. Fue una consecuencia que iba a resonar en el mundo de la música en los años que vendrían: los músicos que empezaron a trabajar sin descanso siendo adolescentes —Adam Blackstone, Omar Edwards y otros— se han convertido en la espina dorsal de artistas de talla mundial como Rihanna, Jay-Z, Adele y The Weeknd. Y luego está el personal de apoyo técnico, los directores de iluminación y de sonido y los mánager de giras; contándolos a todos, probablemente estaríamos hablando de cien carreras profesionales que crecieron en aquel fértil terreno.

Ese es un posible modelo de colaboración: coloca a todo el mundo en un lugar y observa qué ocurre. Existen miles de ejemplos a lo largo de la historia que han funcionado de ese modo. Pero también hay otros posibles modelos, los que tienen que ver con aprender cómo alcanzar cosas, cómo estirar los brazos, cómo rodear con las manos aquello que has alcanzado al estirar los brazos, y cómo hacerlo formar parte de tu mundo. En la primavera

Ese es un posible modelo de colaboración: coloca a todo el mundo en un lugar y observa qué ocurre.

—

de 2017, moderé toda una serie de charlas en el Pratt Institute junto con otros artistas creativos, y en una de ellas conversé con la directora de cine Ava DuVernay. Habló de la importancia de utilizar las películas para transmitir un mensaje personal, pero también habló de las estrategias para crear un colectivo de distribución que asegurase que el trabajo de los cineastas de color llegase al público. Su organización, ARRAY (también solían denominarla AFFRM), colocaba las películas en cines y también en Netflix. ARRAY tenía un objetivo colectivo y daban por supuesto la fuerza de los números.

La importancia de lo importante

El álbum que lanzamos más o menos al mismo tiempo que «Voodoo», «Things Fall Apart», fue nuestro álbum más aclamado y también el que tuvo mejores ventas. Fue un punto de inflexión para el grupo. Cuando llegó el momento de grabar el siguiente, yo quería ser agresivo respecto a lo de darle un toque más artístico. Debido a «Things Fall Apart», eran muchos los que nos ubicaron dentro del contexto neosoul. No quería que nos repitiéramos. Quería demostrar que éramos mucho más que eso, que podíamos retomar el hilo de nuestros anteriores proyectos (habíamos estado flirteando con el acid jazz en «Do You Want More?!!!??!», en 1994, y con el denso estilo de Wu-Tang en «Illadelph Halflife», en 1996) y también desarrollar cosas nuevas. También existe una dimensión psicológica al iniciar un proyecto, el miedo de seguir en la misma línea o un deseo de alejarse del trabajo que has estado haciendo antes de que el público te escogiese. Ese impulso fue lo que motivó discos como «*Sgt. Pepper's*» o «*Paul's Boutique*». Y eso fue también lo que nos motivó a nosotros.

Mientras estábamos de gira, dream hampton, una poeta amiga de la banda, me pasó un CD de un nuevo artista para que lo escuchase. Era una maqueta, áspera y contundente, pero me gustó, especialmente dos temas titulados *Bitch, I'm Broke* y *Boy Life in America*, que eran como una especie de punk soul, con unas letras muy directas. Cuando dream bajó en una gasolinera le eché un vistazo a la caja del CD y vi que el tipo se llamaba Cody ChesnuTT, escrito así, con las dos T mayúsculas al final. Eso era todo. Solo tenía el nombre. En aquel tiempo todavía no funcionaban las redes sociales, no realmente, así que la mera idea de expandir tu red de contactos o usar dicha red para aprender cómo expandir tu trabajo era algo desconocido. Yo había puesto en marcha una comunidad en Internet llamada Okayplayer, una mezcla entre tablón de anuncios y chat room, así que la utilicé para preguntar si alguien conocía a alguien llamado Cody ChesnuTT. La mayoría no tenía ni idea.

Pocos días después, fui a nuestro sello discográfico, MCA, y uno de los tipos que trabajaba allí mencionó lo que había subido a Okayplayer. Él no lo había visto, pero sí uno de los que estaban en prácticas. (Esa es otra de las características de las redes: tienen que funcionar en diferentes niveles. Si solo me hubiese relacionado con artistas de mi edad, con gustos y experiencias similares, nunca habría aprendido nada.) El chico me dijo que no le apasionaba el disco, pero que podría conseguirme un ejemplar si yo quería. Rebuscó en una enorme caja de CD, que parecía una especie de cementerio musical, y sacó varias copias. En ese punto de mi vida todavía veía a los demás como posibles fuentes de colaboración. Lo primero que pensaba cuando me topaba con un nuevo talento no era a qué me recordaba, o hasta qué punto podría evolucionar, sino que me planteaba si The Roots podría trabajar con él de algún modo que tuviese sentido. Escuché el disco de Cody ChesnuTT con esa premisa en mente, y la canción que más me sorprendió fue *The Seed*. No era el tema más redondo, pero era pegadizo, como cinta aislante, con buen ritmo y muchas posibilidades de crecer en una posible versión hip-hop. Colaborar no va tanto sobre qué es lo que hay sino sobre lo que no hay. Es como un puzle al que le faltan unas pocas piezas y unas brillantes piezas sueltas que andan por ahí cerca. Tariq se mostró de acuerdo conmigo y, después de unas cuantas pruebas, tenía una nueva letra para la canción. Preparamos una sesión con Cody. La sesión de grabación fue, al mismo tiempo, un ejemplo perfecto de lo que supone una promesa de colaboración y un ejemplo perfecto de los problemas de la colaboración. Por aquel entonces, más incluso que hoy en día, me gustaba grabar por la noche. Se suponía que Cody aterrizaría en California a primera hora de la tarde y acudiría directamente al estudio. Pero alguien (seguramente fue Rich) quería que trabajásemos más temprano para no someter a ese nuevo colaborador a mis locos horarios. Eso habría estado bien si no hubiese entrado en conflicto con otra clase de colaboración: había quedado con una chica para ir al cine. Me quejé y Rich me dijo que no pasaba nada, que grabarían sin mí, algo que él sabía que yo no aceptaría. Le dije a mi cita que quedásemos más tarde, que pasaría a buscarla a las 20.15, y me preparé para una eficiente sesión de grabación. No solía ser el modo de trabajar, pero en esta ocasión las cosas irían así. Cody llegó al estudio sobre las 19.30 aproximadamente y no nos pusimos a grabar en serio hasta las 19.55. Me puse a tocar la batería con la chamarra puesta. Tocamos el tema una vez y después hicimos un segundo intento, y en ese momento el aire acondicionado hizo caer mis partituras. «No pares la cinta», dije. Todavía puede oírse mi voz en la grabación. Ahí sigue. Eran ya casi las ocho. Volvimos a tocar el tema y me dirigí a la puerta. Los últimos tres compases los toqué con una mano, porque en la otra ya tenía la mochila.

No fue una colaboración ideal, como a veces se ve en las películas, donde vemos a dos artistas en la misma onda que pasan el verano creando una serie de cuadros o escribiendo el guion de una película. Pero a pesar de la rapidez, tuvo cierto sentimiento; fue el producto de su energía y de la nuestra de un modo que respondía a cómo yo había creído que sería en cuanto escuché su álbum. Las colaboraciones pueden tener química de ese modo, y poco importa si tienen lugar en una mansión durante una semana o en un estudio de grabación en una noche frenética. En ocasiones es tan sencillo como añadir sodio en el agua y apartarse. (¡No lo hagas en casa! No lo hagas siquiera cerca de un lago. Mira los videos de YouTube; con eso bastará.)

La magia puede apreciarse; no solo pudimos apreciarla nosotros. El productor Don Was dijo que era su grabación favorita del año y se la hizo escuchar a The Rolling Stones cuando estaba trabajando con ellos. «Es el tipo de sonido que queremos», les dijo. Es el mejor resultado posible para una colaboración, y también es algo que no ha vuelto a pasarme nunca: escuchar un tema en el coche, conseguir el CD tras sacarlo de una caja de discos rechazados, llamar el tipo, conocerlo, grabar con él, conseguir una canción estupenda y hacérsela escuchar a The Rolling Stones.

Una goma elástica

En la época en la que trabajamos con Cody, las colaboraciones tenían lugar según dos líneas: la primera, colocar a toda una serie de personas en la misma habitación durante un buen rato y ver qué ocurría (a menudo surge la magia; a veces simplemente pasa el tiempo); la segunda, escuchar algo que yo sabía que podía combinar bien con lo nuestro y probarlo (habitualmente esa parte de la ecuación funciona). Pero a medida que en The Roots nos fuimos haciendo viejos, empezamos a tener una mejor comprensión —o como mínimo menos complicada— de cómo colaborar en el terreno musical. Un factor importante en ese sentido fue nuestro trabajo diario como la banda de «Late Night» y, más adelante, en «The Tonight Show», donde hemos colaborado con otras personas constantemente. Así es como funciona: vamos a la oficina y vemos la agenda de los grupos musicales que están previstos como invitados. De vez en cuando, traen su propia banda. Pero a menudo el nombre del artista previsto implica que, durante ese rato, seremos la banda de dicho artista.

Para mí, al menos cuando empecé, significaba que tenía que aprender un montón de cosas nuevas de un día para otro. No solo nuevo material sino todo un mundo, musicalmente hablando. Siempre me he mostrado abierto a cosas nuevas. Como ya dije, mi padre tenía LA colección de discos, y no era pequeña precisamente. Escuché toda la música de los setenta en los setenta. Y, aun así, la influencia de mi padre es solo una parte del todo. Mi hermana, que es un poco mayor que yo, iba a la escuela y volvía exactamente con la música que podrías esperar: Steely Dan o Boston o Fleewood Mac. A mi madre le encantaba rebuscar en las cajas en busca de álbumes bonitos con cubiertas bonitas, lo que significaba que acababa comprando discos con dibujos de Mati Klarwein, como el «Bitches Brew» de Miles Davis. Desde muy pequeño estuve preparado para la diversidad.

Aun así, la experiencia de «Late Night» fue, en cierto sentido, un shock cultural para mí. En aquel momento, en Nueva York estaba floreciendo una nueva escena musical, en Brooklyn, y yo no tardé en desarrollar toda una serie de ideas estereotipadas sobre esas bandas de Brooklyn. Eran *hipsters*. Tocaban rock and roll pero lo hacían de un modo irónico, lo que implicaba que tocaban al estilo de los setenta sin que les gustase ese estilo o bien optaban por una suerte de matemática del rock donde alteraban la idea principal basada en el tradicional versos-estribillo-versos.

Unos seis meses después de empezar a trabajar en «Late Night» estaba previsto que viniese Dirty Projectors. Di por hecho que se trataba de más de lo mismo: una banda de Brooklyn con actitud. Vinieron y fuimos todos por la tarde al estudio para ensayar. En cuanto empezaron a tocar me disculpé en silencio por haber dado por supuesto que eran una cosa cuando, de hecho, eran algo muy diferente. Tenían tres cantantes femeninas que elaboraban complicados juegos vocales y después pasaban a un estallido de armonías corales. Eché un vistazo alrededor para ver si mi mirada se cruzaba con alguna de los miembros de The Roots. Me topé con la de Kirk, y nos miramos durante un buen rato. Estábamos tan impresionados que cuando fuimos al camerino todavía mascullábamos. Kirk insistió en decir que se trataba de Pro Tools. Era imposible que aquellas mujeres realizasen semejantes armonías vocales. Mientras hablábamos, Amber Coffman, una de las cantantes, se cruzó con nosotros en el pasillo. Kirk la llamó y le preguntó si podían hacer aquellas armonías en vivo.

«Claro», le dijo. Fue por el resto de las integrantes de Dirty Projectors y lo hicieron. Cuando colgué el video se hizo viral.

Cuando llegó el momento de que The Roots hiciésemos nuestro álbum «How I Got Over» en 2010, las incluimos en el disco. También incluimos a otras personas que conocimos gracias a Fallon. A Monsters of Folk, por ejemplo: Jim James and Conor Oberst y M. Ward. Incluimos a la arpista y cantante Joanna Newsom. Fueron colaboraciones diferentes a la de Cody ChesnuTT, que tuvo lugar porque aprecié cierta similitud. Estas colaboraciones tuvieron lugar porque aprecié ciertas diferencias. No solo se trataba de que estábamos buscando un nuevo sonido para la banda. Estábamos buscando un sonido que pudiese contener múltiples sonidos, buscábamos ideas que fueran colisiones. Ese tipo de combinaciones —inesperadas pero en las que ambas partes estuviesen dispuestas a producir un resultado que estuviese a la altura de sus respectivas reputaciones creativas— son absolutamente necesarias. Tal vez no den siempre el mejor resultado musical, pero siempre producen el mejor resultado creativo. Sirven para volver a definirte, lo cual resulta esencial cuando te encuentras en la mitad de tu carrera creativa. En 2013, grabamos un disco con Elvis Costello titulado «Wise Up Ghost». La posibilidad surgió durante su aparición en el programa, pues le encantó tocar con nosotros, así que reunimos un puñado de canciones, algunas nuevas y otras nuevas versiones de temas antiguos. Durante la grabación del disco, tuvimos que llegar a entender qué era lo que nos hacía ser The Roots en comparación con Costello y él tuvo que entender el mismo proyecto desde la otra dirección. Con el fin de que ambos artistas sobrevivan al producto final, tienen que hacerse visibles para el otro y para sí mismos. Toda colaboración exitosa es también una lucha por tu propia vida creativa.

Son necesarios dos

Algunas ideas son fruto de una única persona. Una vez que están lejos de esa persona pasan por muchas etapas diferentes —hay que producirlas o publicarlas o filmarlas—, pero empezaron dentro de una única cabeza. Otras ideas son fruto de dos personas, tras un verdadero esfuerzo creativo. Esas ideas surgen como resultado de una asociación, y las asociaciones creativas son como cualquier otro tipo de asociación: las amistades de toda la vida o las relaciones de negocios. Hay tira y afloja. Hay altos y bajos. Hay momentos para hablar y momentos para guardar silencio. Llevo más de dos décadas en una banda que ha dependido de las colaboraciones y también he sido testigo de otro tipo de asociaciones: equipos de

——
**Toda colaboración exitosa
es también una lucha por
tu propia vida creativa.**

compositores, equipos de cómicos, equipos de guionistas. Colaborar con alguien es una constante experiencia de aprendizaje. Aprendes muy rápido cuáles son tus puntos fuertes y tus debilidades. He de admitir que no siempre soy bueno comunicando. No siempre soy directo a la hora de pedir lo que necesito de un socio creativo. No siempre tengo clara la diferencia entre hacer el trabajo y cumplir con lo establecido. Puede ser complicado profundizar en tu interior y descubrir cuáles son todas las cosas que funcionan o no, por no hablar de aquellas cosas que funcionarán o no en colaboración con otra persona. Pero hay algunos consejos básicos para encarar un trabajo creativo en colaboración.

—*Reserva tiempo y lugar.* Este es un principio fundamental que resulta muy fácil pasar por alto. Es posible que tu socio creativo trabaje mejor por las mañanas y que tú prefieras las noches. Algunas personas recomendarán comprometerse a quedar por la tarde. A mí esa me parece una solución débil. Yo recomiendo otra clase de acuerdo. Queda un día por la mañana y al siguiente por la noche. Y lo mismo con el lugar en cuestión. No siempre quieres ser el anfitrión. A veces está bien desplazarte hasta donde vive o trabaja tu socio. Puede parecer una obviedad, pero no se trata simplemente de acomodarse a los sentimientos de tu socio. Se trata de asegurarse de que durante el proceso salen a la superficie el mayor número (y la mayor variedad) de ideas.

—*Mantente abierto e interesado y espera lo mismo de tu socio.* Ya hemos hablado de desinhibición creativa, de cómo la creatividad depende del hecho de no filtrar las ideas por extrañas o inesperadas que sean. Es más, intenta mostrarte especialmente receptivo ante dichas ideas, porque la tendencia es menospreciarlas. Si prestas atención de manera justa a las ideas extrañas, es posible que sueltes un poco tus propias ideas y eso las mejore de manera significativa. Digamos, por ejemplo, que estás colaborando en la composición de un tema sobre el regreso de los veteranos a casa y tu socio sugiere que incluyas algo así como el sonido del calíope para darle a la composición un toque carnavalesco. No lo rechaces a la primera. Tal vez pueda salir algo de ahí. Tal vez un poco de humor negro, o tal vez remita al modo en que el gobierno no se toma muy en serio esa responsabilidad. Y si no funciona, tal vez la idea de incluir efectos de sonido o alguna otra novedad sí lo haga. ¿Redoble de tambor militar? ¿Demasiado obvio? Tal vez tengas razón, socio compositor. Pero sigamos explorando.

—*Analiza*. Dicen que la creatividad es un proceso misterioso, y lo es en cierto grado. Pero una de las cosas que estoy intentando llevar a cabo en este libro (y, por extensión, en mi propia vida) es desmitificar ese proceso, o al menos mostrar ciertos caminos en los que el misterio es un mito que la gente mantiene vivo para evitar lidiar con los problemas reales que entraña el proceso. Esto puede aplicarse especialmente a las asociaciones creativas. Es posible que pienses que trabajar con un socio creativo consiste en encontrar un ritmo, o en forzar las cosas, o en que todo el mundo asienta cuando se llega a ese punto en el que todo parece sonar como tendría que sonar, pero es algo más que eso. Aprender a analizar tu colaboración es una parte muy importante de dicha colaboración. Es posible que clarifiques alguna incómoda dinámica o resuelvas problemas que ni siquiera sabías que estaban interfiriendo en el progreso del trabajo. Es una segunda capa, el *meta* de «Mo' Meta Blues». Es el mismo principio que rige la meditación. Siempre estás en la cabina y al mismo tiempo siempre estás fuera de la cabina, observando. Que te quede claro qué es lo que funciona de ti (y de los otros) y lo que no funciona.

—*El refuerzo positivo funciona*. Una forma especial de comunicación es el halago. No tienes por qué no ser sincero en ese sentido. A nadie le gusta que le vendan humo. Pero puedes ser honesto sobre qué es aquello que funciona en el proceso creativo. Si estás colaborando en un tema y te impresiona la idiosincrática métrica de las letras, dilo. Tu socio creativo se está arriesgando, del mismo modo en que lo haces tú (o así debería ser), y no quieres que tenga la sensación de que lo estás dejando colgado. El año pasado intenté mejorar en lo de administrar los halagos, controlar el gatillo de la crítica y ser más generoso dispensando halagos. Debido a mi padre, provengo de la escuela de motivación *Whiplash*, donde decir que alguien ha hecho bien su trabajo es entendido como una debilidad. Definitivamente, no provengo del mundo de los premios por haber participado. Tengo la tendencia a levantar la barbilla ante las personas que no están dispuestas a hincar los codos o a sangrar por los nudillos para mejorar. No creo en la perfección, pero sí creo en la satisfacción. Aun así, ahora que soy un poco más mayor y un poco más dulce, reconozco que los demás necesitan halagos.

Trabajando en ello

A pesar de seguir todos esos útiles consejos, las colaboraciones no siempre resultan sencillas todo el tiempo. Según mi experiencia, los problemas más habituales a la hora de colaborar tienen que ver con el resentimiento. Alguien siente que sus ideas no están recibiendo suficiente atención, o que se dejan de lado para darle sitio a las ideas de otra persona. Por lo general el resentimiento aparece al final del proceso, especialmente al final de un proceso que ha dado buen fruto.

Hablaré aquí de una cosa un tanto extraña que le pasó a The Beatles. Todo el mundo sabe un puñado de canciones de The Beatles, siempre que se trate de seres humanos. Y prácticamente todo el mundo sabe que a la hora de firmar su trabajo, la mayoría de los temas aparecen como colaboraciones entre John Lennon y Paul McCartney, a pesar de que no siempre fue así. En sus inicios, los dos componían juntos, pero incluso cuando empezaron a desarrollar sus propios estilos dentro del grupo mantuvieron la etiqueta. Cosas del negocio del espectáculo. Pues bien, en un momento dado de la vida de Paul McCartney ese acuerdo empezó a incomodarlo. Voy a permitir que el propio Paul tome aquí la palabra. Esta versión de los hechos en particular está extraída de un artículo del *New Musical Express*, pero Paul McCartney ha hablado de esto en una docena de ocasiones.

John y yo nos encontramos con Brian Epstein. Yo llegué tarde. John y Brian habían estado hablando. «Hemos pensado que las canciones tendrían que ir firmadas como Lennon y McCartney.» Yo dije: «Me parece bien, pero ¿qué tal si fueran firmadas como McCartney y Lennon? Si la compuse yo, ¿qué pasa? A mí también me suena bien». Me dijeron: «De acuerdo, lo que haremos será alternar: Lennon y McCartney y McCartney y Lennon». Muy bien, pero no fue lo que pasó. Lo que pasó fue que salió «Anthology» y yo dije: «De acuerdo, lo que dicen ahora es "Tema de John Lennon y Paul McCartney"». Yo dije, si lo haces así, no se trata de Lennon y McCartney, ya no es el logo. Así que en casos particulares como *Yesterday* en la que John no tuvo nada que ver, ni tampoco ningún otro miembro de The Beatles, dije: «Podríamos poner "Por Paul McCartney y John Lennon", ¿no sería buena idea? Y en *Strawberry Fields* podríamos poner "Por John Lennon y Paul McCartney". *Penny Lane*, "Paul McCartney y John Lennon". Viendo cómo van las cosas, ¿podríamos hacerlo?». Y en un primer momento Yoko dijo que sí. Pero me telefoneó días después y decidió que no era buena idea. Y eso se convirtió en algo molesto para mí. En especial en *Yesterday*, porque en el disco *Yesterday* aparecía como John Lennon y Paul McCartney con una foto de John encima. Y yo me puse en plan: ¡Argh! ¿Es en serio?

Sí, chavos. ¡Argh! Este es un momento increíble en un capítulo increíble de la historia de la música pop. Las colaboraciones, incluso aquellas que resultan satisfactorias durante el proceso, pueden resultar desagradables cuando todo ha acabado. Es posible que te importe que tu nombre aparezca en primer lugar. Tal vez no te importe lo más mínimo que vayan alternando. Quizá te resultaría más satisfactorio ser el personaje principal que cobra más dinero. Asegúrate de que todo el mundo tiene las cosas claras. Oh, y llega a las reuniones a la hora.

Mientras escribía este capítulo, un amigo me comentó un par de cosas interesantes al respecto. Me dijo que los colaboradores tienen que ser tan creativos en temas económicos como lo son con las ideas. «Hay que empezar por un 50/50 y después negociar para desplazar ligeramente la balanza a un lado o a otro —me dijo—. U ordénense alfabéticamente, pero no por la letra del apellido, sino por la palabra que representa el número de letras de tu nombre.» Vale la pena pensar en esas cosas, aunque solo sea porque mantiene los términos de la colaboración en su zona de confort, centrada en hacer cosas, más que en lo que ya se ha hecho.

Hemos visto que el proceso de ubicación personal dentro de la colaboración puede funcionar como una especie de redefinición, cómo puedes verte a ti mismo de nuevo cuando te ves a ti mismo cerca de otras personas. Como comenté cuando hablé de la colaboración entre The Roots y Elvis Costello, esta clase de cosas reafirman tu identidad. Pero también pueden provocar que te reevalúes. Si te has sentido alto toda la vida y empiezas a relacionarte con los jugadores de los Knicks vas a tener que restablecer tus baremos. Colaborar con alguien puede ser como relacionarte con los jugadores de los Knicks. No eres tan alto como creías que eras. Pero tienes otras cualidades de las que no eras consciente hasta que te paraste a pensar en tu altura. Esta es una cuestión peliaguda, potencialmente profunda: colaborar no solo puede servir para que te juntes con otras mentes creativas a ver qué pasa, puede cambiarte de un modo esencial. Ya dije antes que algunas colaboraciones son como echar sodio en el agua. Lo que no dije, porque mi abanico de metáforas químicas es limitado, es que el sodio arde. Es decir, cambia para siempre.

Dispongo de algunos ejemplos sobre esta cuestión relacionados con mi propia experiencia, y uno de ellos tuvo lugar en uno de
los días más significativos de nuestra historia como país. Durante
la mañana del 11 de septiembre de 2001 estaba en Nueva York. La
noche anterior, The Roots habíamos tocado en un gran concierto
de homenaje a Michael Jackson en el Madison Square Garden y,
por alguna razón, no disponíamos de habitaciones de hotel en el
centro. No sé si fue porque nuestra reserva se traspapeló o porque
no dieron bien el número de nuestra tarjeta de crédito. En cualquier caso, yo no tenía habitación. Fue una de las pocas veces en
mi carrera en las que ejercí un papel de diva «¿Tú sabes quién soy
yo?». Ni siquiera eso funcionó. Me enviaron a un hotel diferente en
la parte alta de la ciudad, cerca de Bryant Park. Cuando me metí
a la cama estaba exhausto y frustrado.

A la mañana siguiente, me desperté con las noticias. Un avión
había impactado contra la Torre Norte del World Trade Center.
Pocos minutos después, un segundo avión se estampó contra la
Torre Sur. Mi primer impulso fue salir corriendo hacia la recepción
para asegurarme de que podía prolongar mi estancia. El segundo
fue salir a toda prisa a la calle y tomar un taxi. Nueva York estaba
sumida en un silencio parecido al de los primeros diez minutos de
la película *Vanilla Sky*, pero logré conseguir un taxi. Le di cien
dólares y le dije que lo único que necesitaba era que me llevase
hasta la Virgin Megastore, le di el dinero para que me esperase y
me trajese de vuelta. Me atiborré de música. No puedo recordar
cuántos discos compré, pero uno de ellos fue «The Blueprint» de
Jay-Z, que había salido a la venta aquel mismo día. Se convirtió en
la banda sonora posterior al 11S. Por aquel entonces tenía sentimientos encontrados respecto a Jay-Z. Había tenido un enorme
éxito comercial y no parecía haberle resultado imprescindible reflexionar sobre ello o plantearse algunas cosas. El rollo gansteril
me desalentaba. Pero cuando escuché «The Blueprint» en las primeras horas del 11S, empecé a notar una profunda conexión con

él. Me di cuenta de que Jay y yo teníamos muchas cosas en común, incluidos nuestros orígenes en la Costa Este y el amor por la música. También compartíamos amigos, incluida la escritora dream hampton. Le dije que había estado escuchando «The Blueprint» y ella se lo comentó a Jay. Me dijo que le había emocionado. Eso también tuvo su importancia: no sabía que a él podía importarle mi opinión. Ese fue el principio de algo parecido a una colaboración, aunque mediatizada y abstracta.

También me ayudó a desarrollar otra de mis importantes teorías sobre el trabajo creativo. Siempre había creído que había dos tipos de artistas: el Tipo A, los que consiguen cosas; y el Tipo B, los creativos. Si hubiese escrito este libro en 1998, habría dependido totalmente de esa distinción. Había dos tribus diferentes, dos tipos diferentes de artistas. El Tipo A serían artistas centrados en lograr un producto. Generan un montón de trabajo. A menudo los artistas del Tipo B los miran por encima del hombro, porque entienden que ellos son más auténticos. Jay-Z, obviamente, pertenecería al Tipo A. Por eso precisamente sentía cierta suspicacia hacia él. Pero, un mes después, nos mandó decir que quería que The Roots tocásemos con él en su álbum «Unplugged». Cuando supe de su oferta me entró el pánico. Había estado escuchando «The Blueprint» durante un mes. Sentía un inmenso respeto por él; un respeto mil veces mayor que antes. Pero seguía sin tener claro lo de colaborar con él. Nosotros teníamos nuestros fans y nos veían de un modo muy concreto: según la terminología que estoy usando, éramos absolutamente del Tipo B. Durante un tiempo estuve evitando las llamadas de Jay. Finalmente respondí, todavía un poco contra mi voluntad. Resultó ser una de las mejores decisiones que he tomado en mi vida creativa. Como ya he dicho, he trabajado con centenares de artistas durante las tres décadas que llevo en el negocio, y cada una de esas colaboraciones ha tenido su propia y extraña mezcla de lucha de egos y de estrategia creativa. A veces tienes que aceptar una idea que no te gusta porque sabes, por adelantado, que el proceso creativo te pondrá en la posición contraria. A veces tienes que aceptar todo lo que te proponen y actuar como el tercero en discordia, como una especie de agitador. Colaborar con Jay fue lo más fácil del mundo. Él escuchaba a todo el mundo, hacía preguntas y después daba su opinión. Las primeras veces que llegamos a puntos de conflicto, me resultó sorprendente lo sencillo que fue todo con él.

De hecho, esa colaboración me obligó a repensar todas mis teorías al respecto. Durante el año anterior a la colaboración con Jay-Z, como ya he comentado, pasé la mayor parte del tiempo y dediqué la mayor parte de mis energías a un grupo de artistas que pensaban de un modo parecido a mí y que se reunían en mi casa de Filadelfia. Pasar tiempo con esos artistas fue maravilloso prácticamente en todos los sentidos, comunal y milagroso, pero también podía resultar agotador. Todos respondíamos a un tipo de creatividad similar, inspirados y resueltos, pero no precisamente seguros de nosotros mismos de forma convencional; apasionados respecto a las ideas, pero muy poco directos o lúcidos a la hora de comunicarlas. Había luchas constantes cuando se trataba de escuchar o de acreditar o por toda clase de cosas que eran fundamentales en el proceso creativo; o al menos eso creía hasta que trabajé con Jay. Mentalmente, lo había colocado en el otro extremo, lo había etiquetado como un conseguidor más que como alguien creativo, pero hicimos tanto trabajo creativo con él y casi sin fricciones que cambió mi manera de pensar. Me enseñó que diferentes estilos, y no solo diferentes ideas, pueden ser complementarios más que contrapuestos, y que la creatividad era un tema mucho más amplio de lo que había pensado desde que era un joven artista punk.

Más adelante, vi una entrevista con Björk en el programa de televisión alemán «Why Are You Creative?». Björk hablaba con su anfitrión, Hermann Vaske, y él mencionó al artista británico Damien Hirst. Específicamente se refirió a una entrevista en la que el periodista le dijo a Hirst que una de sus piezas podría haberla hecho él. «Sí —respondió Hirst—, pero no la hiciste.» Daba la impresión de que Hirst se defendía; por eso me interesó más lo que dijo Björk al respecto.

Creo que todo el mundo podría hacerlo y es posible que a mí no me preocupe si soy creativa o no. Es posible que se deba a que crecí en una familia trabajadora y a que no encontrarás en el pasaporte de la gente que más admiro, como mi abuelo o mi familia, la palabra artista por ningún lado. Pero para mí todos ellos fueron muy valientes y se comprometieron totalmente con aquello que hicieron. Encargarse de una tienda de lámparas es algo muy creativo, y alimentar a ocho hijos puede ser toda una declaración de vida cuando hay tantos obstáculos que salvar y todo el mundo quiere que pares. Mi abuelo me enseñó una chimenea que había hecho y de la que se sentía orgulloso, tan orgulloso como me siento yo cuando toco una canción.

Desde mi punto de vista, esas palabras cristalizan muchas de las cosas que he venido pensando desde mi colaboración con Jay-Z. Es posible que él no le diese vueltas a la cuestión de si lo que estaba haciendo era creativo o no. Lo era, y él lo sabía, pero había otra vertiente en su personalidad: la persona diligente, el director ejecutivo, el tipo que consigue cosas, la persona que instintivamente reconoce que aquellas personas que no son Artistas con A mayúscula también hacen cosas de las que pueden sentirse orgullosas; de las que deberían sentirse orgullosas. Se trata de una definición más inclusiva y seguramente un poco más amable en cierto sentido. Los artistas con A mayúscula suelen sentirse diferentes de los demás. Eso puede resultar valioso. Lo sé mejor que nadie. Pero también puede tener inconvenientes.

Sé que esto nos lleva a algo que dije al principio, que todo el mundo es creativo de alguna manera. Si crees que eres creativo, lo eres. Y es posible que cuanto más artístico seas, más necesites relacionarte con un conseguidor: obtendrás resultados y reducirás la ansiedad. He sido testigo de este principio en muchas ocasiones a lo largo de los años, pero no volví a sentir la fuerza de la revelación que sentí con Jay-Z hasta el Picnic de The Roots, en 2016, cuando tocamos con Usher un montón de sus éxitos. Cuando nos metimos en eso fueron varias cosas las que me preocuparon. ¿Encajaríamos bien? ¿Sabríamos sacarle partido? Usher tenía una reputación del estilo de la de Jay: era un creador de éxitos, dominaba las listas de éxitos, tenía una presencia comercial no necesariamente conectada a un concepto artístico a nivel profundo como la tenían, por ejemplo, Soulquarians. (Insisto en que no se trata de un juicio o una burla en ningún sentido. Intento diferenciar entre dos enfoques diferentes de la creatividad.)

Como se vio después, fue un sueño.

Usher se encontraba totalmente fuera de su zona de confort. Siempre había sido un solista en el sentido clásico, en tanto que The Roots había trabajado con diferentes artistas. Pero Usher no tenía miedo. Nos dio carta blanca para enfocar su música desde nuevos puntos de vista. En otros entornos colaborativos, estaba acostumbrado a que la gente me dijese «NO», sin ninguna clase de pudor, al estilo de la serie The *Electric Company*. Veía aparecer las palabras en sus bocas. Pero no vi salir la palabra *NO* de la boca de Usher. Desde el primer minuto de trabajo con él, empecé a tener ideas sobre qué necesitábamos para hacer su música. Una de esas ideas consistía en devolver la base espiritual a la música soul. Antes era una música que elevaba, una música que inspiraba estrategias de supervivencia a los afroamericanos. Quería adentrarme en el catálogo de Usher con ese objetivo en mente. Y cuando hablamos de su catálogo hay que empezar con «Confessions», que vendió más de diez millones de copias. Es un ejemplo palmario de cómo hacer música pop que funciona. Yo pretendía enturbiarla un poquito. Quería apartarla de las luces y situarla en un entorno que fuese más propio de un concierto de los años setenta, cambiar algunos de los sonidos sintéticos de sus canciones por sonidos más emocionales. Quise convertir en mantquilla de cacahuete el chocolate de «Confessions». Tocamos para él según nuestra idea. Se la explicamos. Trabajamos en ella. Y entonces, pues así funcionan las colaboraciones —y así es como las mejores funcionan mejor—, empezó a hacer contribuciones que yo no habría esperado. Empezó a dar ideas sobre los arreglos, sobre la interpretación, sobre las pausas. Descubrimos, para nuestra sorpresa, que era barítono. Hizo varias improvisaciones imitando a Barry White. Pensé que con algo más de tiempo podríamos hacer algo con eso. Pero teníamos una agenda muy concreta. Teníamos que centrarnos. El programa en sí era ya el setenta por ciento de lo necesario para repensar a Usher, pero fue un magnífico ejemplo de cómo los Conseguidores y los Creativos pueden desarrollarse en el mismo territorio y borrar la idea de que existe una distinción real entre ambos. Más tarde, llevé a Usher a mi programa en Pandora, «Questlove Supreme», y se mostró de lo más perspicaz, como si quisiera hablar de los límites creativos y replantearse todo su trabajo anterior. Mi relación creativa con Usher y mi respeto por él han ido mucho más allá de comprender que no existen diferencias entre Conseguidores y Creativos.

Redes sociales

Hoy en día lo de colaborar tiene un segundo significado. Hay una especie de sombra de colaboración que tiene lugar en Internet. Cuando hablé de Cody ChesnuTT —cómo llamó nuestra atención como artista, cómo llegamos hasta él— dije que acudí a Okayplayer para preguntar a los fans si alguien lo conocía. Eso fue en los primeros tiempos del medio. Disponíamos de Internet, pero ni siquiera podíamos imaginar lo que llegarían a ser las ac-

Los Conseguidores y los Creativos pueden desarrollarse en el mismo territorio y borrar la idea de que existe una distinción real entre ambos.

—

tuales redes sociales, que se han visto enriquecidas (o envenenadas, según la perspectiva) por Twitter, Facebook, Instagram, Snapchat y otras más.

Uso la tecnología tanto como cualquier otra persona. Empieza por la mañana, pues en cuanto me levanto le echo un vistazo a mi celular. Y acaba por la noche, cuando le echo un vistazo a mi celular antes de irme a dormir. Entremedias, estoy conectado como la mayoría de la gente, lo que quiere decir que estoy conectado continuamente. Cuando estoy conectado interactúo y me interrelaciono con la gente de un montón de maneras diferentes. Leo las publicaciones de otras personas, me fijo en los que han leído las mías y las responden, junto retazos de muchas fuentes y voces autorizadas. No cabe duda de que Internet ha cambiado el modo en que leemos y pensamos y conversamos, así que ¿por qué no iba a cambiar el modo en que creamos? Lo ha hecho, obviamente. Y es normal preguntarse si los cambios no habrán sido a peor.

Hace poco leí en la red una apasionada defensa de Internet como entorno creativo. La firmaba un profesional del marketing, así que enfoqué la lectura de un modo un tanto escéptico, pero tenía sentido, por lo que perdí el escepticismo por el camino.

No recuerdo el nombre del autor, pero decía que la creatividad más auténtica surgía de la combinación de cosas inesperadas. Citaba la teoría de la mantequilla de cacahuete de Reese's sobre cómo se crean las cosas, y creo que no iba desencaminado. Utilizaba como ejemplo destacado a Picasso y al arte africano. Si voy a citar al tipo debería encontrar el texto. Un minuto. De acuerdo: ya lo tengo. El artículo está en la versión online de *Forbes*, año 2014, y el autor es Greg Satell. Utiliza a Picasso como uno de los ejemplos y también menciona cómo Darwin «[combinó] economía con geología y biología para crear su teoría de la selección natural». Llega a decir que el mero concepto de combinación aparece en la mayoría de las teorías sobre creatividad, incluida la teoría de los bucles extraños de Douglas Hofstadter. No sabía gran cosa de los bucles extraños, así que me tomé un tiempo para leer sobre ellos. Hofstadter escribió sobre esos bucles en el contexto de la obra de M. C. Escher, cuyos dibujos parecen llevarte por una especie de viaje físico o mental para acabar regresando al mismo lugar en el que empezaste. Hofstadter habla de cómo ese proceso te obliga a transitar por varios niveles, donde crees estar moviéndote arriba y abajo, cuando en realidad estás quieto: es tu percepción la que se mueve. Él elabora complicadas ideas matemáticas, pero también se mueve en un terreno psicológico algo más sencillo. El yo, dice, es uno de esos bucles: pasamos por un montón de capas para acabar siendo el mismo yo, solo elaboramos símbolos sobre nuestra existencia e historias sobre nosotros mismos, debido a esos bucles. Internet, según opina Satell, es un estupendo y eficiente vehículo para crear esa clase de bucles y para conectarnos a otros. Tal vez alguien pudo decir algo, casi de paso, una extraña mención parecida a los bucles de Hofstadter, sobre cómo algunos de los discos de The Roots le recuerdan a Roland Barthes o a Ishmael Reed. Solía llevarme mucho tiempo y un gran esfuerzo ubicar esa clase de referencias y después imaginar cómo podían encajar en lo que estaba trabajando. Hoy en día ese proceso requiere solo de unos pocos clics del ratón. Las redes pueden (y lo hacen) formarse mucho más rápidamente de lo que lo hacían antes, y la gente puede (y lo hace) encontrar conexiones con mayor facilidad que antes. En ese sentido, los beneficios de las redes de los que he hablado antes están frente a nuestras narices.

Un buen ejemplo de esto lo encontramos en los títulos de las canciones. Tengo un amigo que compone letras de canciones. No le gusta nombrar sus canciones después de escribir la letra. No sé por qué no puede optar por la vía fácil. Trabajó para Al Green y James Brown y los Beatles. Pero le gusta ponerle títulos extraños a sus canciones. Encontraba los títulos de una manera muy complicada. Salía a conducir por la ciudad, fijándose en las palabras y las señales, y cuando se topaba dos veces con la misma palabra la utilizaba. Era una variación de ese juego al que se dedican los niños en los largos viajes por carretera, en el que tienen que encontrar una palabra que empieza por A, una palabra que empiece por B... Es posible que no se entienda como un juego creativo, pero lo es: es darle forma a un grupo de palabras repartidas azarosamente en signos. Las vueltas que daba por la ciudad también eran creativas, porque servían para vincular títulos con canciones. En los últimos años, adaptó su búsqueda de títulos a Internet. Ahora teclea el estribillo en un buscador y se fija en las páginas web que aparecen como respuesta. Como no pretendo pisar su trabajo, buscaré un ejemplo utilizando un tema de The Roots: digamos *The Seed 2.0*. Si busco *seed* (semilla) y *push* (empujar) y *life* (vida), ¿qué consigo? Mmm... La mayoría de los resultados son vínculos a letras de la canción. Voy a volver a hacerlo sacando *Roots* de la ecuación. Ahora aparecen desde páginas web de skateboard, hasta otras relacionadas con algo llamado PUSH («Persevere Until Success Happens Through Prayer» – «Persevera hasta que el éxito llegue a través de rezar»; aunque eso tendría que ser PUSHTP, ¿no?) hasta las que hablan de «Cinco consejos para ayudar a que germinen las semillas de tomate y pimiento». Si yo pusiese los títulos de las canciones utilizando el sistema de mi amigo, podría titularla *Tomato and Pepper Germination*, un nombre verdaderamente extraño para una canción. Debido a que Internet funciona a través de extrañas asociaciones, también genera otras extrañas asociaciones. Un fan podría utilizar el título *Tomato and Pepper Germination*, podría meterse en ese bucle, podría pensar que es raro o acostumbrarse a él, pero también podría elaborar su propia versión entrelazando todos los diferentes niveles y combinándolos para crear algo nuevo. Es una nueva forma de juego de libre asociación que se ha hecho posible gracias a las capacidades de los buscadores. Pero recuerda: la libre asociación de ideas es una de las formas más importantes de creatividad.

Esas son las buenas noticias relativas a Internet. Pero no todo son buenas noticias. No vamos a entrar en cuestiones económicas o en tecnologías de la distribución o en el modo en el que ha ayudado a los rincones más distantes del planeta. Pero por cada una de esas buenas noticias hay una mala. ¿Cuáles son las malas noticias en relación con la creatividad en Internet? Como no podía ser de otro modo, las malas noticias también están en Internet. Desde que empecé a conectarme a Internet tuve la sospecha de que estaba causando un efecto en mi cerebro: no necesariamente lo estaba debilitando, pero sí lo estaba transformando en otra clase de instrumento. En lugar de encerrarnos en nuestro interior para cultivar ideas, todos sabemos que hay que salir al mundo y encontrar ideas que casen con algunos de los impulsos o instintos que se han puesto en marcha en nosotros. Con la ayuda del mundo online, el cerebro se ha convertido más en cazador-recolector que en agricultor. A un nivel esencial, da la impresión de que el resultado es menos creativo; o, al menos, tiene menos que ver con el proceso de creación que tiene lugar en el interior de mi cabeza.

La versión más completa de dicha teoría la elaboró un tipo llamado Nicholas Carr, que afirmó que Internet altera la forma del cerebro y también el modo en que funciona, si no recuerdo mal. Carr escribió un libro titulado *Superficiales*. No he leído el libro completo, aunque sí leí el artículo que publicó en *The Atlantic* y que le sirvió como base. (¿Eso es superficial?) Se titulaba «Is Google Making Us Stupid?» («¿Google nos está volviendo estúpidos?») y lo publicó en 2008, cuando la presencia de Internet era mucho menor que hoy en día. En ese artículo, Carr afirma que comprobó que sus experiencias con Internet estaban cambiando el modo en que sentía su cerebro:

> Lo siento con más fuerza cuando leo. Sumergirme en un libro o en un artículo extenso solía resultarme sencillo. Mi mente se veía atrapada por la narración o por los giros del argumento, y podía pasar horas devorando largos tramos de prosa. Ahora ya no es así. Ahora mi concentración a menudo se dispersa al cabo de dos o tres páginas. Me pongo nervioso, pierdo el hilo, empiezo a buscar otras cosas. Siento como si siempre tuviese que arrastrar de vuelta al texto a mi caprichoso cerebro. La lectura profunda que antes surgía de manera natural ahora se ha convertido en una lucha.

Por fortuna, ese párrafo se encontraba al principio del artículo. Constaba de unas mil palabras más, pero no las leí. Estoy bromeando. Lo hice. Todavía soy capaz de acabar un artículo. Pero sé a qué se refiere. Todos lo sentimos. Leer ahora es una experiencia diferente a cuando éramos jóvenes: cada palabra ofrece la posibilidad de enlazar con otra cosa y el texto principal ya no tiene la misma gravedad que antes. Pero ¿acaso esta red más amplia nos proporciona una comprensión también más amplia? Hacia el final del artículo se cita un comentario del dramaturgo Richard Foreman sobre el nuevo modo de procesar la información. Foreman señala que, si bien nuestras mentes disponen de más información que antaño, se trata más que nunca de una serie de conexiones a datos que están fuera de nuestra mente. Demasiadas cosas tienen que ver con pura información: localizarla, recuperarla. Esto, dice Carr citando a Foreman, resulta alarmante: «Al vernos vaciados de nuestro "repertorio interior relativo a la densa herencia cultural", Foreman concluye que corremos el riesgo de convertirnos en "personas tortita": muy extendidos, finos y conectados a una vasta red de información a la que accedemos tocando un simple botón».

Todo el mundo coincide al indicar que la creatividad es un

modo privilegiado de pensamiento. Pero ¿es inmune a ese efecto o incluso más vulnerable? Ya dije anteriormente que podemos definir la creatividad de muchas maneras, y que una de ellas es que es un intento de responder a una pregunta que, en sí misma, está puesta en cuestión. Si una pregunta surge perfectamente centrada, responder deja de ser un acto creativo. Se trata más bien de una recuperación de información. Internet, si le creemos a Foreman, si le creemos a Carr, es una amenaza para las preguntas creativas. En cuanto aparece una pregunta se inicia el proceso de búsqueda. Empezamos dicha búsqueda, la búsqueda de hechos que satisfaga esa pregunta, casi de inmediato. Y al igual que Carr comprobó que su manera de leer había cambiado, yo comprobé personalmente la forma en la que la búsqueda corre por delante de la formación de ideas. Cuando un determinado paisaje sonoro se forma en mi mente, lo conecto inmediatamente a un tema en Spotify. Cuando me topo con la imagen borrosa de algún antiguo programa de televisión busco el programa original en YouTube. Cuando escucho unos versos que me llaman la atención los busco en Google y compruebo si son de un tema de Schoolly D o de Ice Cube o de SZA.

Aunque creo que el mejor ejemplo de esto es una excepción a la norma. Hace poco me puse a pensar en una canción de los años ochenta. No sabía exactamente de qué canción se trataba: era una de esas melodías nostálgicas. En un principio pensé que era *Tarzan Boy* de Baltimora, pero al cabo de unos segundos me di cuenta de que no era esa. La canción que tenía en mente era más lenta, más misteriosa. Pero no tenía modo alguno de encontrarla. Más allá de esos detalles no tenía nada. No recordaba el mes en el que

—

Si una pregunta surge perfectamente centrada, responder deja de ser un acto creativo.

escuché esa canción, o cualquier otra cosa que me ayudase a encontrarla en las listas de éxitos de ese mes. Ni siquiera recordaba unas pocas palabras de la letra, porque a partir de ahí podría haber buscado la canción. Tal vez en el futuro exista un método para rebuscar en tu mente y arrancar un pedazo de la melodía y registrarla en Shazam, pero yo no podía recuperar el tema. Como no podía hacer otra cosa, me senté y me puse a pensar. Fui profundizando de una referencia a otra de las que disponía, acercándome más y más a una idea propia. Como sabía que no iba a ser capaz de completar la búsqueda, intenté centrarme en un objetivo creativo. Empecé a inventar un nuevo tema que casase con las características que tenía en mente. Empecé con un pequeño ritmo de batería y le añadí algunos acordes melódicos. Empecé a cantar una letra sin sentido alguno. Trataba sobre una silla nueva que tenía en mi apartamento y decía algo así: «Silla nueva / ahí estás tú, ahí / no quiero mirar / pero no puedo evitarlo / eres una silla nueva». No voy a decir que estuviera a la altura de Johnny Mercer, pero tenía una nueva canción y sabía que no la habría compuesto si hubiese localizado el tema antiguo con rapidez.

Mi cerebro, al crear esta protocanción, creó toda una red por su cuenta. Llevé a cabo algo similar a lo que hace la gente cuando navega por la red. Pero saqué agua de un pozo mucho más profundo. William Klemm, profesor de la A&M University de Texas, escribió un artículo en el que trataba el tema de la creatividad desde un punto de vista neurológico. Muchas de las cosas que comentaba en dicho artículo estaban fuera de mi alcance. Como yo habría dicho, si lo que querías es que fuese neurólogo, haberme enviado a la universidad de neurología o como se llame. Pero entendí una parte. Definía la creatividad como el proceso de sacar agua de un pozo profundo. Estoy parafraseando. Decía que la «creatividad surge de una mente que sabe, y recuerda, un montón de cosas». Ya no disponemos de esa clase de mentes. En lugar de eso, descargamos nuestro conocimiento de los teléfonos móviles y las computadoras, de Wikipedia, de Shazam. Es una gran ventaja, pero ¿qué hemos perdido en el proceso?

Creo que la respuesta de Klemm es parcial. Las mentes creativas saben y recuerdan un montón de cosas, pero eso también significa que tienen que saber y recordar de manera selectiva. Una de las cosas que hemos perdido, junto con la capacidad de centrar la atención realmente y concentrarnos en el fondo de ese pozo, es la habilidad para establecer una jerarquía, la confianza de saber qué elementos (o ideas) son grandes planetas y cuáles son las pequeñas lunas que orbitan a su alrededor. Probablemente he mezclado metáforas: considéralo una especie de puré. Dave Chappelle, en una de sus dos reapariciones especiales en Netflix en la primavera de 2017, contó que cuando era joven, uno de sus profesores de secundaria llevó un televisor a la clase para que sus alumnos pudiesen ver el despegue del transbordador espacial *Challenger*. Soy algo mayor que Dave y también lo recuerdo. Era el año 1986 y fue un gran acontecimiento. Había una profesora a bordo y todas las profesoras querían compartir su gloria. Obviamente todo salió terriblemente mal. El lanzamiento empezó bien, pero pocos minutos después el transbordador explotó. Murieron todos los astronautas. Profesores y alumnos de todo el país lo vieron, estupefactos. El giro cómico de Dave fue sutil: la profesora, con los ojos fijos en la pantalla, dejó que los alumnos se marcharan: «Pueden irse a casa». Pero, después de eso, Dave hizo un apunte más profundo que el simple remate. Empezó a lanzarle ofensas a la gente joven de entre el público. Hoy en día, dijo, tienen tanta información, tantos datos, que todo es el transbordador espacial, así que nada es el transbordador espacial. Justo cuando llenan su mente y su corazón con todo el horror (o, en otros casos, la alegría o la importancia) de un acontecimiento, llega otro que ocupa su lugar. ¿Cómo vas a crecer en un entorno semejante? En lo que respecta a la creatividad, es necesario que las cosas se asienten. Que echen raíces, que florezcan, que crezcan, que se enreden. Lo que se ve con un simple vistazo, lo superficial, el modo en que una cosa reemplaza a otra con rapidez, es el enemigo no solo de los pensamientos profundos sino también de los pensamientos creativos.

Supongo que me gustaría hacer a todos los usuarios de Internet —es decir, a todo el mundo— una advertencia. Obviamente, hay que usar la tecnología. Nadie va a decirles que se desconecten o que anden por la tierra solo hasta donde les permita llegar el cable del teléfono. Pero no crean que esa especie de mente gigantesca en forma de colmena de ahí fuera puede reemplazar a su propia mente, y no olviden tener el valor suficiente como para dejar de lado la mayor parte de las cosas que les lanzan (y, como dijo Chappelle, nos lanzan cosas constantemente). Cuando creamos una red con otras personas aprendemos a usarla porque confiamos en que las fuentes son fiables. Cuando establecemos una red con la tecnología aprendemos que las fuentes son incontables, pero que no podemos fiarnos de todas. Hay que buscar un equilibrio. Hay que mantenerse firmes.

El efecto de conexión
Piensa en dos artistas que conozcas, a los que consideres dispares, e imagina en qué proyecto podrían colaborar.

REDUCE, REUTILIZA, RECICLA

Fiesta del desbloqueo

Ponerse en marcha en un día cualquiera puede resultar doloroso, pero es un dolor con el que la mayoría de las personas pueden lidiar, como un ligero dolor de cabeza o como si te doliera el talón. Para algunas personas creativas, sin embargo, el dolor de no sentirse lo suficientemente creativos no se manifiesta del mismo modo. Se queda ahí, empeorando; o lo que es más triste, no empeora, simplemente se queda ahí hasta que te atonta por completo. Cuando algo así ocurre, cuando no sientes las extremidades (creativamente hablando), es posible que te encuentres sumido en el terror al bloqueo propio de los escritores o el equivalente que prefieras en tu campo creativo. ¿El bloqueo del compositor? ¿El bloqueo del pintor? ¿El bloqueo del chef? ¿El bloqueo del director de cine? Todos suenan mal.

Durante años, he oído a la gente hablar del bloqueo del escritor. No he oído hablar de él tan a menudo en versiones de primera mano o incluso de segunda, así que he desarrollado una especie de superstición al respecto: no he querido conocerlo. Pero cuanto

La creatividad es una bendición y un privilegio.
—

más avanzo en el mundo de la música más lo veo, y a veces lo he visto muy de cerca. Cuando D'Angelo era joven formaba parte de un grupo llamado Precise: vinieron desde Richmond, Virginia, para actuar en el Teatro Apollo en 1991, y eso implicó un contrato y lo llevó a trabajar para Black Men United, un coro vocal en el que estaba metido prácticamente todo el mundo: Gerald Levert, Raphael Saadiq, Boyz II Men, R. Kelly, Usher. D'Angelo salió a la palestra. Grabó «Brown Sugar», su álbum de debut, y allá por 1995 todo el mundo sabía que se trataba de una poderosa fuerza creativa. Podías notarlo en el modo en que elaboraba los arreglos vocales, en el modo en que permitía que los temas divagasen sin llegar a perder nunca el rumbo. Tenía una gran voz, aunque mucha gente sabe cantar. Tenía perspectiva. Tenía fuerza. Tenía ideas.

Pero después de ese álbum tenía algo más, que eran los problemas a la hora de componer cosas nuevas. Sentía la presión de lo que vendría, porque «Brown Sugar» había sido un gran éxito, y seguir adelante después de algo así nunca es fácil. Eso no quiere decir que no pudiese acudir de nuevo a su pozo. Regresó a él. Pero cuando fue a sacar agua se dio cuenta de que estaba seco. No pretendo contar un cuento ni nada parecido. Él ha hablado mucho de ese periodo. En su primer álbum volcó todo lo que pensaba y sentía. Encontró un modo de expresar su alma al completo. Por eso la llaman música soul. ¿Sería capaz de seguir adelante y sacar otro disco? Hay una frase que la gente suele emplear para referirse a esa clase de situaciones. Lo denominan el «desplome del estudiante de segundo año». Aunque no creo que la denominación sea apropiada. Ya no estás en la escuela, sino que se trata de un mero desplome. D'Angelo sufrió de verdad mientras se esforzaba en reunir más material para lo que publicara después de «Brown Sugar». Estaba absolutamente bloqueado, sin ideas. Para un tipo que durante años se había despertado día tras día con un montón de nuevos temas en la cabeza, verse de repente con un jarrón vacío entre las manos supuso una experiencia terrible.

Aun así, siguió adelante. A lo que se dedicó principalmente fue a grabar versiones de canciones de otros autores para bandas sonoras. Junto con Erykah Badu hizo una versión a dúo del tema de Marvin Gaye y Tammi Terrell *Your Precious Love*, para la película *High School High*. Grabó la balada *Heaven Must Be Like This* de Ohio Players para *Down in the Delta*. Había grabado versiones con anterioridad, obviamente. Uno de los grandes éxitos de su debut fue una versión de *Cruisin'* de Smokey Robinson. Pero estas últimas eran excepciones. No estaban destinadas a formar parte de su siguiente disco, aunque en su momento algunas personas creyeron que sí. Se quedaron ahí, colgando en el espacio entre diferentes álbumes. Habrá quien opine que se trataba de un movimiento comercial o para consolidarse como marca, un modo de seguir siendo visible como estrella durante un rato antes de sacar algo nuevo. Hubo quien lo creyó así. Pero para mí habría sido un acto de cinismo. O lo que es peor, algo irrelevante.

Esas versiones fueron trabajos totalmente creativos, diferentes modos de seguir haciendo cosas sin necesidad de grabar algo propio. Reforzó otra vertiente de su creatividad y, temporalmente, evitó la cuestión del bloqueo del escritor. Yo creo que esos temas son también una suerte de demostración de libertad psicológica, al menos en parte. La creatividad es una bendición y un privilegio, pero a veces es también es una carga. La presión de verte obligado a tener ideas nuevas —o mejor dicho Tus Propias Ideas, con todas las mayúsculas y lo que ellas implican— puede ser un problema. No quiere decir que la presión sea insoportable. No creo que fuera eso lo que le ocurrió a D'Angelo. No creo que leyese una reseña o un comentario de prensa que hablase de lo que vendría después de

«Brown Sugar» y, de repente, se sintiese paralizado. Creo que su bloqueo tuvo que ver más bien con el hecho de haber vaciado el depósito de un modo comprensible y agotador, después de estar promocionando el álbum por todas partes durante dos años. Le resultó difícil que otras cosas saliesen a la superficie. Así que dedicó su tiempo a lo más parecido a lo mejor que podía hacer, o a algo que podría asemejarse a lo mejor: hacer algo que ya había sido hecho. Recomiendo esa clase de movimiento a toda persona creativa en cualquier disciplina. Si eres pintor y no se te ocurre nada que pintar, copia un paisaje o un retrato de un pintor que admires. Si eres escritor y no te sientes capaz de escribir algo novedoso, encuentra un poema que te guste y cópialo. Si eres chef y tu mente está en blanco cuando estás en la cocina, intenta elaborar un platillo clásico de tu mentor. Aquellos que tienen poca visión dicen que eso es engañar. No lo es. Es imitar en busca de inspiración. Elaborar tu propia versión de un trabajo existente te mantiene en forma. Hace que tu maquinaria siga zumbando.

Tomemos otra versión de ese periodo: la del tema *She's Always in My Hair* de Prince, con la que participó en la banda sonora de *Scream 2*. La conozco bien. Toqué con él. Para hacer su versión de *She's Always in My Hair*, D'Angelo tuvo que encontrar en su interior una razón para hacer una versión de *She's Always in My Hair*. Las canciones que escogió no respondieron a elecciones arbitrarias. No iba a cambiar el «estilo D'Angelo» cantando temas de Johnny Cash o haciendo una versión del tema de *El Show de los Banana Splits* (aunque ahora que lo pienso me encantaría oír ambas posibilidades de inmediato). Las canciones que seleccionó eran importantes para él y para la gente que lo rodeaba (incluido un servidor). Eran canciones que llevaba consigo desde hacía mucho tiempo. Si hubiésemos podido observar con rayos X su creatividad, podríamos haber visto que las canciones estaban ahí, aferradas a sus huesos. Cuando hizo las versiones, de algún modo las había expropiado.

E incluso entonces no las afrontó de manera directa. Incluso entonces no le resultó sencillo. Incluso entonces tuvo que identificar todas las elecciones creativas, encauzarlas, pelearse con ellas, resolverlas. *She's Always in My Hair* es un ejemplo perfecto. Desde el principio existía la duda sobre hasta qué punto debía de serle fiel al original. Si hubiese dependido de mí, es posible que me hubiese inclinado en esa dirección. Pero cuando me puse a trabajar con D'Angelo filtré buena parte de mis ideas y me puse al servicio de su creatividad. No iba a arrastrar al infierno conmigo a D'Angelo poniéndolo en la posición de crear una versión que compitiese directamente con el original. Acabamos dándole otro enfoque, apartándonos de la calma del original y optando por algo superfunky. Esa decisión conllevó toda una serie de problemas. ¿Qué ocurriría si la hacíamos tan funky que se entendía como la voluntad de poner en evidencia la versión original? (Posiblemente no se trataba de un temor realista, pero sentía cierta ansiedad, un punto de presión.)

He pensado a menudo en ese periodo de la carrera de D'Angelo, en lo que significa para mí, en la facilidad con la que fue malinterpretado como algo meramente transicional, como un punto muerto entre un Punto A («Brown Sugar») y un Punto B («Voodoo»). Pues este es mi consejo para todo el mundo, sea cual sea el campo en que se desarrolle: cuando sientas que no puedes trabajar, utiliza trabajos de otros. No hagas el tonto y versiona. Versiona sin hacer tonterías. Hazlo con orgullo. Eso te mantendrá activo. Poco después de todo eso, D'Angelo empezó a trabajar con mayor diligencia en el material de lo que acabaría siendo «Voodoo». Todas esas versiones fueron un gran salto hacia delante. Siguieron recordándole a la gente que era un visionario. ¿Cómo se puede conseguir que el pozo vuelva a estar lleno? En las entrevistas, D'Angelo afirma que se debió al nacimiento de su hijo Michael, y sin duda ese fue un factor relevante. Pero también se mantuvo en forma, creativamente hablando, incluso cuando no estaba creando. «Voodoo» no habría llegado a existir sin ese periodo posterior a «Brown Sugar». Tal vez parezca una obviedad, pero no habría existido como llegó a existir si no hubiese empleado el tiempo que pasó después de «Brown Sugar» tal como lo hizo.

Pensar en *She's Always in My Hair*, en las elecciones que tomamos durante ese periodo, me hace reflexionar. Si profundizo, creo que fueron elecciones puramente creativas y que fuimos testigos privilegiados del proceso. En cierto sentido, sigo pensando en mí mismo como el afortunado observador que ha podido pasar cierto tiempo cerca de creativos puros para verlos en acción. Cuando me relaciono con alguien a ese nivel me sorprende la incapacidad de algunos para absorber como una esponja todo lo que tienen a su alrededor. Cuando recuerdo a D'Angelo, eso es lo que pienso. O pienso en Prince. Pienso en una típica noche de finales de los noventa en casa de Prince, donde siempre tenían lugar *jam sessions* con un puñado de jóvenes músicos (de nuevo, entre los que yo podía encontrarme). Podía empezar con un riff de guitarra o con una versión de alguien y, de repente, ya estábamos metidos. Ocurrió una noche con el tema *I Want to Be Free* de Ohio Players. Lo gracioso del asunto era que Prince ni siquiera se sabía la letra. Eso me enloqueció. Derrumbó mi Jenga. ¿Cómo había sido posible? ¿Por qué había empezado a tocar un tema tan icónico si no lo conocía bien? Se me ocurrió pensar que a Prince, a lo mejor, le daba miedo ser poco original. Como ya comenté antes, yo no tengo ese miedo. Creo que mi identidad creativa está incuestionablemente formada por partes de la creatividad de otros. He pasado la vida siendo referencial y reverencial. Pero también he conocido a artistas de mucho nivel que no quieren trabajar de ese modo. Mantienen a una distancia prudente la idea de hacer versiones. No digo que estén equivocados. No digo que tengan razón. Lo que digo es que hacer cosas implica tomar decisiones.

Yo, mí, imitador

Copiar, o versionar, es siempre un valioso ejercicio creativo. Te mantiene en movimiento. Pone en marcha tu cerebro y te anima a observar cómo se construyen las cosas. Pero considerado un ejercicio, ¿cómo funciona? No a todo el mundo le satisface reproducir el trabajo de otros. Existe una opción relacionada indirectamente: parodiar. Hoy en día la parodia es sinónimo de engaño. En ciertas ocasiones da la impresión de que las redes sociales son simplemente una gigantesca máquina de parodiar. Es como aquella goma de mascar que quiere Violet Beauregarde en *Willy Wonka y la fábrica de chocolate*. Willy Wonka le dice a la niña que el laboratorio todavía está trabajando en ese chicle, y la gracia será que sepa a una comida de tres platos. Ella se pone a mascarlo rechazando el consejo de todos y en un principio parece que funciona. «Es sorprendente —dice la niña—. Sabe a sopa de jitomate, *roast beef* y papas asadas, y también a pay de arándanos.» El sabor de arándano está conectado con alguna clase de deformación. La niña empieza a aumentar de tamaño y a volverse azul; bueno, en realidad es más bien púrpura. Se vuelve totalmente redonda y entonces los Oompa Loompa se la llevan a la sala de exprimido. Van a exprimirle todo el zumo de arándanos para intentar que vuelva a ser normal. Cuando yo era pequeño, esa escena me aterrorizaba. No me gustaba la idea de una sala de exprimido. En esa escena en particular Willy Wonka parecía un psicópata. No recuerdo si luego aparece Violet para demostrar que está bien.

Pero a medida que me fui haciendo mayor, he pensado en esa escena de un modo diferente. Willy Wonka está intentando cons-

Copiar, o versionar, es siempre un valioso ejercicio creativo.

truir un chicle que será una cena completa. Está intentando crear una versión. Pero lo que acaba haciendo es un chicle que recuerda partes de una cena de forma tan exagerada que resulta gracioso y un poco grotesco. Lo que termina haciendo es una parodia. Y ahora que soy mayor, he llegado a entender lo importante que es la parodia como ejercicio creativo.

Volvamos durante un segundo a *She's Always in My Hair*. D'Angelo realizó una fiel versión. Pero cuando escucho canciones de Prince en mi casa (en mi iPod, no con el teclado o con la guitarra) me imagino versiones falsas. A veces son simples parodias de las letras, giros tan sencillos que ni siquiera le habrían hecho gracia a Baby Weird Al Yankovic. (Fueron mis dibujos animados favoritos de los sábados por la mañana durante un tiempo: Baby Weird Al Yankovic. Poco me importa que nunca existiesen.) Quizá lo cambiaba por *She's Always in The Fair* («Ella está siempre en la feria»). Era algo estúpido, aunque gracioso durante un ratito. Toda la familia pretendía convencerla de que regresase a casa, pero ella no quería. A ella le gustaba el maíz en mazorca y las carreras de cerdos, y tenía pensado quedarse allí hasta hartarse. O bien *She's Always in the Air* («Ella está siempre en el aire»), volando de un lugar a otro; lo hacía con tanta frecuencia que empezó a sentirse incómoda al tocar el suelo. O quizás lo que parodiaba yo entonces no eran las letras. Podía parodiar el falsete de Prince. Allí donde él mantenía una nota suave y cremosa, durante tres segundos, yo imaginaba que lo hacía durante treinta o sesenta. Sé que es imposible, pero pensarlo me hacía gracia. O podía ser un solo de guitarra. No creaba dichas parodias, solo las imaginaba.

Cuando pensaba en ellas pensaba en algo que iba más allá, obviamente. Pensaba en nuevas ideas, a pesar de ser ideas nuevas que crecían en un terreno antiguo. La parodia, incluso en su nivel más absurdo, es un modo de apropiarse de algo que te gusta e intentar entenderlo. Cuando dejas la maquinaria a un lado, lo que quieres es saber cómo funciona. Los coros de Prince —que suelen ser el propio Prince en otras pistas— ¿se hacen eco de lo que acaba de cantar la voz principal o a veces se anticipan? ¿Cuántas texturas de guitarra hay en ese tema? La parodia puede llegar a ser extremadamente analítica. Pero pensemos también en las letras sin sentido. Hay un modo de lograr que ese trabajo resulte menos intimidante. *She's Always in My Hair* es una gran canción, pero no es monumental. Otros temas de Prince, como *Little Red Corvette* o *Let's Go Crazy*, y una docena más, son monumentales. Si los parodias con una letra absurda y sin sentido, puedes aproximarte a ellos de nuevo. Teniendo en cuenta que se trata de ideas que han salido de una mente humana, entonces tal vez también puedan salir de la tuya. Búrlate y libérate. Nota: no estoy recomendando que grabes dichas parodias y que hagas una carrera con ellas. Tú no eres Weird Al. Ni siquiera eres Baby Weird Al. Pero puedes juguetear con el trabajo creativo de otro y liberarte de ese modo.

Podemos encontrar un excelente ejemplo, aunque un tanto extraño, en el mundo de la comida. Cuando estaba trabajando en *somethingtofoodabout*, fui a ver a Nathan Myhrvold a Seattle, en sus instalaciones de la Modernist Cuisine. Digo *instalaciones* porque no eran simplemente unas cocinas. Era un almacén y un laboratorio y también la futura sede de una potencia mundial. Había allí cosas extrañas que no soy capaz de describir, o no quiero, por mi propio bien, pero una de las cosas que sí puedo mencionar es la cola de un dinosaurio que Nathan había construido para demostrar una descabellada teoría suya que decía que los dinosaurios sacudían sus colas como si fuesen látigos.

En cualquier caso, comimos allí. Y una de las cosas que me llamó la atención fue que a Nathan le gusta la idea de la farsa. Como mínimo, tres de los platos fingían ser una cosa y eran otra. Había una pasta que en realidad era una especie de molusco. Nos sirvió una especie de carbón duro, que golpeó para demostrarnos lo duro que estaba y que, al probarlo, resultó ser... ¡paté! Y también había unos huevos de codorniz que estaban hechos de mango y maracuyá. Eran como trucos de magia. Eran ilusiones. Se produce una suerte de creatividad, tal vez la más antigua de todas, cuando el arte imita a la vida, pero se produce un giro significativo durante el proceso y se demuestra que no es una imitación de la vida en absoluto. Pero la comida que preparaba Nathan era también una especie de parodia. Parecía ser una cosa pero no lo era, frustraba las expectativas. Por lo visto, él trabajaba en ese nivel de prestidigitación. Nathan ya había preparado platillos deliciosos, pero sentía que quería incrementar el nivel de dificultad obligándose a afrontar retos creativos: no solo tenía que saber bien, tenía que parecer otra cosa. Cuando empecé a hacerle preguntas descubrí que era un proceso más común de lo que había pensado: la idea de colocar una capa y otra de ideas, especialmente si en el centro del proceso se esconde la voluntad de hacer una broma. El trabajo original estaba hecho, pero dotarlo de un envoltorio generaba la oportunidad de darle un tratamiento paródico.

Supe de varios ejemplos de dicho principio durante la escritura de ese libro, pero uno de los mejores lo encontré en el mundo de la música, del pub rocker Nick Lowe. Recuerdo que en el año 1977 mi padre no se cansaba de oír música pop cuando íbamos en el coche, temas como *I Just Want To Be Your Everything* de Andy Gibb o *Best of My Love* de The Emotions. Yo era demasiado joven para darme cuenta de todas las cosas que estaban pasando en el mundo: el primer disco punk de Sex Pistols o «Rocket to Russia» de Ramones; «Animals», el sofisticado disco de rock clásico de Pink Floyd; el reggae político de Bob Marley en «Exodus». También fue el año en el que David Bowie grabó el primero de los discos de su trilogía de Berlín, «Low». Nick Lowe se ofendió, aunque naturalmente no en serio, porque Bowie hubiera escrito mal su apellido, así que él hizo lo mismo y grabó un EP titulado «Bowi». La primera vez que oí hablar de este detalle, me pareció una tontería que además demostraba arrogancia, pero también me pareció una de las cosas más puramente creativas que había oído nunca.

Lowe le dio la vuelta a ciertas cosas que yo ni siquiera sabía que existían.

Le di muchas vueltas a esa clase de trucos mientras escribía y editaba mi libro sobre comida. La cubierta del libro se basó en la obra de Giuseppe Arcimboldo, un artista del siglo XVI que elaboraba retratos de personas uniendo verduras y frutas. Cuando vi por primera vez sus cuadros, Arcimboldo me hizo pensar en el hip-hop: tomaba imágenes existentes y las reordenaba para crear algo nuevo. Para la cubierta del libro me hicieron un retrato al estilo Arcimboldo. Elaborar mi retrato de ese modo no era algo completamente serio, en el sentido de que todo el mundo sabía que era algo ridículo. Pero fue un acto creativo totalmente serio. El artista tuvo que encontrar formas y texturas y colores que encajasen, y después tuvo que unirlos para convertirlos en una fotografía plausible. En cierto sentido, hacerlo implicaba una mayor dificultad de la que afrontó Arcimboldo, pues él llegaba a la elaboración del rostro a través de la comida. Para la cubierta de nuestro libro, tuvimos que encontrar comida que casase con mis facciones. Había un rábano, y un calabacín, y una dona a modo de moño. Era la parodia de un estilo existente (los cuadros de Arcimboldo) que adquiría significado al incorporarle elementos de otro estilo (las mezclas del hip-hop).

Otro ejemplo con el que me he topado recientemente es *Documentary Now!*, un programa creado por Fred Armisen y Bill Hader. Ambos actúan en «Saturday Night Live» (Fred haciendo de Prince, obviamente), y ambos han llevado a cabo estupendos trabajos por su cuenta. Bill ha puesto su voz a personajes de películas de Pixar y ha escrito guiones para South Park, y Fred es uno de los creadores de *Portlandia*, junto con Carrie Brownstein. A ambos les encantan las películas, y disfrutan especialmente de los documentales. Lo que se les ocurrió fue hacer una especie de remake de dichos documentales. Hicieron una versión de *Grey Gardens* titulada *Sandy Passage*. Hicieron una versión de *Nanook Revisited* titulada *Kunuk Uncovered*. Hicieron una versión de *The Thin Blue*

Line titulada *The Eye Doesn't Lie*. Y realizaron una magnífica parodia en dos partes del excelente documental en dos partes sobre los Eagles, *History of the Eagles*, titulada *Gentle and Soft: The Story of the Blue Jean Committee*.

Cuando parodias un mundo completo hay que prestar atención a los detalles. Mediante eso aprendes a estructurar. Te enseña ritmo. Aprecias matices. También requiere una gran cantidad de técnica. En el caso de *Gentle and Soft*, Bill y Fred tuvieron que grabar todo un álbum para su banda falsa. Cuando hicieron su versión de *Grey Gardens*, sus directores, Rhys Thomas y Alexander Buono, utilizaron las mismas lentes de cámara de la versión original para que la película tuviese el mismo aspecto. Y en su parodia de *The Thin Blue Line* contrataron al retratista de los juzgados para que los dibujos tuviesen el mismo aire. Resultó que el retratista era el mismo que en el caso original. Se trata de una de esas coincidencias que te ablandan el corazón.

Mi última anécdota sobre copiar o parodiar, nuevamente, proviene del mundo de la música, de un artículo del tipo que escribe conmigo, Ben Greenman, publicado en *The New Yorker*. Hay una banda en Gran Bretaña llamada The Wombles, que no es exactamente una banda. Son personajes disfrazados para un programa infantil, una suerte de versión de The Banana Splits al otro lado del charco. Empezaron a tocar en 1973, que es más o menos cuando yo vine al mundo. El cantante y compositor de The Wombles era un hombre llamado Mike Batt, que por lo visto tuvo una larga carrera en la industria de la música. Otra de sus bandas fue un grupo clásico llamado The Planets, y en aquella época habían dejado huella con un álbum titulado «A One Minute Silence». La composición era puro silencio, como la famosa pieza conceptual de John Cage, *4'33"*; la única diferencia era que la pieza de The Planets, como indica el título, dura un minuto. Batt la firmó como «Batt/Cage», a pesar de que el Cage de los créditos no era John Cage sino Clint Cage, un pseudónimo que Batt había creado únicamente para la grabación de «A One Minute Silence». A la discográfica de John Cage, Peters Edition, no le hizo gracia. Peters le envió una carta a Batt pidiéndole el pago de regalías y diciéndole que la idea de un tema centrado en el silencio era de Cage. Batt no estaba de acuerdo. Grabó su minuto de silencio en un *single* e incluso fue un poco más allá, pues grabó cientos de temas con diferentes tiempos de silencio. «Si alguna vez la actuación de Cage se extiende o se acorta más de un segundo —dijo—, será mía.» Recuerdo haberme reído (con el artículo, no con la silenciosa canción de Batt), porque se trataba de una idea ridícula. Pero tuve que pensarlo dos veces. La disputa entre Batt y la discográfica de Cage tenía que ver con cuestiones de *copyright*. Pero se trataba de poderosas ideas creativas. Que tú hayas sido el primero en pensar algo, ¿imposibilita que esa misma idea surja en la mente de otra persona con fuerza y autenticidad? Si alguien piensa en algo antes que tú, ¿significa eso que no se te puede ocurrir lo mismo? ¿Y si la misma idea surge en dos mentes diferentes?

No se trata de preguntas novedosas. La gente se ha hecho esa clase de preguntas y ha tenido que responderlas millones de veces. Pero una parte de lo que hace la gente creativa es volver a abrir el debate. La parodia es nueva pero nunca es nueva. Es divertida pero también intenta identificar cuestiones serias. Es accesible (porque la gente reconocerá la broma), pero no puede ser excesivamente accesible (o de lo contrario caerás en los peores chistes de la franquicia *Scary Movie*). Eso quiere decir que exige exactamente las mismas habilidades creativas y sensibles que exige un trabajo original.

Doctor, cópiate a ti mismo

El ejemplo de *Documentary Now!* genera una duda que requiere algo más de consideración. ¿A quién deberías copiar? En este caso, copiaron algunos de los mejores y más importantes documentales de la historia del cine. Teniendo en cuenta ese detalle, la cosa tiene sentido. ¿Por qué tendrías que estar dispuesto a copiar algo espantoso?

Pero también tienes que copiarte a ti mismo. Eso no altera la regla, que consiste en copiar lo mejor, porque tú eres lo mejor. En un capítulo anterior expliqué que toda persona creativa es, en última instancia, su propio juez, público y modelo. Ocupas esos puestos en diferentes momentos del proceso. Pero el hecho de parodiar ni reduce ni menosprecia tu trabajo. Suena a proceso circular, pero en realidad es una flecha lanzada hacia la eternidad.

Volvamos al ejemplo de D'Angelo, a cómo lidió con la parálisis creativa en la que se vio inmerso tras «Brown Sugar». Al verse bloqueado, empezó a copiar canciones ya existentes. Cuando se desbloqueó, sin embargo, no basó su nueva música en influencias que lo distrajesen. Forjó sus propios fundamentos, sus piedras de toque. Cuando se sentó para grabar un disco, lo hizo para grabar un disco de D'Angelo. Se había hecho con algunos efectos vocales. Los poseía. Es posible que otras personas también los poseyesen, o creyesen poseerlos, pero en lo que a él se refería se sentía el único propietario.

He tenido la suerte de conocer a George Clinton. Nos entrevistó a los dos juntos Ben Greenman, que también estaba escribiendo un libro con el señor Clinton, en la Feria del Libro de Miami de 2014. Ben sabía que la carrera del señor Clinton y la mía se solapaban, que compartíamos algunos cimientos, así que preparó preguntas para él y para mí y las intercambió. Me preguntó por la importancia del doo-wop, algo a lo que pude responder fácilmente porque mi padre había sido un cantante doo-wop. Le preguntó al señor Clinton sobre la evolución del hip-hop, a lo que él respondió con facilidad porque su música había proporcionado la base para el G-funk de la Costa Oeste. Fue una entrevista sobre la creatividad que, a su vez, también fue creativa. Cuando acabó, nos quedamos tras bambalinas hablando y tomándonos fotos, y el señor

Clinton mencionó algo relacionado con su proceso creativo. Alcé las orejas como un perro que hubiese oído el tintineo de un plato de comida. Sé detectar cuándo hay un genio presente en la sala y se pone a hablar. Comentó que uno de sus métodos había consistido siempre en revisar sus trabajos anteriores, sin reservas, sin miedo, sin vergüenza. Su grupo de doo-wop, Parliament, tuvo su primer gran éxito, *(I Wanna) Testify*, a finales de los sesenta, después de pasar varios años trabajando el soul de Detroit. Unos cuantos años después, debido a la irrupción de la psicodelia, Parliament se transformó en dos bandas: Parliament, una especie de banda pop-soul, y Funkadelic, que se adentró todo lo posible en el territorio del rock negro. Ambas bandas se sirvieron de las antiguas composiciones de Clinton. Parliament volvió a grabar *Testify* en su álbum «Up for the Down Stroke», y el álbum de debut de Funkadelic incluyó grabaciones *de I'll Bet You* y *Good Old Music*.

En parte, Clinton deseaba que aquellas canciones volvieran a escucharse, ahora que las posibilidades eran más amplias. Pero también fue un método creativo, como siguió demostrando más adelante en su carrera. A mediados de los noventa, durante una de las edades de oro del hip-hop, Parliament-Funkadelic lanzó un disco titulado «Dope Dogs». Fue un álbum conceptual sobre un perro que esnifaba y contenía comentarios sobre las adicciones, la identidad, la lujuria y la hipocresía que demostraba la política federal sobre drogas. El propio Clinton produjo aquel disco con una técnica que era, a un tiempo, retro e innovadora. Lo explicó en sus memorias *Brothas Be, Yo Like George, Ain't That Funkin' Kind of Hard On You*.

Escuchaba mucho hip-hop por aquel entonces y ciertos estilos en particular me habían impresionado. Me encantaban los Bomb Squad y el trabajo que habían hecho con Public Enemy, así que empecé a elaborar mi propia versión de ese tipo de música, sampleando viejos discos de P-Funk. Intenté no utilizar los samples más obvios —otros habían extraído ya directamente el mineral de ellos— así que principalmente me serví de temas eliminados, rarezas y temas grabados en directo. Produje el álbum yo solo, del modo más intensivo posible. Creé un loop de tres o cuatro segundos y lo hice sonar desde el principio de la canción hasta el final, y después enmudecí las partes del loop que no quería utilizar.

Clinton sabía que podía disponer de tecnología más sofisticada. Pero no quiso utilizarla. No encajaba con su metáfora: el empalme genético. Había estado tocando con esa idea en la cabeza desde mediados de los setenta, en «The Clones of Dr. Funkenstein», y aquí volvió a tocarla. Había una calidad presente en cada uno de los segundos de la música P-Funk, y si la trasladas a otro cuerpo musical sigue conservándola. Puedes cortar un pelo —un pelo metafórico, digamos una nota o una frase— y aun así identificar el P-Funk. Ya había creado con anterioridad, así que utilizó esas creaciones para hacer algo nuevo.

A veces, sin embargo, George ni siquiera utilizó pedazos de temas antiguos. Usó fragmentos de temas que nunca llegaron a convertirse en canciones. Por ejemplo, en 1974 Bootsy Collins tocó en el bajo una parte de *Ride On* que quedó a un lado, sin desarrollar. En 1977, a Junie Morrison se le ocurrió un arreglo con el teclado que finalmente no encajó en *Groovallegiance*. A esos retazos musicales George los denominaba «semillas» y «tallos». La idea era que cuando había ardido el fuego, esos fragmentos eran lo que quedaba al fondo de la hoguera. No eran la droga de verdad pero provenían de la misma planta. George se dijo que tal vez podría utilizarlos. Tal vez podría hacer crecer nuevas canciones con ellos.

Animo a todo el mundo a que revise sus antiguos trabajos. Conozco a muchos actores que dicen que nunca ven películas en las que salen. Conozco a muchos autores que dicen que no vuelven a leer sus libros. No lo entiendo. Entiendo que uno no quiera sentarse en un ático y repetir una y otra vez la letra de sus propias canciones. Puedo entender que uno no quiera tumbarse en el sofá frente a un enorme televisor para verse a sí mismo en la pantalla. Pero creo que revisar tus trabajos anteriores clarifica tu mente. Con un poco de suerte incluso puedes disfrutar. Es posible que te haga sentir bien comprobar que fuiste capaz de finalizar proyectos en el pasado. Estuve hablando con un retratista afincado en Nueva York, Kehinde Wiley, en uno de mis salones culinarios. Me dijo que a veces le echaba un vistazo a sus cuadros y sentía un destello de apreciación, no en un sentido ególatra. Pero entendía la dimensión y la complejidad de algo así y recordaba no solo el trabajo que había empleado entonces, sino el hecho de que había sobrevivido a ese trabajo para hacer otra cosa. En el último año, Tariq y yo hemos seguido una filosofía parecida. Cuando nos sentimos preparados para grabar el nuevo disco de The Roots (titulado «End game» y que salió a la venta en 2018), tomamos la decisión consciente de dar un paso atrás y escuchar todo nuestro trabajo de un modo ligeramente diferente; escucharíamos nuestros discos como podrían escucharlos artistas jóvenes del estilo de Thundercat o Kamasi Washington. Seríamos como fans de The Roots y haríamos el nuevo disco desde ese espíritu.

Por fortuna, lo teníamos todo. El álbum de fotos, musicalmente hablando, estaba por completo disponible. Ese es uno de los principios más importantes: no tires nada. La tecnología actual facilita que puedas tener tus viejas ideas al alcance de la mano: las que dejaste a medio cocer, aquellas que parecían haberse apagado. Puedes retomarlas y deberías hacerlo. No hay nada que podamos denominar basura. Uno de mis restaurantes favoritos es el Next de Chicago. El chef allí, Dave Beran, y yo somos algo así como amigos. En una ocasión, Dave me dijo que quería que yo probase un

—

Revisar tus trabajos anteriores clarifica tu mente.

nuevo platillo. Me hacía mucha ilusión. Sacó un platillo que parecía lo que ves en los dibujos animados de la Warner Bros. cuando quieren transmitir la idea de la porquería: una espina de pescado, sin ningún tipo de carne a excepción de un ojo, un montoncito de basura a su lado y algo que parecía un trozo de cristal. Lo tenía todo menos una mosca dando vueltas encima y unas rayas para marcar el mal olor. «Pruébalo», me dijo Dave. Me lo dijo con gesto impávido. Lo hice, y es una de las cosas más deliciosas que he probado. No hay nada que pueda denominarse basura.

Cuando recicles parte de tu trabajo anterior, hazlo con inteligencia. Ten en cuenta que hubo alguna razón para que aquella idea no fructificase la primera vez que apareció. Tal vez se debió a que no era su momento. Tal vez el contexto en el que surgió ya no existe. Pero ten en cuenta también que muchas ideas acaban floreciendo.

Esto me lleva de nuevo al tema de la parodia. No deberías ser tan reticente a reutilizar tus viejas ideas. Puedes enfocarlas, al menos de inicio, como una especie de autoparodia. George Clinton no sufrió nunca el tipo de bloqueo que sí sufrió D'Angelo. Nunca se bloqueó del mismo modo, al menos por lo que yo sé. Pero échale un vistazo a su discografía. Sin duda debió sentir mucha presión en relación con sus trabajos del pasado. Cuando alcanzas cierto éxito en este negocio (o en cualquier otro) verte sometido al peso de las expectativas es inevitable. Cuando ojeo la revista electrónica *Pitchfork* y veo que una banda ha sacado un nuevo álbum, siempre me pongo en alerta cuando leo esta frase: «Este trabajo representa un avance respecto a lo último que hicieron». Suelen utilizarla pero ¿tiene sentido? ¿Por qué los nuevos trabajos tienen que ser un avance? ¿Es así como funciona el paso del tiempo? Creo que forma parte de la psicología creativa. Nadie quiere hacer algo peor que lo que hizo anteriormente. Nadie quiere siquiera ser el que acuse a alguien de algo así. Y sin embargo seguimos estando a merced de nuestro pasado.

Por lo general, habría que estar dispuestos a aligerar. El trabajo consecuente —el trabajo que finalmente acaba teniendo un
peso— no siempre puede comprometerse a lidiar con semejante
seriedad paralizante.

Venta de samples

Los ejemplos relacionados con George Clinton demuestran lo importante que es la creatividad en el hip-hop, o tal vez lo importante que es el hip-hop para la creatividad. A lo largo de este libro me
estoy esforzando por abarcar una amplia gama de disciplinas;
otros estilos musicales pero también la cocina, el humor y la pintura. No obstante, quiero retomar el tema del hip-hop durante un
rato. Quiero pensar en él a la luz de todo lo que hemos hablado:
robarle a otros, robarte a ti mismo, renovar lo viejo y descubrir
modos de ponerte en marcha, arrancar y mantener tu creatividad
a salvo a través de todos esos comportamientos.

Los primeros singles de hip-hop, como *Rapper's Delight* y *The
Breaks*, se sirvieron de bandas de estudio, aunque esas bandas lo
que hicieron fue recrear música de discos ya existentes. Después el
hip-hop entró en la era de los samples. La tecnología lo había hecho posible y la estética fue detrás de la tecnología. Durante un
tiempo la mayoría de las bandas tomaba pedazos de temas existentes, ya fuesen melódicos o rítmicos, y hacían arreglos a modo de
fondo musical sobre el que el MC cantaba su rap. En un principio
era sencillo, pero llegaron maestros como Bomb Squad y lo convirtieron en un arte elevado. Hay un momento en el tema *Rebel
without a Pause* en el que tomaron unos segundos de la aguda
trompeta de Clayton *Chicken* Gunnells. Clayton tocaba en The
J.B.'s, la banda que acompañaba a James Brown. En aquellos tiempos, pretendían hacer una imitación del poco convencional sonido
de John Coltrane. Era una apropiación por parte del funk de los

principios liberadores del jazz más reciente. Pero Bomb Squad dio con ello y se lo entregó a Public Enemy y de nuevo se convirtió en otra cosa, una advertencia, una llamada a las armas.

Podría escribir un libro entero sobre la abrumadora creatividad de Bomb Squad. Tal vez lo haga. Pero hasta entonces, me remitiré a ellos siempre que lo crea oportuno en los libros que escriba. Eran capaces de tomar material existente y hacer algo vigorizante y nuevo. Es posible que pienses que la definición de la pura creatividad tendría que incluir la idea de crear algo de la nada, pero esa noción es un tanto elusiva. Nada es nada, literalmente. Parece una paradoja, pero lo que quiero decir es que cuando un saxofonista toca una nota utiliza un instrumento fabricado por Selmer o Yamaha o Keilwerth. Ese fabricante depende de su nivel de experiencia y del mercado de precios y de otro montón de factores, pero el sonido tiene que salir de alguna parte. Lo mismo puede decirse, y tal vez sea incluso más cierto, de los directores de cine: las cámaras, las luces, la película. La mayoría de los directores no fabrican esas cosas a mano.

Pero espera un segundo, dirá la gente. Esas son solo las herramientas. Eso es solo el hardware. La persona creativa escribe todo el software. Cuando ese saxo suena, el sonido surge directamente del corazón y del alma del intérprete. Eso es incluso una mentira más grande. Se trata de notas. Hay escalas. El intérprete más experimental de jazz sigue lidiando con esas cosas, en parte porque el destinatario de ese sonido es otra herramienta que ya fue diseñada: el oído humano.

Pero me estoy yendo un poco lejos. El asunto es que la creatividad viene de las ideas, pero también de los materiales. Y resulta que los materiales que utilizó Bomb Squad eran ciertas herramientas tecnológicas, samplers y secuenciadores, y también todo un mundo de música grabada que podía dar vida esa tecnología. No tocaba ningún instrumento, pero eso quería decir que los tocaban todos.

Bomb Squad perfeccionó cierto tipo de base de sonido. Su producción en el álbum de Young Black Teenagers —un grupo de blancos descubiertos y apadrinados por Hank Shocklee y apoyados por Public Enemy— sigue siendo uno de los mayores logros de producción de la historia. Al nivel de George Martin o de Brian Wilson. Te deja sin aliento cuando empiezas a ver cómo lograron ensamblar todos aquellos ladrillos.

Salió en 1991. Ese mismo año, salió a la venta otro disco que alteró para siempre mi sentido de los géneros. Desde 1989, MTV había estado emitiendo unos conciertos llamados «Unplugged», en los que diferentes bandas se subían al escenario y tocaban versiones desnudas de sus éxitos. Fue una oportunidad para algunos músicos de rock (y algunos de pop) de mostrar que su música tenía consistencia y que sus canciones tenían una estructura de verdad. Aquella serie dio comienzo con actuaciones que parecían lógicas —Squeeze fueron los primeros, Graham Parker fue el segundo—, pero después empezaron a ampliar el espectro un poco. Recuerdo el concierto de Hall and Oates en 1990, porque en Filadelfia eran superestrellas y porque había oído que tocarían y había imaginado exactamente cómo sería: la ligereza de las melodías y los ritmos sincopados y a Daryl y a John retomando sus raíces como cantantes de soul blancos.

Entonces llegó 1991 y el programa se puso a experimentar. La primera parte de la temporada incluyó a un puñado de sospechosos habituales (Sting, R.E.M., Paul McCartney). El 10 de abril, sin embargo, en el Chelsea Studio, el programa reunió a toda una serie de músicos de hip-hop, entre ellos MC Lyte, De La Soul y A Tribe Called Quest. Iban a tocar sus piezas de hip-hop de manera acústica. Había en ello una inversión de capital político, obviamente: iba a tener lugar a mitad de un periodo en el que gran parte de la América blanca, incluidas las estrellas de la música que eran teóricamente los que mejor lo conocían, despreciaba el hip-hop por considerarlo poco digno de la música. Pero había también una dimensión creativa, pues permitía a esos artistas repensar sus canciones según unas nuevas pautas acústicas.

Todos los que actuaron lo hicieron de manera admirable, pero la estrella indiscutible de aquel concierto fue LL Cool J. Su actuación fue alucinante. Y transformadora. Para empezar estaba la apariencia de LL: dominó la escena, pasando de un tema a otro con canciones como *Jingling Baby* y (especialmente) *Mama Said Knock You Out,* con el desodorante blanco claramente visible. El sonido fue tan emocionante como el aspecto visual. Bajo la dirección musical del guitarrista Mike Tyler (cuya banda, el grupo de Filadelfia Pop's Cool Love, fue con LL al programa), los temas renacieron y se renovaron. Recrear el riff de *Mama Said Knock You Out* en lugar de reproducir el sample original de Sly & the Family Stone le aportó un toque orgánico, más terrenal, casi de folk. Esa fue la inspiración para The Roots cuando tocamos con Jay-Z en su actuación *Unplugged* de 2001. Pero también creo que el juego hip-hop unplugged es un modo especialmente efectivo de entrenar el músculo creativo, de tomar canciones que son ya monstruos de Frankenstein y darles otra descarga de electricidad.

Esa original actuación de LL Cool J me afectó de un modo muy profundo durante décadas. Cuando pienso en sus efectos, pienso en cómo se condensaron todos en una advertencia penetrante: cambia tus materiales. Conozco a escritores que escriben solo con su laptop —tal vez ahora todos los escritores lo hagan así— y cuando tienen que escribir a mano, o utilizar una vieja máquina de escribir, o una tablet con algún raro teclado bluetooth entran en una nueva fase creativa. No se trata solo de que adquieran una nueva perspectiva sobre su propio trabajo. Tienen que ajustar sus hábitos creativos. Es probable que cosas que antes les resultaban sencillas (como la ortografía, digamos, algo que los programas informáticos pueden corregir) les resulten más difíciles y les exijan mayor atención. Pero es posible que cosas que antes les resultaban duras (como dejar a un lado una página llena de palabras y pasar a la siguiente) les resulte más sencillo. Los cambios de material son importantes porque cambian el proceso de la producción creativa.

En «The Tonight Show», Jimmy Fallon y The Roots tenemos un ritmo recurrente cuando acompañamos a un cantante con los instrumentos infantiles: grabadoras, xilófonos y piezas de madera. Lo hicimos con Mariah Carey en *All I Want for Christmas Is You*. Lo hicimos con Adele en *Hello*. Lo hicimos con Idina Menzel en *Let It Go*. Cuando tocamos esas canciones, las convertimos en algo divertido y cercano. Las grandes estrellas adquieren una dimensión humana. Pero también nos obliga a recrear esas baladas pulidas y cuidadas con detalle en unas condiciones más modestas y complicadas, y eso implica crearlas de nuevo. *All I Want for Christmas Is You* tocada con los instrumentos infantiles ya no es la misma *All I Want for Christmas Is You* tocada con caros instrumentos profesionales. Por eso D'Angelo mantiene su estudio anclado a la tecnología de 1997. Así mantiene la pureza. No corrompe el proceso con la modernización. No se deja llevar por las trivialidades del futuro.

¡Mira ahí!

El mundo moderno ha conllevado una mejora respecto a eras pasadas en muchos sentidos. Disponemos de teléfonos inteligentes y de casas inteligentes. Tenemos televisores de última generación. Pero, en otros sentidos, es un problema. Nos distraemos más que nunca. Mi vida sigue una agenda muy estricta. Trabajo en «The Tonight Show» y grabo discos con mi banda y produzco a otros artistas y doy clases en la universidad y produzco programas de televisión y películas y, de vez en cuando, escribo libros. No tengo mucho tiempo para distraerme. Pero siento la tentación de hacerlo todo el tiempo. Hace quince años, no sentía todo el rato ese runrún en mi cabeza diciéndome que tenía que revisar el correo electrónico o Twitter o leer los últimos rumores sobre alguna pareja de famosos del momento (¿Realmente están enamorados? ¿Acaso será un acuerdo publicitario?).

El problema es trivial, por supuesto, pero para las personas creativas tiene consecuencias. Lo único que se puede decir del trabajo creativo es que requiere tiempo y esfuerzo. Más que nunca, hoy en día, las dificultades están garantizadas. Las mismas herramientas que te permiten ser eficiente en el trabajo —los procesadores de texto, Wikipedia— están conectadas a otras herramientas que te restan eficiencia y concentración. No acaban con tu deseo de vivir, pero destruyen tu capacidad para vivir el momento.

HOMERO SIMPSON: Me parece que entendí la película. ¿La policía sabía que los de asuntos internos les tendían una trampa?

HOMBRE 1: ¿Qué dice? ¡Aquí nadie habló de esas cosas!

HOMERO: Es que si me aburro yo me las invento. Mi capacidad de atención es reducida.

MUJER 1: Pero la cuestión es sencilla. Verás, cuando el Líder...

HOMERO: ¡Oh, mira! ¡Un pájaro! [Homero desaparece riendo.]

Pensamos, o tendemos a pensar, que la creatividad es enemiga de la distracción. O como mínimo algunos de nosotros lo creemos: Charles y Ray Eames sin duda lo creían. A mediados del siglo XX, los Eames eran una de las principales fuerzas creativas de Estados Unidos. (Un equipo formado por marido y mujer, obviamente; no eran hermanos. Ray era la mujer. Es posible que ya lo supieses, pero de ser así perteneces a una minoría. Si yo te contara la cantidad de eventos importantes en los que he estado, incluidos algunos relacionados con el mundo del arte y del diseño, en el que oí decir a alguien «los hermanos Eames», como si se tratase de los hermanos Wright o de los hermanos Chambers. Los Eames diseñaron la silla Eames, pero también hicieron el famoso corto *Poten-*

Tendemos a pensar que la creatividad es enemiga de la distracción.

—

cias de 10.) A los Eames no les gustaba que sonase música en sus oficinas. Creían que distraía a sus empleados. En realidad, ni siquiera les gustaba la idea de la música. Llevaba a tararear o a silbar, también distracciones importantes. Charles decía que para él era como mascar chicle. Pero también reconocían la necesidad humana del sonido organizado. Diseñaron una torre de sonido. Era como un aparato estilo Rube Goldberg. Lanzabas una canica y la gravedad la hacía rodar, la canica golpeaba los diferentes azulejos y eso producía diferentes sonidos. Le encargaron una pieza al compositor Elmer Bernstein. En teoría, los azulejos podían intercambiarse para crear un nuevo tema. La hacían sonar en sus oficinas como música de fondo, pero también para eliminar distracciones; creían que podían programar música que contribuyese a la concentración más que para alterarla. Evidenciaron su creatividad creando sonidos que, de otra forma, daban por hecho que debilitaban la creatividad. Así era como los Eames solucionaban los problemas.

Una publicación suiza dedicada al diseño me pidió que repensara el diseño y la composición de la torre Eames. Pensé en las bandejas Lazy Susan que había hecho para mis salones culinarios y que vendí en una pequeña tienda del SoHo, unos discos de madera rodantes que estaban diseñados según el modelo de los discos estroboscópicos, y en cómo imaginé que algún día habría una segunda generación de esas plataformas que funcionarían como maquinaria para hacer música y no solo como objetos artísticos. Imaginé la posibilidad de colgar las Lazy Susan en la pared y aprovechar su velocidad de rotación para crear un ritmo. Todavía no lo he hecho, pero el proyecto de la torre Eames me dio la oportunidad de hacer algo parecido. Trabajé con diseñadores y creé una versión actualizada de la torre. Mi versión, de hecho, consta de dos torres. Tiene que ver con el modo en que funciona el hip-hop desde sus inicios. En los primeros tiempos se tomaban canciones ya existentes y se usaban como base para nuevos temas. Pensé que la mejor manera de duplicar el ADN del hip-hop era construir no una sino dos torres, y permitir que los usuarios mezclasen como lo hacen los productores de hip-hop, uniendo samples hasta formar un nuevo tema, del mismo modo en que los DJ mezclan y emparejan dos consolas de discos.

Pensé que la mejor manera de hacer música —música hip-hop en particular— era multiplicar por dos la ecuación de Eames y colocar una torre de ritmo al lado de una torre de melodía. Elegí el tema que deseaba recrear. En un principio me resultó difícil pensar en uno, pero al final la elección me pareció obvia: *Good Times* de Chic. Esa canción fue un éxito mayúsculo en la época disco, pero también se convirtió en la base de uno de los primeros himnos hip-hop. La línea de bajo de *Good Times*, tocada por Bernard Edwards, fue la base del primer tema rap exitoso: *Rapper's Delight* de Sugarhill Gang. Después ha vuelto a aparecer en una docena de canciones hip-hop a lo largo de los años, a veces con la misma forma, a veces ligeramente retocada. Quería que una de las torres sonase como el sample básico de Chic y la otra añadiese acentos que trajesen a la mente las muchas canciones que han usado *Good Times* como sample básico: no solo *Rapper's Delight*, sino también *Triple Trouble* de Beastie Boys, *Another One Bites the Dust* de Queen, *Rapture* de Blondie y *Bounce, Rock, Skate, Roll* de Vaughan Mason & Crew. *Good Times* es una torre porque se trata de un logro espectacular. La otra torre permite las variaciones. Puedes ver las dos desde cualquier punto de la oficina o puedes ver una desde la otra. Son torres, pero también son pilares. Son estructuras, pero también cimientos. Son bloques de construcción en el mismo sentido que el ADN. Toda forma de vida, toda la música, toda la creatividad proviene de esos mismos ingredientes.

Las torres, finalmente, son una lección de producción, por la idea del montaje, de la mezcla y de la combinación, de la diversión. Ambas producen y representan la creatividad. Y lo que es más importante, combaten el aburrimiento sin crear distracción, en el mismo sentido que lo hizo la torre Eames original. Al menos esa era la teoría: si estás sentado en tu oficina y oyes el sonido del xilófono vertical es posible que te parezca agradablemente divertido. Al menos no querrás ponerte a silbar. Pero también aporta una lección objetiva en el mismo sentido que lo hicieron los primeros temas hip-hop. Y, por último, funciona como una especie de metáfora para la distracción y cómo es posible que no destruya la creatividad. Cuando aquellos primeros artistas del hip-hop estaban sentados en sus garajes o en sus habitaciones, ardiendo en el deseo de crear algo, y escucharon *Good Times* en la radio no se sintieron molestos con Chic. No tuvieron la sensación de que el tiempo que emplearon escuchando la canción los apartase de su propia creatividad. Todo lo contrario, escucharon la canción y decidieron utilizarla en su propio beneficio. Reinventaron lo que estaban escuchando a través de una nueva forma de arte. El proceso empezó a ser rentable casi de inmediato. Las dos torres recreaban ese proceso de creación. No había nada que distrajese. El único efecto que producía era atracción.

Estando en el Kennedy Center de la ciudad de Washington, Eric Deggans, que me estaba entrevistando, me hizo una interesante pregunta sobre la diferencia entre el talento musical y la musicalidad. Según su punto de vista, una tenía que ver con la habilidad y la otra con la capacidad de acceder a esa habilidad. Me dio la impresión de que sería útil llevar a cabo una pequeña clase de historia. En los años cincuenta, las familias de color empezaron a abandonar el sur del país y emigraron a zonas industriales: Michigan, Ohio, Indiana. Esas familias iban en busca de trabajos bien remunerados que les permitiesen costearse sus propias casas con garaje y obtener un dinero extra para comprar instrumentos. Eso ayudó a que surgiesen grupos musicales. El funk nació en Dayton, Ohio. Pero las fábricas no tardaron en empezar a cerrar y comenzaron a producirse desahucios. No había tiempo para la música. Si naciste después de esa época, las circunstancias eran ya diferentes. Tenías que encontrar tu propio camino a la música. Los integrantes de Grandmaster Flash estaban desesperados por tocar instrumentos, pero no tenían ninguno. No podían hacer mucho ruido en los suburbios.

Ya hemos hablado de cómo la creatividad puede surgir de la distracción, cómo puede tratarse de un brote en el proceso de reconocimiento de aquello que está llamando tu atención. Eso fue lo que llevó a la creación de la torre Eames. Pero las distracciones también pueden funcionar de un modo diferente. Pueden servir para que te fijes en el mundo que te rodea y usar después ese poder —esa energía— para identificar una nueva partícula, una chispa nueva. Es otra vertiente de la creatividad: tomar el mundo tal cual es y hacer algo nuevo con eso. Andy Warhol fue capaz de tomar iconos y símbolos ya existentes y aportarles un nuevo contexto. Jagger y Richards fueron capaces de hacer lo mismo con el blues. Los artistas hip-hop fueron capaces de ver el mundo no como un conjunto de límites conocidos sino como una alentadora fuente de posibilidades. Creo que Eames Demetrios, el nieto de Charles Eames y vástago de la hija de Charles, Lucia, definió la creatividad de un modo que armoniza con esa idea. «Desde algún rincón del corazón —me escribió en un correo electrónico—, [la creatividad] es la habilidad de ver algo más. En última instancia, todo el mundo ve, en esencia, las mismas palabras, notas, colores, problemas, res-

—

Es otra vertiente de la creatividad: tomar el mundo tal cual es y hacer algo nuevo con eso.

puestas, números, ciudades, personas; todo, o como mínimo una cantidad significativa de cosas, está a nuestra disposición. Pero la creatividad tiene que ver con cómo ordenas y construyes aquello que extraes de lo que conoces.» Yo le añadiría a esto que también tiene que ver con cómo te apartas de lo que conoces, algo que Eames incluyó en la segunda parte de su definición: «La astrónoma y cosmóloga Vera Rubin, que fue quien encontró el noventa por ciento de la materia del universo, dice a menudo que el papel del observador consiste en confundir al teórico. Pienso que la creatividad consiste, en cierto modo, en confundirte en ambos sentidos, como si se tratase de una búsqueda sin fin —cuando te sientes satisfecho con lo que has imaginado, te confundes al ver nuevos patrones, y cuando eso llega a satisfacerte, aparece algo imposible que, a su vez, te reta a través de una nueva percepción— en la que te ves obligado a seguir adelante». Te ves atrapado por lo que está ahí, ves cosas que los otros no ven, creas, te distraes y te interrumpes con lo que no está ahí, y empiezas el proceso otra vez. Es un ciclo: concretamente un ciclo vital.

Distracción y tracción

Toda búsqueda creativa conlleva su propio tipo de distracción. Ya he dicho en varias ocasiones que el lugar en el que trabajo es casi tan importante para mí como aquello en lo que estoy trabajando, y que participar en «Late Night» y después en «The Tonight Show» fue importante para The Roots porque nos proporcionó una pequeña y sencilla sala de ensayo que podemos utilizar como estudio de grabación y nos permite alejarnos de los cada vez más abarrotados y caros estudios donde los sellos discográficos intentan perpetrar sus fechorías. Nuestra sala, más pequeña y sencilla, genera un clima de eficiencia y también minimiza las distracciones. No las elimina por completo, obviamente; Kirk puede hacer una pregunta y Mark puede hacer un chiste, y alguien más (no voy a decir quién) puede tener la cabeza en alguna cuestión de Twitter o de Instagram. Pero al menos las distracciones tienen lugar dentro del espacio, no son algo consustancial al carácter de dicho espacio.

También existe otro tipo de distracción que he tenido que sufrir aparte de la banda, por cuenta propia. Recuerdo cuando estaba escribiendo *Mo' Meta Blues*. Había días en los que me levantaba y empezaba un documento titulado «Los pensamientos de hoy para el libro», y me instalaba en una nube en la que no ocurría nada. Pasaban diez minutos. Veinte minutos. No era capaz de escribir una sola palabra; y se trataba de un libro en el que básicamente relataba las circunstancias de mi propia vida.

Bueno, no era una nube en la que no pasase nada. Era una nube de distracciones. Tenía Internet. Con un simple clic del ratón podía escuchar una demo de Outkast o leer sobre las ordenanzas públicas de Filadelfia o toparme con una antigua entrevista a Wilson Pickett. La que más me gustó fue una de mediados de los años ochenta, cuando tocaba en uno de esos espectáculos parecidos a aquellos en los que mis padres solían intervenir cuando yo era niño, en el que un grupo de artistas tocaban juntos rescatando canciones del pasado para el público. Su espectáculo se titulaba «La Noche de las Leyendas Vivas» y en el cartel aparecía junto a Lloyd Price y James Brown. James Brown nunca atendía a la prensa, pero Pickett y Price fueron al programa de Bill Boggs, en una emisora de televisión local de la zona de Nueva York. Rememoraron los viejos tiempos, hablaron del circuito negro de clubes, de las superestrellas del soul y compararon sus giras con las de Michael Jackson, que en ese momento era la mayor estrella mundial. Michael podía reunir una multitud de cien mil personas en una sola noche, decían, mientras ellos reunían a diez mil personas por noche siete días a la semana. Los números salían muy parejos. Pero sus matemáticas resultaban un poco sospechosas, porque Michael podía tocar ante cien mil personas todas las noches, aunque sé a qué se refería. Había más de un modo de hacer las cosas.

¿Por qué hablo de esa entrevista? Distracciones. Pero era algo más que un mero ejemplo de mis distracciones. Una de las cosas que Wilson Pickett dijo me sorprendió. Hacía mucho tiempo que había quedado atrás su momento de máxima popularidad. Ya no habría otra *Mustang Sally* o *Land of a Thousand Dances* o *634-5789*. Pero estaba ansioso por volver a primera línea. Le dijo a Bill Boggs que todo era cuestión del material del que disponías. En su mejor momento, podía encargar cosas a los mejores compositores, y sabía perfectamente qué tipo de canciones ocupaban los primeros puestos de las listas, porque las canciones que ocupaban esos lugares eran de Wilson Pickett. Se había convertido en la vara de medir. La gente decía: «¡Ponme una canción que suene a Wilson Pickett!». Es más, él compuso varias de esas canciones. Creaba los temas, fuese o no el compositor —lo que él hizo *con Land of a Thousand Dances* fue muy diferente a lo que hizo Chris Kenner, y eso era incuestionablemente creativo—, pero también compuso algunos de sus mayores éxitos. Compuso *Mustang Sally*. Compuso *Ninety-Nine and a Half Won't Do*. Compuso *I Found a Love*.

Para cuando lo entrevistaron a mediados de los ochenta era más tentativo, tanto en lo que se refería a encontrar canciones que le fuesen bien como en componerlas él mismo. Dijo que estaba dando conciertos por toda Europa, ganándose la vida, pero que en lo referente a volver a meterse en un estudio no tenía claro qué grabar. Todavía seguía siendo una dinamo, un hombre fuerte con una voz fuerte. Pero no podía quedarse quieto. No podía conseguir lo que denominamos tracción. Me lo imagino sentado tras bambalinas y sintiendo una especie de entumecimiento al comprobar que no conectaba con las canciones que la gente le enviaba. ¿Qué se suponía que tenía que hacer? ¿Leer libros de historia? ¿Dar largos paseos? Era un cantante. Estaba diseñado para cantar canciones que él había diseñado para cantar; espero que no parezca demasiado circular. Como no disponía de canciones parecía frustrado e intranquilo.

En un momento dado, Pickett le dijo algo en tono optimista a Bill Boggs. Le dijo que tenía la esperanza de encontrar el modo de volver al estudio. Cuando yo estaba intentando escribir *Mo' Meta Blues*, en lugar de concentrarme en la entrevista a Wilson Pickett, pensé en esta sencilla idea, volver a meterse en algo, y en que con lo que yo tenía que vérmelas era prácticamente lo opuesto. Siempre estaba metido en Internet. Siempre andaba cliqueando con el ratón. Lo que tenía que aprender era cómo salir de algo antes de meterme en otra cosa.

Porque todo lo que la tecnología nos ha dado nos evita tener que enfrentar la certeza de que la sensación que frustraba a Wilson Pickett —sentirse desvinculado de la creación, la incomodidad de no poder ubicar ninguna idea en tu interior— está en todas partes. Pero la vacuidad ahora está abarrotada de cosas. Recuerdo un pasaje de una novela barata de misterio donde un personaje decía que había vaciado una botella de alcohol y que ahora se sentía tan vacío como la botella. A veces esa es la precisa sensación que te deja Internet. Estás dentro de todas las cosas, pero no estás dentro de nada.

Empecé a practicar un ejercicio para ayudarme a mí mismo a deshacer ese nudo. Cuando veo que paso de una página a otra en rápida sucesión, cuando salto nerviosamente de la entrevista de Bill Boggs al demo de *Outkast* o a un anuncio europeo de telefonía que me hace gracia porque incluyen un fragmento de música que me recuerda a la versión de *I Can Feel the Ice Melting* de Parlament que hizo la banda Yo La Tengo, entonces me detengo. Cierro la computadora, o al menos cierro los ojos un segundo para así no verla. Hago que las distracciones se conviertan en aburrimiento. Y cuando las distracciones se convierten en aburrimiento se planta la semilla de algo creativo. Da la impresión de que algo así no tenga sentido. El aburrimiento parece la sensación menos creativa del mundo. Parece que conlleva atontamiento. Pero en realidad es un modo de dejar espacio para que surjan las nuevas ideas. El poeta Joseph Brodsky escribió un famoso ensayo sobre el aburrimiento donde anima a los alumnos (creo que era un discurso de graduación) a acogerlo.

> Cuando llegue el aburrimiento, afróntalo. Deja que te abrume; sumérgete hasta el fondo. En general, con las cosas desagradables, la norma es que cuanto antes llegues al fondo más rápido volverás a la superficie. La idea aquí, parafraseando a otro gran poeta de la lengua inglesa, es centrar la mirada en la peor de las opciones. La razón por la cual el aburrimiento merece semejante escrutinio es que representa el tiempo en su estado más puro, sin diluir, en todo su esplendor repetitivo, redundante y monótono.

Brodsky sigue diciendo que lo que hay que aprender del tiempo es que nos recuerda nuestra total insignificancia. Les está hablando a estudiantes universitarios que están convencidos de su importancia. Se ven a sí mismos como gigantes. Él lo que desea es revertir ese pensamiento, quiere que entiendan que no son nada. Son polvo que se lleva el viento. Parece un mensaje algo sombrío e incluso negativo para decírselo a los jóvenes. Se supone que tenemos que animarlos y darles un empujoncito para que tengan ideas propias, ¿no es cierto? Olvidémonos de los jovencitos: ¿acaso no es eso de lo que va este libro, recordarnos que sí somos algo, que podemos hacer cosas? Pero Brodsky guarda un as bajo la manga. Dice que cuando seas consciente de tu insignificancia, podrás em-

---

Y cuando las distracciones se convierten en aburrimiento se planta la semilla de algo creativo.

pezar a sentir dos cosas: pasión y dolor. La pasión es la forma de luchar contra la falta de sentido. Si eres significativo, posiblemente no necesitarás apasionarte por nada. Podrás sentarte y experimentar las cosas como vengan. Y el dolor es la aceptación de la verdad de lo que supone esa insignificancia.

El aburrimiento, sentirse desconectado, es lo que te hace regresar con fuerzas renovadas. Eso es lo que Brodsky dice sobre Wilson Pickett, aunque en realidad no esté hablando de Wilson Pickett. Permítete sentirte desconectado y falto de sentido. Deja que esa sensación te inunde un poco antes de volver a tomar aire. La creatividad es una lucha contra la insignificancia. Se trata de un consejo de gran valor, así como un pensamiento filosófico de altura. Lo único que puedo añadir es que todos los jóvenes que están creciendo aferrados a Internet tienen que enfocarlo de un modo ligeramente diferente. Ahora, el aburrimiento para todos ustedes es dejar el teléfono móvil y permitir que el silencio ocupe su tiempo. Se trata de no comportarse de un modo compulsivo a la hora de escuchar, de ver o de participar. Se trata de dar un paso atrás y de ocupar el espacio que se ha creado. Recuerdo una ocasión que estuve en Hawái, en casa de Shep Gordon, el legendario mánager musical, donde tuve que afrontar un extenso periodo de tiempo desconectado de toda la tecnología que habitualmente me vincula al mundo. En un principio me resultó aterrador, pero después resultó inspirador. Me llevó a recordar que el mundo necesita ideas. En cierto sentido, se trata de lo opuesto a lo que dijo Brodsky. Tienes que recordar que eres insignificante, pero también que tienes el potencial de ser más importante que todo el ruido que te rodea en todo momento. Ese sería mi discurso de graduación para ustedes. Graduados, clase del ahora, van a entrar a un mundo cada vez más abarrotado de vínculos y aplicaciones, así que tómense un tiempo para aburrirse. Tómense un tiempo para navegar tanto por la distracción como por el aburrimiento. Tómense tiempo para conseguir tiempo. Y ahora salgan al mundo.

Espero que hoy refresque. Esta toga que me obligan a vestir me da calor.

Amplía tu círculo

Sin embargo, podrías decirme que has probado todas estas cosas y que nada te ha funcionado. Podrías decir que has asomado la nariz y que lo único que has conseguido es que te duela la nariz. Cuando eso me sucedía no sabía hacia dónde girarme. Esa sensación podía asustarme hasta la desesperación: intentaba todo lo que estaba en mis manos pero seguía sin tener nada. Pero a medida que he ido avanzando en mi carrera he comprobado que incluso en esa situación todavía queda una opción disponible.

Aquí la tienes: si sientes que las cosas no van a ninguna parte (conoces la sensación: detenido, perdido, paralizado, un poco desesperado, incapaz de digerir la comida, largos paseos nocturnos), relaciónate con personas que se dediquen a otras disciplinas. Cuando empecé a trabajar en el negocio de la comida, o más bien a trabajar en torno al negocio de la comida, me gustaba hablar con chefs. Durante una breve temporada tuve un restaurante llamado Hybird en Chelsea Market, pero durante muchísimo más tiempo me dediqué a albergar toda una serie de salones culinarios en Manhattan. Escogía a chefs de algunos de los mejores restaurantes del país para que cocinasen en mis salones. Algunos, de hecho, vinieron de otros países: Matty Matheson vino de Canadá y también tuvimos chefs

—

**Si sientes que las cosas no van
a ninguna parte
relaciónate con personas
que se dediquen a otras disciplinas.**

invitados que habían trabajado en Londres, Francia y Tokio. La tarde antes de que cocinasen nos sentábamos a charlar; a veces hablaban conmigo y otras entre ellos. Me gustaba escuchar sus conversaciones y saqué provecho de ellas. En un principio era un disfrute normal: me gusta la gente que utiliza verbos y sustantivos diferentes, personas que tienen experiencias similares. Pero, después de un tiempo, la parte de mi cerebro que siempre lo analiza todo se puso en marcha y empecé a darme cuenta de que todos actuaban siguiendo una serie de estímulos a los que respondían de manera creativa. Eso me llevó a un interés más profundo sobre el modo en que los chefs funcionaban como creativos profesionales. La mayor diferencia, obviamente, era la relación que mantenían con su público. Los músicos tienen un público que les pide cosas, aunque no en sentido literal. Si The Roots no saca un álbum mañana o la semana que viene, nadie va a sufrir por ello. Los chefs trabajan con un producto creativo que es también un producto propio de la supervivencia. Cuando es la hora de cenar, la gente abre la boca y es necesario meter algo en ella. Los chefs no pueden darse el lujo de no tener ideas. Debido a este condicionamiento, acaban desarrollando a lo largo del tiempo toda una serie de estrategias para despertar su creatividad cuando sienten que los amenaza la parálisis. A veces elaboran versiones, como ya he comentado anteriormente. Intentan copiar platillos existentes hasta la última molécula. O bien piensan en un grupo de ingredientes, escogen uno y elaboran a partir de ahí. O bien limitan su tiempo de elaboración o las herramientas de cocina o cocinan con una sola mano. Son expertos en diferentes trucos, pero siempre con la idea de llegar a algún sitio.

Pero hacen otra cosa también: se mueven. Se van a algún sitio. Y algún sitio no quiere decir lo que estás pensando. Cuando oí hablar por primera vez a estos chefs de sus excursiones, creí que estaban bromeando. Uno de ellos, cuyo nombre no revelaré, estaba hablando de su aclamado restaurante de Nueva York. «Estaba intentando idear un nuevo menú —dijo—, pero estaba abatido. No podía imaginar cómo poner las cosas en orden, por no hablar de cómo separarlas primero y unirlas después y que eso supusiese un avance. Así que ¿saben que hice?» Los otros chefs no lo sabían y no respondieron. Hizo una pausa teatral. «Me fui al bufet de un restaurante chino.» Los demás se echaron a reír. Pero no hablaba en broma. «Ya sé que suena estúpido —dijo—, pero allí dispones de un millón de bandejas y de un millón de ingredientes y alguien tiene que pensar en ordenarlos, incluso aunque lo hagan de un modo que nosotros no solemos valorar. Hay elecciones visuales: ¿agruparían todas las verduras? También hay elecciones narrativas: ¿y si descubres que la gente pasa demasiado tiempo en la bandeja de huevos duros y eso interfiere con la bandeja de espinacas que tiene al lado? Hay elecciones de utensilios: tal vez creas que una cuchara sería más adecuada que unas pinzas para el pollo, pero tal vez unas tenacillas sean lo mejor.» Los otros chefs estaban empezando a entender lo que quería decir. «Sí —dijo uno de ellos—. Yo tengo una costumbre parecida, aunque no tiene que ver con la comida. Me voy a esas tiendas enormes de chucherías. Me fascina cómo te permiten ver tantas cosas al mismo tiempo.» Empezaron a hablar todos al mismo tiempo, con nerviosismo, sobre los lugares a los que iban a pensar cuando no podían pensar en sus restaurantes. Tuve que abandonar la conversación pronto ese día, pero empecé a preguntarles a otros chefs sobre esa cuestión. Las respuestas fueron sorprendentes, en el sentido de que profundizaron en esa teoría. Ludo Lefebvre, de Trois Mec, me dijo que iba al McDonald's porque le encantaban sus papas fritas. Le resultaban inspiradoras. «¿Qué quieres decir?», le pregunté. Empezó a explicármelo, se detuvo, retomó lo que me estaba contando, se detuvo de nuevo. «No sé si lo tengo muy claro —me dijo—, pero hacen algo y lo hacen bien. Si lo observo de cerca puedo entenderlo o, como mínimo, absorber su sentido.» No tenía la necesidad de tenerlo muy claro. Entendí qué quería decir. Se trata de motivación. Siento lo mismo cuando escucho una buena canción pop superficial, aunque no la haya buscado. Pero la moraleja aquí no tiene que ver necesariamente con salir de tu zona de confort para encontrar la chispa de tu creatividad, sino más bien con estar cerca de gente que habla sobre ese proceso.

Anteriormente hablé de almacenes y de cómo los artistas de diferentes disciplinas comparten ideas. No es exactamente lo mismo, pero guarda relación. Los humoristas, por ejemplo, son famosos por pasar rato juntos tras bambalinas, no siempre para compartir sus nuevos materiales, pero sí para trabajar en el proceso de convertirse en humoristas en presencia de otros humoristas. En enero de 2017, la noche en que Michelle Obama fue la invitada de «The Tonight Show» en su última aparición televisiva como primera dama, hubo un espectáculo sorpresa más tarde en el Comedy Cellar. Empezó con Dave Attell, después actuó Jerry Seinfeld y más adelante fueron subiendo al escenario un montón de humoristas: Dave Chappelle, Chris Rock, Amy Schumer, Aziz Ansari. Yo estaba allí y estuve con ellos en los camerinos, viéndolos interactuar. Al igual que ocurría con los chefs, los humoristas tienen sus propios códigos cuando hablan entre ellos. A veces la clave radica en hacerse reír. A veces la clave está en librarse de los nervios. A veces lo importante es apoyarse, probar el nuevo material antes de lanzarlo al gran público, pulirlo. Ese era el asunto para ellos. Para mí, sin embargo, era observar el proceso como algo desplegado y resultaba sorprendentemente liberador. Me sentí del mismo modo durante las semanas en las que trabajé con los de «Saturday Night Live». Los martes y los miércoles eran buenos días porque el equipo se reunía para intentar esbozar cuál sería la composición del programa. Estoy seguro de que para los guionistas suponía toda una serie de pequeños infartos en relación con la mecánica que entrañaba intentar encajar un sketch en el contexto de un programa largo. Para mí era una especie de vacaciones de lo más gratificante. Podía ver cómo funcionaban las cosas cuando eran otros los que trabajaban. Siempre que tengo la oportunidad de hacer algo así me siento rejuvenecido.

Mantén cerca lo que te reconforta

No hace mucho estaba escuchando un podcast a punto de dormirme. El invitado era Seth Rogen, el humorista y actor. Rogen hablaba de sus comienzos, del tipo de comedia que prefería y de cómo había aprendido a correr riesgos: buena parte de las cosas de las que he hablado en este libro. También comentaba algo muy diferente a lo que yo he dicho aquí: drogas y su interés por ellas, que venía de lejos. Empezó a fumar marihuana y a tomar setas alucinógenas con sus amigos cuando era adolescente, a los trece o catorce años, y había seguido consumiendo drogas desde entonces de un modo u otro. Siendo joven, le resultaban útiles porque le ayudaban a lidiar con su ansiedad social; descubrió que no era simple ansiedad sino una especie de sensibilidad extrema a lo que le rodeaba. Esa misma sensibilidad es lo que le ha permitido ser un buen observador y convertirse en un buen humorista, así que para él es importante encontrar un modo de mantener el control y poder concentrarse en lugar de verse arrastrado o sometido.

Al hacerse mayor, cuando se convirtió en humorista y en actor profesional, se dio cuenta de que se había producido un cambio en el modo en que la gente consumía drogas y en el modo en que las drogas afectaban a la gente. En los sets de rodaje o en los clubs de comedia, había apreciado que algunas personas reaccionaban colocándose de un modo que los alejaba de aquello que estaban haciendo. Se ensimismaban o parecían sintonizar de un modo antinatural con todo lo que los rodeaba. Las drogas no los ayudaban. Para él, dijo, eran algo diferente. Seguían siendo una fuente de relajación y un modo de sentirse cómodo: le aportaban una sensación de bienestar que lo llevaba a sentirse provechosamente conectado con aquello que estaba haciendo. A veces no las consumía mientras rodaba una película porque le inquietaba cómo podían reaccionar el director o sus compañeros de rodaje, pero nunca había pensado que las drogas interfiriesen de ninguna manera en su capacidad de trabajo. Incluso hizo un chiste sobre su tolerancia y sobre cómo podía fumar con amigos y que ellos quedasen fuera de juego y a él no le afectase más que si hubiera bebido un vaso de agua.

Ya sabía que la gente reacciona de modos diferentes a las drogas. He trabajado con músicos, y he visto a aquellos que apenas pueden mantenerse en pie junto a los que podían hacer la declaración de renta sin fallar en un céntimo. Pero hubo una cosa que dijo Rogen que me impactó de verdad. Dijo que había trabajado con actores que habían decidido no tomar drogas mientras trabajaban. Les preocupaba que resultase poco profesional o que los incapacitase de algún modo. Esos actores, dijo, pasan el día deseando largarse del set de rodaje porque quieren llegar a casa para poder fumarse un porro. Habrían estado más a gusto si se hubiesen permitido fumar en el set, porque se habrían centrado en el trabajo. Por lo demás, estaban separando la idea de la relajación y el placer de la idea del trabajo creativo y eso daba como resultado una especie de brecha que provocaba que nunca estuviesen totalmente comprometidos con sus actuaciones. Rogen, que es un tipo listo y reflexivo, habló entonces de hasta qué punto un actor que se siente incómodo puede conseguir transmitir una profundidad con su actuación que de otro modo le resultaría imposible, pero yo no seguí escuchando su análisis. Todavía seguía dándole vueltas a lo que había dicho sobre aquellos actores que decidieron no colocarse en el set de rodaje, que se mantenían alejados de su felicidad.

Ese argumento puede hacerse extensivo al trabajo creativo en general. Digamos que te gusta hacer ejercicio. Digamos que te gusta comer. Digamos que te gusta escuchar música. Digamos que te gusta escuchar las voces de otras personas. Digamos que te gusta estar encerrado en casa. Digamos que te gusta salir. Digamos que te gusta llevar pantuflas peludas. Sean cuales sean tus preferencias personales, ya sean importantes o triviales, si se trata de una fuente de placer y te niegas a ti mismo ese placer te encontrarás en un estado en el que estarás pensando en eso todo el tiempo, por lo que estarás trabajando contra tu propia creatividad. Es posible que creas que ciertas cosas son una distracción, pero no tener dichas cosas puede ser una distracción mayor si te pasas todo el tiempo pensando en el momento en que volverás a tenerlas, o te tendrán a ti.

Se trata de un pensamiento interesante y profundo y conlleva una especie de regla. Haz que tu entorno refleje tus gustos. Elimina las distracciones, incluida la distracción de no disponer de las distracciones que necesitas. Quiero agradecerle a Seth Rogen su reflexión. Y también quiero aprovechar esta oportunidad para aclarar la controversia del peine. Pocos meses después de escuchar la entrevista con Seth, subió una foto suya a una red social. Bueno, no era simplemente una foto suya: aparecía junto al peine afro enmarcado que me había robado cuando lo invitaron a «The Tonight Show». Muchos se enfadaron con él por todo tipo de razones: dijeron que era apropiación cultural, que estaba transformando un artefacto con un significado cultural en un *souvenir*, que no estaba

Aunque pienses que ciertas cosas son una distracción, no tenerlas y pensar continuamente en ellas puede ser aún peor.

bien hacer un Museo Questlove como si yo fuera una especie de curiosidad. Yo también escribí un comentario para decirle a Seth que a mí no me parecía mal. Incluí una fotografía en la que se veía el cubo de mi camerino, donde guardo docenas de peines idénticos al que él se llevó. El asunto no pasó a mayores. (Seth: en cuanto saque mi propia línea de peines afro te enviaré una caja para tu colección.) Cuando le dediqué unos segundos a ese asunto me di cuenta de que la (no) controversia reforzaba lo que Seth había intentado decir en el podcast. Si hacer bromas y chistes es lo tuyo, sigue haciéndolo. No permitas que la gente te haga creer que eres alguien que no eres, o bien sigue tu propio camino.

La fiesta del desbloqueo
Cuando tengas problemas a la hora de encontrar nuevas ideas, recupera alguna de las viejas y reutilízala.

EJERCER DE CURADOR COMO REMEDIO

El cerebro conectado

Recuerdo haber leído algo sobre Leonardo da Vinci. Estaba en Alemania con The Roots, nos había llevado allí nuestro mánager, Rich, para que nos estableciéramos como la mejor banda de hiphop estadounidense en Europa, antes de regresar triunfalmente a Estados Unidos a reclamar la cuota de fama que nos correspondía por derecho propio. Era un movimiento estratégico y aunque no resultó tan exitoso como Rich nos había hecho creer, tampoco fue un fiasco total. Regresamos. Teníamos una reputación. El resto es historia, dando por hecho que cuando hablamos de historia nos referimos a otros quince años de duro trabajo y de penetración persistente en la conciencia del público.

De vuelta en Alemania, nos encontrábamos en un restaurante y alguien dejó una biografía de Leonardo encima de una mesa. No leí mucho, dos o tres páginas, pero recuerdo la cubierta. Era la imagen de Leonardo que todo el mundo conoce: en la que se parece a Rick Rubin con barba poblada y sombrero. Recuerdo que pensé en lo diferente que fue su mundo del mío. Él fue un hombre muy formado, versado en arte y en ciencia, pero su mundo era mucho más limitado: pasó la mayor parte de su vida en Italia y en Francia y viajó a otros países de manera puntual, pero algunas zonas gigantescas del planeta jamás llegaría a verlas o a saber siquiera de su existencia. Eso, en sí mismo, no era algo malo, obviamente. Le permitió centrarse y pensar y crear.

Leonardo murió en 1519. Quinientos años más tarde, el mundo es un lugar completamente distinto. Tenemos acceso prácticamente a cualquier cosa. No hablo en términos de las redes humanas. Tenemos acceso a otras personas, pero también tenemos que formarnos. Todavía tenemos que esforzarnos para dedicarle tiempo a conectar con los individuos que nos interesan. Pero existe una versión impersonal —Internet— que facilita la posibilidad de encontrar cualquier cosa o a cualquiera. A cualquier hora del día puedo prender mi computadora —o, cada vez con más frecuencia, mi teléfono móvil— y buscar lo que sea. Puedo leer casi cualquier periódico del mundo. También puedo leer las noticias de ayer o del año pasado. No tengo por qué quedarme con las ganas de saber la definición de una palabra, lo cual resulta reprobable (molesto de ese modo en que te cambia la expresión facial). Nunca tengo que preguntarme sobre la población de Estados Unidos (325 millones y subiendo, según el reloj de la Oficina del Censo de Población).

Lo que eso significa, obviamente, es que nuestros cerebros están cambiando. Solían ser contenedores. Ahora se dedican a recuperar datos. Es un cambio fundamental. Recuerdo haber leído un artículo en algún lugar que explicaba cómo los seres humanos, en tanto especie, están empezando a usar Internet y la nube como una especie de disco duro externo para su propia consciencia. El artículo decía que no solo se debía a que la tecnología lo había hecho posible: nos convertía en dependientes de esas cosas. No recuerdo dónde lo leí, pero puedo buscarlo. De acuerdo, ya lo tengo: *Scientific American*, diciembre de 2013.

La expedición de búsqueda me tomó unos treinta segundos.

El auténtico Leonardo Da Vinci no podría haber reunido su pluma y su tinta para empezar a realizar un esbozo de su máquina voladora en ese tiempo.

Mucha gente ha escrito muchos artículos sobre los efectos de Internet en el cerebro humano. El contenedor respecto al recuperador de datos es solo uno de los aspectos en los que ha cambiado. También somos mejores a la hora de llevar a cabo múltiples tareas, pero somos menos capaces de centrarnos en el tipo de meditación libre que puede ayudarnos a realizar tareas más placenteras cuando las llevamos a cabo. Nos bombardean sin descanso con información superficial y enlaces relacionados, lo que implica que las distracciones se han convertido, más que nunca, en una amenaza y también en algo ligeramente diferente a lo que eran antes; si alguien te ofrece un enlace relacionado, y realmente está relacionado, ¿se trata de una distracción o es más bien una especie de suplemento?

Son temas importantes. Ya he hablado de ellos en otro punto del libro. Las distracciones son un tema especialmente interesante. Te pediría que ojeases el libro para intentar encontrar los otros capítulos en los que he hablado de eso, pero eso sería más bien un ejemplo práctico de dicho principio, más que un consejo útil. Aquí, por otra parte, quiero hablar de los modos específicos en los que la tecnología cambia la creatividad. Dije que el mundo de Leonardo era totalmente diferente al mundo en el que vivía cuando tomé su biografía estando en Alemania a principios de los años noventa. Pero el mundo de hoy en día, veinticinco años después de hojear aquella biografía, ha vuelto a cambiar por completo.

El primer y más evidente efecto es que la tecnología ha clavado una estaca en el corazón de la originalidad. También he hablado de originalidad, en el capítulo en el que me centré en cómo empezar el día de manera creativa, cuando dije que ciertos tipos de imitación pueden ayudarte a dar un salto imprescindible al iniciar el día. Pero también pueden restarte energía. En «The Tonight Show» tengo que interactuar con una gran variedad de humoristas.

Cuando empecé a trabajar en «Late Night», Twitter estaba en pañales. Pocos años después ya había crecido y me fijé en que esos humoristas lo utilizaban como plataforma para probar la perspicacia de sus chistes. Entonces se produjo un giro cuando comprobaron que todo el mundo hacía lo mismo. Cuando descubrieron a Ryan Lochte con los pantalones abajo —no literalmente, sino al descubrir que no había dicho toda la verdad— aparecieron chistes sobre eso en Internet en cuestión de segundos. Muchas personas que no eran humoristas, pero que tenían gracia (ya fuese por suerte o por persistencia) utilizaron el mismo método de exploración y en algunas ocasiones dieron en el blanco exactamente en el mismo punto. La primera persona que cuenta un chiste suele declararse propietario del mismo. El segundo tiene que dar una excusa, incluso aunque no haya razón alguna para darla. Los críticos de los medios de comunicación y los psicólogos empezaron a hablar de «pensamiento paralelo», una teoría que afirma que si colocas a un millón de personas en el mismo sendero, algunos de ellos llegarán exactamente al mismo lugar.

Eso hizo que los humoristas que conozco empezasen a retirarse del medio. En algunos casos no quieren leer lo que se sube a Twitter porque desean preservar su propio proceso creativo, mantener claras sus ideas. En otros casos la intención es preservar la reputación: no quieren que los vean como ladrones de chistes. Hace unos años, en el Edinburgh Festival Fringe, un humorista llamado Darren Walsh bromeó sobre la posibilidad de borrar de su lista de contactos todos los nombres alemanes para que su teléfono fuese «Hans-free» («Libre de Hans / "Manos" libres»). Ganó un premio con esa broma, pero entonces otro humorista llamado Pete Cunningham dijo que había tuiteado el chiste años atrás, y que sabía que Walsh lo había visto, porque se tenían agregados. Resultó que estaba en lo cierto. Había pruebas.

El resultado, obviamente, ha sido la obligación de cambiarle la cara al humor. El crecimiento de Internet ha ido emparejado con el crecimiento de la comedia alternativa, donde la clave radica no en los chistes que cuentas sino en el modo de contarlos: la presencia en el escenario, la actuación, la perspectiva que forjes, tu persona al completo. A cierto nivel, se trata de una historia de la industria del espectáculo. Pero en otro sentido, es una importante metáfora sobre cómo la tecnología está modificando los términos de la creatividad.

Tengo otro ejemplo, no del mundo de la comedia, aunque tiene un toque humorístico: los encabezados de las publicaciones semanales. La persona que escribe conmigo este libro, Ben Greenman, escribe en periódicos y revistas. Uno de sus primeros trabajos consistió en elaborar los encabezados para una publicación de Miami llamada *New Times*. Era un semanario y Ben intentaba con todas sus fuerzas dar con los mejores títulos para los artículos. Escribió una crítica de la película de Gus Van Sant, *My Own Private Idaho*, y la tituló «Boise Will Be Boise» («Boise siempre será Boise»). Escribió un artículo sobre una pareja de vendedores ambulantes de hotdogs en Miami y lo tituló «Wiener Take All» («El vienés se lo lleva todo»).[1] Ambos juegos de palabras se le ocurrieron a última hora de la noche, después de haber tomado mucha cafeína. Hoy en día, «Boise Will Be Boise» tiene más de un millar de entradas en Google. «Wiener Take All» tiene más de tres mil. (Mientras escribíamos esta sección, me dijo que uno de sus juegos de palabras había sobrevivido ileso: cuando escribió sobre *Despertares*, la película basada en el libro de Oliver Sacks, con Robin Williams y Robert De Niro, su titular fue «Mork and M.D.».[2] En Google no aparece nada.)

---

(1) Dos juegos de palabras intraducibles. «Boise» es la capital del estado de Idaho y en inglés suena igual que «boys» (chicos). «Boise Will be Bois» puede ser entendido, así, como la típica expresión inglesa «Los chicos siempre serán chicos». Por otro lado «Wiener» es otra forma de llamar a los hot-dogs y su pronunciación se asemeja a «winner» (ganador). Así, «Wiener Take All» remite a *El ganador se lo lleva todo*, un conocido tema de ABBA. *(N. del t.)*

(2) En Estados Unidos, «M.D.» alude a la profesión médica (son las siglas de Medicine Doctor). La pronunciación suena muy similar a «Mindy». *Mork and Mindy* fue una estrambótica serie de humor estadounidense de principios de los años ochenta protagonizada, precisamente, por Robin Williams. *(N. del t.)*

De acuerdo. Lo admito. No lo busqué en Google. Lo hizo Ben. Es un poco egocéntrico, pero no puedo culparlo por completo. Estábamos trabajando en esta sección del libro. Es un dato relevante. Pero la esencia del asunto es que la originalidad ya no es lo que era. El pensamiento paralelo es real, pero también lo es la sensación de que tus ideas ya las está teniendo otra persona.

Quiero proponer un remedio. Las personas creativas tienen que empezar a pensar en ellas mismas de un modo diferente. En el siglo xxi la vida creativa también incluye cierto grado de gestión de la creatividad de los demás, así como de la superposición entre la tuya y la de los demás. Para decirlo con otras palabras: puedes ser artista, pero también tienes que ser curador artístico.

Tienes que desempeñar ambos papeles al mismo tiempo.

Tienes que pensar en tus elecciones creativas como si fueses el curador de una exposición. Algunas de tus ideas o influencias resultarán visibles de inmediato. Se convierten en parte de la versión de ti mismo que presentas al mundo. Otras partes esperan algo similar para convertirse en un grupo útil, para poder ser mostradas. Y también están las piezas de información o de experiencia que guardarás en un almacén. Sabes que te han resultado de ayuda para crear tu colección, pero no tienes por qué mostrárselas a nadie, al menos de momento.

Las personas creativas interiorizan las cosas más de lo que suele hacerlo el resto de la gente; o mejor dicho: están menos dispuestas a dejar de lado parte de lo que les rodea. En el mundo moderno ese es un problema relevante porque hay mucha información y muchas señales que surcan el cerebro.

—

La vida creativa también incluye cierto grado de gestión de la creatividad de los demás.

Björk ha acudido a alguno de mis salones culinarios. Una de las noches fue la primera en llegar, y a mí me asustaba tener que hablar demasiado con ella. La envuelve un aura como de otro mundo, incluso en persona, aunque otro de mis invitados estuvo un rato en la calle con ella esperando un taxi, después de la cena, y me dijo que era una persona muy normal, muy terrenal. Hablé un ratito con ella y escuché lo que decía en una de las conversaciones, y confirmó mi teoría de que las personas más creativas hacen cosas al mismo tiempo que se ocupan de ellas. Regresemos durante unos segundos a aquella idea de la desinhibición cognitiva.

Mantuve conversaciones sobre el modo en que ella había integrado la ciencia en su trabajo, especialmente la biología. Sabe más de biología que la media, pero no lo demuestra. A veces hay que dejar esas cosas en la parte de atrás, en el almacén, a la espera de ser mostradas. Ejercer de curador también te aporta una lente a través de la cual puedes observar al resto del mundo. Si estás escribiendo una novela sobre cómo la tecnología está cambiando la relación entre las personas, podrás pasar tu día a día observando y escuchando de manera activa, porque sabes que estás trabajando en ese proyecto. Tú también mantienes vivo este espectáculo. Eso lo he aprendido de mis amigos humoristas, gente como Neal Brennan. Estas personas toman material del mundo en el que viven, a partir de su perspicaz observación, pero lo observan todo a través de un marco.

Ejercer de curador te enseña también los principios de la visualización. Cuelgas cosas en una pared, una junto a otra (en tu mente). Y cuando lo haces prestas especial atención a lo que le transmite una cosa a la otra (de nuevo en tu mente). Importa la altura en la que están colgadas en la pared. El tamaño importa. El orden importa. Cuando dispones de múltiples piezas para una idea, se comunican entre ellas de diferentes modos.

Estoy utilizando la metáfora del curador artístico, pero quiero cambiar de orientación durante un segundo a algo con lo que me siento más familiarizado, la cabina de un DJ.

Durante años he tenido principalmente dos trabajos. El primero es tocar la batería con The Roots. Pero también soy DJ, lo que
significa justo eso que crees que significa: después de tocar con la
banda acudo a clubes (o a veces me quedo en el mismo club) y pongo música para el público. Hay versiones pasadas de moda de esta
actividad en la que aparecen dos consolas de discos y vinilos, y hay
versiones más modernas en las que hay una computadora y una
lista de reproducción. En ambos casos, el objetivo es el mismo: hacer que la gente se mueva. Y no espasmódicamente o de un modo
cursi o dando saltos sin parar. No se trata simplemente de poner a
C&C Music Factory a todo volumen. Se trata de otra cosa: quieres
que la masa se mueva a nivel espiritual y psicológico y físico al mismo tiempo, y para que una idea empiece a formarse en torno a la
idea de ese movimiento piensas en la gente y en cómo les afecta la
música. Cuando miro hacia la pista de baile me imagino cómo va a
golpearles la tercera canción, tal vez los descoloque un poco si lo
hago bien, y entonces empezaré a pensar en el cuarto tema para que
se muevan con algo más de energía, y después en el quinto para
volver a bajar un poco la intensidad. Dicho proceso lo describen
extensamente Eric B. y Rakim cuando dicen «*Move the Crowd. So
leave it up to me, my DJ is mixing / Everyone in moving or eager to
listen*» («Que se mueva la multitud. Así que déjamelo a mí, mi DJ
está mezclando / Todo el mundo se mueve o escucha con ansia»).

Por otra parte, cuando estás en la cabina del DJ en realidad no
estás haciendo nada. Estás compitiendo con el trabajo que hicieron otros, reorganizándolo, dándole un nuevo propósito. Eso es
crear, en el sentido de que estoy posibilitando que exista un determinado estado de ánimo, pero es como ser un curador artístico en
el sentido de que busco entre canciones ya existentes y selecciono
las que me interesan. Es también una buena oportunidad para preguntarse sobre los efectos psicológicos de la música, sobre las reacciones de la gente. Siempre encuentro a una pareja en la que el
marido quiere irse y la esposa quiere quedarse una canción más.

Me echo a reír porque sé cuál es el tema que va a sonar a continuación y sé que parecerá un descenso o una bola curva. Resulta sencillo mantener cautivo a tu público haciendo sonar los éxitos de ese modo. Es el ABC. Resulta mucho más sorprendente observarlos intentando entender por qué está sonando una canción de la Rana René.

Permíteme que te ponga un ejemplo. A veces he querido trolear al público poniendo el tema de *Las chicas de oro*. No les sorprende, a decir verdad. Experimento con ellos. Y el experimento no consiste simplemente en hacer sonar un tema nostálgico de una vieja serie de humor, o que el tema fuese un éxito en abril de 1978, el mismo mes en que Prince lanzó su primer álbum. Es algo más que eso. Me gusta ver a un grupo de personas sumidas a la mitad de la noche en actividades como beber, bailar y responder de modos extraños al sonido que habría hecho la televisión si hubiesen decidido no salir esa noche. Estoy creando una noche que suena como si te hubieses quedado en casa.

También llevo a cabo otro experimento. Estando en la cabina, en la parte final de mi actuación, cuando la gente empieza a sentirse cansada, ralentizo un tema lento. Pero no cualquier tema lento: *In the Air Tonight* de Phil Collins. Todo el mundo conoce esa canción, pero piensa en cómo empieza: Daryl Stuermer, que tocó la guitarra con George Duke, toca ese acorde zumbante, y Collins le superpone los teclados y la batería. Pero el momento que todo el mundo conoce viene después, con los tambores de goma: da-dum, da-dum, da-dum. Collins consiguió ese efecto tocando cuando el retorno del sonido todavía estaba activado —es una técnica que resumí en un capítulo anterior, estar abierto a la posibilidad de que los accidentes puedan mejorar el plan previsto— y entonces Hugh Padgham, su coproductor, lo grabó utilizando micrófonos comprimidos y cerrados. Ese sonido hace que el público se vuelva loco. (La versión moderna es *Can't Stop Won't Stop* de Young Gunz de Filadelfia, un tema parco y minimalista que cuando suena fuerte resulta devastador. Utiliza los mismos elementos, un Roland CR-78 para el efecto suave y luego los bucles para el impacto fuerte.) Cuando hago sonar *In the Air Tonight* en la cabina de DJ veo cómo todo el mundo se tensa, expectante... y justo cuando la canción llega a su momento cumbre cambio a otro tema. Deberías ver sus caras. Ve a observar tu cara en el espejo ahora mismo. Es algo parecido pero multiplicado por un millón. (Pero ninguna de las veces que he usado esa canción actuando como DJ me podría haber preparado para el momento, en octubre de 2016, en el que el propio Collins, cuando estaba promocionando sus memorias, vino al «The Tonight Show» y tocó *In the Air Tonight*. ¿Puedes imaginar quién tocó la parte de la batería? Efectivamente.)

Los dos ejemplos que he utilizado arriba son trucos planeados con anterioridad. Son como trucos de magia. En otras ocasiones, sin embargo, ejercer de DJ me ofrece la oportunidad de ser espontáneo. Si la vibración de la multitud parece demasiado suave, puedo golpearlos con un estallido de Eric B and Rakim; o Playboi Carti, según la media de edad. Si parecen demasiado juntos unos de otros, puedo crear algo de espacio haciendo sonar a Kraftwerk o a Rare Earth o a Kojo Funds o a Gavin Turek. Eso supone un tipo de arreglos musicales diferentes para la pista de baile. Improviso, pero en realidad actúo como un curador: utilizo lo que conozco sobre obras de arte existentes y las ordeno para crear un efecto en el público. O, para citar a Parliament: «El efecto deseado es el que consigues».

Pienso en algo que dijo Björk. No lo dijo cuando vino a mi salón culinario. Fue en su entrevista con Hermann Vaske en la televisión alemana. Él le preguntó si su creatividad dependía más de la disciplina o del caos. Le dio una respuesta que explicaba cómo el ejercer de curador siempre forma parte del proceso, incluso para una artista que también depende en buena medida de la captura de momentos de rareza y antojos. «En estos momentos mi disciplina se manifiesta básicamente cuando elaboro arreglos musicales o cuando compongo bibliotecas de ritmos. El proceso en el estudio de grabación es muy disciplinado y muy centrado. Cuando compongo o cuando canto me temo que se trata de lo contrario. No dejo que en ese proceso entre mi parte analítica. Resultaría muy destructiva.»

Esa respuesta tocó alguna clase de cuerda en mi interior. La idea de componer bibliotecas de ritmos es algo que muchos músicos suelen hacer. Como DJ, sin embargo, lo llevo un paso más allá. Compongo bibliotecas de canciones. Tengo terabytes del disco duro ocupados con cientos de miles de canciones y a medida que pasa el tiempo, y los estándares tecnológicos cambian, tengo que revisarlo y mejorarlo. Tengo que hacer de curador. A principios de este año decidí que uno de mis objetivos sería deshacerme de doscientos gigas de canciones que tenía duplicadas o triplicadas y que ya no necesitaba. Eso significaba decir adiós a todas las canciones de Jodeci que están tanto en las colecciones de grandes éxitos como en los álbumes normales. Eso significaba decir adiós a todas las copias redundantes del tema *It's Tricky* de Run-D.M.C. de las bandas sonoras y de las recopilaciones: la única que quería conservar era la versión original de *Raising Hell*. ¿Y cuál es el motivo para tener exactamente ocho copias de *Crazy in Love*? (Por otra parte, todas las variaciones del tema *Wanna Be Startin' Something* de Michael Jackson —la versión del single, la del EP, las demos 1, 2 y 3 y la versión del álbum— son esenciales para el coleccionista.) Obviamente, quiero quedarme con la copia de mayor calidad —ahora tengo versiones en AIFF, lo cual consume una tremenda cantidad de memoria— y quiero asegurarme de que no me libro accidentalmente de alguna de las versiones raras. El mantenimiento de mi colección musical ocupa la mayor parte de mis días. Cuando me levanto por la mañana me paso unas dos horas eliminando y catalogando. (Incluso mientras escribo, paso el Shazam por todos los temas que no tienen título en mi colección; ¡casi nueve mil en estos momentos!) Cuando me voy a la cama en la noche, hago lo mismo. Es posible que eso me convierta en la vieja de los gatos del mundo de la música. No lo sé. Lo que me pasa algunas noches es que caigo dormido en una silla y me despierto con la computadora portátil en el regazo, todavía sonando. No puedo decir que sea una actividad de lo más interesante en cierto sentido, pero en otro resulta vital. Es como hacer de jardinero; ¿será una buena metáfora? Para que tus flores y tus plantas crezcan sanas tienes que encargarte de ellas. Tienes que podarlas. Tienes que cuidarlas. Esa es la labor de un curador artístico. Cuando me visto de DJ saco mucho beneficio de ello, pero también creo que es fundamental a nivel creativo. Eso me lleva de nuevo a la cita de Björk. A veces uno quiere ser espontáneo. A veces quieres dejarte llevar por el caos. Pero en un mundo en el que se han hecho tantas cosas, donde parte de tu responsabilidad radica en ordenar y procesar antes de añadir algo nuevo de tu cosecha, es de vital importancia poder localizar (y, con un poco de suerte, amar) la marca que vas a exponer.

Pensar como un curador artístico

Cuando empecé a escribir este libro, en septiembre de 2016, en Twitter había un *hashtag* que decía «Ask a Curator» junto con un programa de todo un día de duración que traería a curadores a los museos para que se presentaran ante el público. La mayoría de ellos estaban relacionados con museos de ladrillos y cemento: museos de arte, museos de historia natural y museos especializados. Seguí un poco la cuestión a lo largo del día, después escribí algunas preguntas para ayudar a que la gente le hiciese preguntas a sus curadores. Aquí dejo algunas de las auténticas preguntas y, entre corchetes, mi propia versión:

Parte de tu responsabilidad radica en ordenar y procesar antes de añadir algo nuevo de tu cosecha.

—

—¿Qué objetos reflejan el legado de tu comunidad? [¿Qué proyecto creativo en el que hayas trabajado refleja tu herencia cultural?].

—¿Qué objetos guardas en tu colección personal? [¿Cuáles de tus propios trabajos comprarías primero si fueses un consumidor?].

—¿Cuál es el objeto más pequeño de tu colección? [¿Cuál es la idea más pequeña que se te ha ocurrido en alguna ocasión, y llegaste a anotarla?].

Cuando piensas como un curador piensas en las elecciones creativas de otras personas para intentar utilizarlas en beneficio propio. Ejercer de curador puede ser un modo de ver lo esencial de partes de las cosas que te importan. Es como lo de cortar y pegar en la escritura pero en versión total, a gran escala. Recolectas cosas que te ayudan a recordar quién eres.

Pero lo de ejercer de curador no solo tiene que ver con organizar. No solo tiene que ver con lo que va arriba y lo que va abajo, lo que tiene que estar cerca de la entrada y lo que está cerca de la salida. Todo eso forma parte del cometido, sin duda; y si te perdiste con la metáfora, retrocede una sección.

Pero una gran parte consiste en el contenido de la exposición. Ejercer de curador está relacionado inevitablemente con el proceso de selección, y la selección va unida a su opuesto: los descartes. Es un eco del pensamiento de David Byrne: antes de decidir qué tipo de artista eres, tienes que decidir qué tipo de artista no eres. También hay otro proceso paralelo que tiene tanta importancia como el anterior, y que es un poco más sencillo, que consiste en decidir qué tipo de arte te interesa y qué tipo de arte no te interesa. Los curadores tienen que hacerlo todos los días. Y tú también deberías hacerlo.

Suelo pensar que debería tener opinión sobre cualquier cosa. Escucho discos y siempre experimento una reacción. Pero, durante una tarde en la que estábamos en los camerinos de «The Tonight Show», oímos que en la sala de al lado alguien estaba poniendo los temas de un famoso álbum pop de una gran estrella de la música. No diré quién. No importa. Me gustó cómo sonaba, bastante agradable. Pero me di cuenta de que no tenía opinión alguna al respecto. No tenía nada que decir, ni positivo ni negativo. Si me hubiese visto obligado a decir algo, habría hablado por hablar, porque no experimenté ningún auténtico sentimiento ni pensé realmente nada. Me dejó completamente frío. Y eso está bien. El artista en cuestión no tenía la culpa. Ese artista había creado algo, y era algo que pasé por alto. Fue una sensación extraña verme liberado de la obligación de decir algo sobre aquella música. Resultó liberador no sentir la presión de tener una opinión.

Desde mi posición de curador, ¿me valdría eso para algo? La respuesta es casi alarmantemente sencilla: ese disco no tenía nada que ver conmigo. Tal vez sí tuvo algo que ver conmigo más adelante, cuando empecé a querer saber algo más sobre la evolución de ese artista en concreto. Tal vez más adelante sí llegó un momento en el que desarrollé interés por ciertos tipos de ritmos sintéticos. Pero algo así tiene que ocurrir a nivel orgánico. En ese momento, en 2015, yo era un curador que no tenía pensado colgar ese disco en las paredes de mi mente.

En otras palabras, tienes que entender tus impulsos creativos como curador de ese modo. No te sorprendas cuando descubras que favoreces ciertos impulsos en detrimento de otros. Alégrate. Insisto en que no pretendía decir nada negativo sobre esa estrella del pop y su disco. No pretendía decir nada del disco, nada en absoluto, sino hacer hincapié en que ese disco debería importarle a aquellas personas que sintiesen una conexión con él. Es necesario librarse de ciertas cosas porque de ese modo le otorgamos valor al hecho de conservar otras.

La elección

Cuando ejerces de curador, seleccionas. Eliges. Es más, tienes que llevar a cabo La Elección. La cubierta de mi libro de memorias *Mo' Meta Blues* se basaba en el famoso póster que Milton Glaser hizo de Bob Dylan (que a su vez se inspiraba en el famoso autorretrato de Marcel Duchamp, del año 1957; la inspiración puede llegar de cualquier parte). El cabello de Dylan es una maraña de ideas. Mi pelo también lo era, con la excepción de mi peine afro. Es un objeto negro metido en una cabellera negra. (Como Seth Rogen descubrió, se trata de un detalle perfecto para empezar tu propia colección Questlove.) Pero también había otra razón. Yo entiendo mi peine afro casi como si fuese una grapa que mantiene todas esas ideas rebeldes en su sitio.

La Elección es una parte fundamental de la creatividad moderna. Así son las cosas. Pones la mano encima de algo y ese algo se convierte en parte de tu perfil creativo. Pero presta atención a los aspectos específicos de cuando ocurre. Ejercer de curador en el sentido moderno, incluso aunque ayude a forjar tu personalidad, es algo ligeramente impersonal. Cuando vas a ver un espec-

—

Pones la mano encima de algo y ese algo se convierte en parte de tu perfil creativo.

táculo, requiere de un trabajo muy meticuloso para un solo talento creativo ensamblar los trabajos de otros talentos creativos. A excepción de raras ocasiones, el curador no se centra en una sola firma. La identidad del conjunto de trabajos llevará el nombre del espectáculo que el curador ha elegido para reunir todos esos trabajos.

Si variamos un poco el punto de vista, el trabajo del curador puede ser entendido como interpretar un personaje. Reúnes una versión de tus intereses creativos, los trabajos que te provocan una respuesta más intensa, y después llevas adelante esa versión. Otras personas vendrán a ver esos trabajos y a través de ellos entenderán algo de ti.

Así es como debes funcionar con relación a los hechos, con relación a los trabajos. En última instancia, estás trabajando para que llegue un momento en el que puedas comportarte de ese modo respecto a tu propia obra. Algunas cosas las colocarás en estantes. Otras las colgarás junto a otras. Seguirás aplicando los principios de la recombinación: reducir, reutilizar, reciclar.

Estás al mismo tiempo presente y ausente. Estarás al mismo tiempo en el presente y fuera del presente. Es otra versión de llevar el ritmo. En el primer capítulo dije que encontrar el ritmo a través de las micromeditaciones era una labor importante cuando surgía una idea. Vivimos en un mundo abarrotado de cosas sobre las que pensar. Por eso el ritmo es tan importante.

Mantente a cierta distancia de tu propio trabajo. Decide cuánto necesitas en ese momento, cuánto necesitarás más adelante. Ese paso atrás te permitirá avanzar en otros trabajos.

Date cuenta de cuando te estás fijando en algo

En un capítulo anterior hablamos de cómo gestionar de manera provechosa tu red de contactos. Hace unas pocas páginas hablamos de configurar tu exposición, en la que, de manera interna, cuelgas todos los trabajos que necesitas hacer para avanzar creativamente. Configurar tu exposición requiere que aprendas el Arte de La Elección, el talento de saber qué partes del mundo filtrar.

Pero cuando ya lo has hecho, cuando ya lo has encajado todo, cuando has impreso las pequeñas tarjetitas con los títulos y las has enganchado a la pared, entonces tienes que aprender a moverte por ese espacio y sacarle el máximo partido a lo que ves.

En un podcast que escuché de la humorista Kate Micucci decía que cuando era una joven aspirante a artista visual solía ir a los museos. Dijo algo de colocarse frente a los cuadros. Dijo que no le dedicaba a todos la misma cantidad de tiempo. ¿Cómo lo hacía? No es así como se visita un museo: te quedas delante de la obra número uno, cuentas hasta veinte; te colocas frente a la obra número dos, cuentas hasta veinte; y repites hasta quedarte satisfecho. No: en un museo vas rondando hasta que algo llama tu atención. Sigue moviéndote hasta que algo te obligue a detenerte. La metáfora que se me ocurre al respecto en este instante es el modo en el que caminan los personajes en las primeras películas de Spike Lee. ¿Recuerdas sus días de gloria? Spike podía colocar a los actores encima de una plataforma con ruedas, filmaba desde abajo, y tiraba de ellos por una calle. En la pantalla parecía que los personajes caminaban, habitualmente por Brooklyn, pero daba la impresión de que se deslizaban. Una vez que ordenes tus obras, una vez superada la fase del curador, muévete entre ellas con suavidad. En un momento dado, alguna de ellas te dirá algo. Hablo aquí metafóricamente. Si una de las ideas que tienes en la cabeza realmente te habla es posible que no hayas dormido lo suficiente.

Si te dice algo, recompénsala. Dedícale un minuto. Tal vez un minuto te parezca poca cosa, pero no lo es. Intenta observar algo y estudiarlo intensamente durante todo un minuto. Resulta bastante agotador.

Esa es otra pequeña pista sobre el mundo moderno: ralentiza. Ya hablé de las micromeditaciones, de la necesidad de dar un paso atrás durante un momento de crisis para recomponerte. Esto funciona también cuando no estás en crisis. El mundo está plagado de señales y de ruido, el mero hecho de concentrarse en algo que has seleccionado es algo más valioso de lo que puedes imaginar. Alguien me regaló en una ocasión el juego Quinto. Leí las instrucciones, las asimilé, pero nunca llegué a jugar. Dejé el tablero sobre la mesa como si se tratase de un objeto artístico, un ajedrez del futuro. Pero un día, de repente, le eché un vistazo al tablero del Quinto y me quedé ensimismado. Aunque en realidad no estaba en las nubes. Me concentré en él. Empecé a mirar las piezas y a pensar en lo que entendía intelectualmente del juego: había piezas cilíndricas y también cuadradas; algunas eran más altas que otras, unas eran de madera clara y otras de madera oscura, algunas tenían la punta abierta y otras, cerrada. Eso dio paso en mi cabeza, durante unos segundos, a toda una serie de ideas que tenían que ver con Black Lives Matter, el tema *Everyday People* de Sly Stone, *Blade Runner* y antiguos anuncios de cigarrillos que recordaba de mi niñez. Y tal como vino se fue. Todo el proceso me llevó un minuto a lo mucho.

Después, obviamente, está la cuestión de hasta qué punto entiendes de manera adecuada lo que ves. Déjame decir esto desde el principio: no importa. O, mejor dicho, no importa del modo en que tú crees. La clave no radica en lo bien que entiendes la idea original. La clave es hasta qué punto se mueve bien dentro de tu cabeza. No tienes que pasar un examen de comprensión como si estuvieses en clase. Lo que se te está pidiendo es que salgas al mundo y hagas algo nuevo.

Permíteme que te ponga un ejemplo. Hace años empecé a trabajar en lo que sería *somethingtofoodabout*. Sabía algunas cosas sobre el mundo de la comida, pero no era un experto, y me dije que me gustaría serlo. Con esa intención pasé horas buscando en Internet toda clase de historias sobre comida. Una de esas historias hablaba de un científico japonés que había desarrollado un método para ayudar a que la gente plantase verduras en sus pequeños apartamentos urbanos. Otras personas habían experimentado con esas cosas antes, sembrando en las terrazas, pero no todo el mundo dispone de terrazas. Habían experimentado también sembrando en armarios, pero acabaron utilizándolos para otro tipo de plantas. (Hoy en día, en Japón, eso es bastante infrecuente. Recuerdo cuando era pequeño y a Paul McCartney lo detuvieron en el aeropuerto de Tokio por llevar marihuana. Estuvo en prisión durante nueve días; me pregunto si lo mantuvieron un día más de la cuenta para evitar todos los titulares.) Pero este científico sobre el que leí había tenido otra idea. Había desarrollado un envoltorio de plástico especial cargado de nutrientes. Dejabas una semilla en la parte de arriba, le añadías un poco de agua, te ibas a la cama y, antes de que te dieses cuenta, la planta empezaba a brotar en el envoltorio de plástico. Era como suelo transparente. Es todo lo que llegué a saber. No recuerdo el nombre del tipo en cuestión. No recuerdo exactamente cómo funcionaba el asunto. No recuerdo si se trataba de un prototipo o de algo que ya había salido a la venta o de algo que él había donado para la gente de las ciudades japonesas y de otros países en vías de desarrollo. Lo que más recuerdo es lo que pensé al leerlo. Pensé en el envoltorio de plástico y algo me llamó la atención, y me puse a pensar en la semilla arraigando y extendiendo sus raíces y entonces pensé en The Roots. Para mí, ese envoltorio de plástico se convirtió en una metáfora sobre cómo nuestro entorno creativo no tiene por qué ser hostil. Puede ser tan sutil y tan transparente como ese plástico. Pero esa solo fue la primera metáfora. Esa lectura me resultó especialmente útil cuando empecé a trabajar en el siguiente disco. Tenía una idea en un remoto rincón de mi cabeza: el mejor modo de ser creativo era preparar una especie de barrera invisible donde atrapar las ideas más generadoras. Así es como recolecto ideas rítmicas y como enfoco las nuevas letras de Tariq. La idea original no era más que algo colgando de la pared; la vi durante un minuto. Recuerda: el minuto de observación significa que se trata de algo importante. No fue un vistazo de cinco segundos. Le dediqué un minuto a mi Quinto. Mi minuto a modo de envoltorio de plástico fue un poco diferente.

Lo primero fue un pensamiento asociativo basado en una observación. Lo segundo fue una especie de exploración basada en una comprensión deficitaria. No me avergüenzo de ello. No pretendía disponer de una detallada explicación sobre cómo funcionaba el envoltorio para semillas en el Japón moderno, ¿por qué tendría que querer algo así? Lo que yo pretendía era entender hasta qué punto ese proceso podía resultarme útil para el desarrollo de mis propios procesos y productos.

Eres, al mismo tiempo, el curador de la exposición y el primer —y seguramente único— visitante. Tienes responsabilidades duales, igual que Alexander Hamilton. (Sea quien sea.)

Cómo la mejor versión de ti mismo puede ser tu peor enemigo

Quiero advertir sobre una cuestión respecto a lo de ser curador. Siempre estás ejerciendo de curador de tu propia vida. Eso es así. Pero me he dado cuenta de una tendencia preocupante. Y no soy el único. Todo el mundo se ha dado cuenta. Resultó evidente durante las elecciones presidenciales de 2016, cuando la gente empezó a expresar su opinión y a hacerse notar principalmente a través de su presencia en Internet. El mundo de Internet está totalmente relacionado con lo de ser curador. Pero se trata de una versión engañosa de ese principio. Tienes que presentarte ante los demás con tu mejor cara, tu mejor aspecto. Todo el mundo se ha convertido en un producto, un paquete. Y eso se debe a que todos tememos no llamar la atención lo suficiente, y el modo de llamarla es posicionándonos de un modo que podamos atraer la atención. Tenemos muchos ejemplos y sería absurdo criticarlos: jóvenes actrices que suben fotos poniendo *duck face* o políticos que posan con cualquiera que contacte con ellos en Twitter. Disponemos de aplicaciones que pueden cambiar tu aspecto en la pantalla antes incluso de hacerte un selfie.

Eso no puede ser bueno. La gente a la que solo le importa su aspecto no pasará de ahí. Me preocupa mucho más el efecto que tiene en las personas creativas. Es posible que el objetivo de la creatividad sea aprender a presentarse uno mismo ante los demás, al menos en parte, pero no presentarse a uno mismo a costa de falsear la verdad. En el momento en que te conviertes en un producto, te estás lanzando por una cascada más que ascendiendo por una escalera.

Te daré un ejemplo, pero no voy a decir de quién estoy hablando porque no pretendo criticar a nadie. Conozco a una artista. Se dedica a la música o a la pintura o a la escritura. Hasta ahí puedo precisar. Siempre había sido una persona introvertida y silenciosa. Era muy reservada. Si le hubieses preguntado sus opiniones políticas seguramente no te las hubiera dicho. Si le preguntabas qué estaba leyendo no te lo decía. Resultaba frustrante hacerse una idea de quién era. Pero, al llegar Twitter, algo cambió;

—

Es posible que el objetivo de la creatividad sea aprender a presentarse uno mismo ante los demás, al menos en parte, pero no presentarse a uno mismo a costa de falsear la verdad.

de un día para el otro, de manera alarmante. Empezó a colgar fotos de lo que comía y enlaces a reseñas de Goodreads. En la primera fase de su transformación me alegré por ella. Yo también soy bastante tímido y sé que puede resultar doloroso, por lo que me gustó que saliese de su concha. Pero en un momento dado se convirtió en un problema. Oí decir que ya apenas trabajaba. La tarea de orientarse, o de presentarse a sí misma como producto se había convertido, de hecho, en su trabajo.

Tal vez lo que acabo de decir suene un poco hipócrita, y es posible que lo sea. Utilizo las redes como el que más. No paro de tuitear o rondar por Instagram. Pero tengo cuidado (aunque no siempre me sale bien) de que no se interponga en mi trabajo. También me gusta enseñar mis verrugas. No literalmente. Eso sería algo repugnante. Pero me gusta mostrar todas las vertientes de mi experiencia humana. A veces eso significa que meto la pata y que digo cosas fuera de lugar. He ofendido a personas que creyeron que uno de mis chistes era poco considerado o bien que jugueteaba con estereotipos. Búscalo. Pero no me gusta la idea de que Internet lo enfangue todo de ese modo. Vivo en un mundo que demuestra lo que acabo de decir por segunda vez: el mundo del espectáculo. Todos los días, antes de que empiece «The Tonight Show» pasamos por peluquería y maquillaje. Soy guapo desde que me levanto por las mañanas, por supuesto, pero la belleza necesita que alguien le eche una mano para seguir adelante. Hacen un buen trabajo con mi pelo, mi piel y mis uñas. Saben que una cámara va a estar enfocándome y que millones de personas lo estarán viendo. No solo viéndome: escrutándome. La tecnología le permite a la gente ver hasta los más pequeños detalles, y ahí es donde se centra la atención: en los pequeños detalles. (En la televisión el escrutinio visual viene de la mano de la HDTV. En Internet puede tratarse de una errata, pero el principio es el mismo.)

Cuando nos centramos en esos pequeños detalles, perdemos

la perspectiva. Es lo que hacemos. Así funcionan las cosas. Y cuando de lo que se trata es de crear arte, ambas cosas tienen que trabajar codo con codo. Tienes que pensar en los pequeños detalles, no puede ser de otro modo. Debes tener listo el platillo de la derecha. Pero como he dicho en centenares de ocasiones, «tener listo» no tiene que ver necesariamente con la perfección. A veces tiene que ver con los defectos. Es permitir que el sonido sea un poco plano o un poco inseguro: permitir que entre en la ecuación el factor humano. La era de los curadores, que es la era en la que vivimos, la época de las elecciones, que es la época en la que vivimos, no es una excusa para editar de manera selectiva nuestra humanidad y mostrar al mundo únicamente nuestro lado feliz (o nuestro lado joven o nuestro lado compuesto), que tiene muy poco que ver, si es que tiene algo que ver, con nuestra identidad real.

Ahí queda eso. Por ahora.

Mantente cerca de tus armas

Es posible que ser DJ sea la forma más pura de ejercer de curador. Si te permites la oportunidad de crear un collage de sonidos del mundo. Suele estar en el extremo artístico del espectro, hacia el extremo oscuramente artístico. Lo único que puedo decir de la música comercial moderna es que me encanta. Y no me avergüenza que me guste. Me encanta Drake. Me encanta Future. Me encanta Migos. Me encanta Earl Sweatshirt, Logic, Kendrick, Cardi Chande. Seguramente DRAM es mi nuevo rapero favorito desde ODB. ¡Soy una persona muy abierta! No soy nada esnob en lo que se refiere a las listas de éxitos. Pero también me gusta explorar las conexiones entre las diferentes partes de la música: nacional e internacional, estadounidense y británica, rock y soul y punk y funk y folk, los noventa y los ochenta y los setenta y antes. Soy lo bastante consciente de las conexiones como para demostrar que puedes poner a Duke Ellington y a Remy Ma y a Led Zeppelin y a Millie Jackson y ver que pueden funcionar juntos. Son como líneas de luz, o lo opuesto: cuando los iluminas con un hilo de luz todos pueden estar juntos.

Escucho toda la música que tengo guardada. Limpio y refino. Mezclo canciones y pulo todo el conjunto. Habitualmente por el mes de marzo empiezo a limpiar toda mi selección de DJ. Estudio la música nueva que he introducido, pienso en los temas que no he cambiado desde hace más de un año, aprieto el ritmo, calibro. También intento buscarle hueco a aquellas cosas nuevas que he descubierto que le gustan a la multitud. Por ejemplo, hace unos cuantos años empecé a hacer sonar temazos justo antes de las horas en punto. Cuando la gente sale y está en un club mira su reloj cuando se acerca la medianoche, y de nuevo vuelve a mirarlo cerca de la una de la madrugada. Es en ese momento cuando la gente empieza a pensar en lo que va a tener que pagarle a la niñera y si va a dormir suficiente antes de levantarse para ir al trabajo. Así que es entonces cuando los golpeo con un tema matador. Hago que se olviden de marcharse. Ni siquiera llegan al guardarropa. Los obligo a quedarse una hora más y justo entonces les lanzo otro tema matador.

El año pasado, limpiar y reducir mis temas de DJ se convirtió en una cosa totalmente diferente. Para explicarlo tengo que remontarme a las elecciones presidenciales de 2008. En aquellos días The Roots hicimos campaña por Barack Obama. Estábamos de acuerdo con sus principios políticos, pero no se debió solo a eso. Conectamos a un nivel más profundo sin siquiera llegar a conocerlo en persona. Cuanto más lo veía, más seguro estaba de que tenía que compartir mi música con él. Era tan inteligente y receptivo al modo en que funcionaba la cultura estadounidense, parecía tan interesado en los vínculos intelectuales entre las cosas. Empecé a conseguir canciones y a reunirlas como un loco, y se convirtieron en una elaborada lista de reproducción: música tranquila para la tarde, música para acurrucarse en la cama, música para comerse el mundo, aquello que te apetecía escuchar mientras comías o mientras leías un libro. Sabía que si era música para relajarse no querrías escuchar tambores consistentes o demasiados gritos. Lo tenía todo bien pensado. Grabé un iPod con música especial para Obama y se lo pasé a Jay-Z. Grabé un segundo iPod y también lo regalé. Nunca llegué a entregarle la música a Obama en persona.

En 2016 empecé a actuar como DJ en lugares como Brooklyn Bowl para experimentar con mis listas de reproducción. Incluso las afiné cuando mis participaciones se hicieron más importantes, como bodas de celebridades. Pero no solo se trataba de refinar mi selección. Estaba trabajando en algo grande, una Teoría Unificada del Todo Explicada a Través de la Música. Me estrené con esa nueva selección, o con una versión de la misma, en la fiesta posterior a *Hamilton*. Fue una sesión de siete horas en el Tavern on the Green, desde las once de la noche a las seis de la madrugada, y me ayudó a profundizar en mi comprensión de la música estadounidense y también de la historia del país. Empecé poniendo temas de Nintendo, de *Mike Tyson's Punch-Out!!* Era el curador del museo colgando un Roy Lichtenstein junto a un Andrew Wyeth para sacar a la palestra el tema de lo natural y lo artificial, la historia y los medios de comunicación. Allí estaba yo, subido en una rueda de la fortuna, y el público estaba a mi lado.

Después de la sesión, la actriz Lupita Nyong'o me escribió una carta de amor; bueno, no iba dirigida exactamente a mí sino a mi selección musical. Me subió mucho la moral. ¿Cómo no me iba a animar una carta de amor de Lupita Nyong'o? Había empezado con la idea de crear una lista de reproducción perfecta, pero ahora tenía una misión cultural e histórica. Quería contar el arco que describe la historia de Estados Unidos —de la humanidad— a través de una selección musical. Era lo mismo que preparar una gran exposición artística, pero en lugar de cuadros utilizaría canciones.

A principios de 2017, estuve en un evento de pipa y guante. No puedo decir mucho más al respecto. Es un secreto. Basta con decir que acudieron varias luminarias de diferentes campos, y que durante la semana previa a mi participación supe que tendría la oportunidad de estrenar mi superselección histórico-cultural. Estaba preparado para convertirme en el DJ Negro Superartístico. Empezaría por el presente, después iría dando saltos en el tiempo y el espacio hasta llegar al pasado, haciendo sonar de todo, de rock de los setenta a soul a Mingus a Les McCann a música de programas de televisión a estándares de jazz a clásicos de la música disco. Crearía un tapiz con todo eso.

Llegó la noche. Empezó por todo lo alto. Todo iba sobre ruedas. Pero llegados a un punto sentí una presencia junto a mi codo. Me di la vuelta. Era uno de mis anfitriones. «Estás haciendo un buen trabajo —me dijo—. Me encanta la música que estás poniendo.» Sentí que estaba a punto de reprocharme algo. Señaló hacia la multitud, específicamente hacia un puñado de chicos que estaba en la parte delantera de la sala. «Pero me estaba preguntando —me dijo—, si podríamos cambiar un poco el estilo para que los chicos puedan bailar más.»

Pensé en el tipo que fue mi chófer durante un tiempo. Era uno de los conductores más temerarios que he conocido en mi vida. Las mujeres que se subían conmigo al coche tenían que acostumbrarse a cerrar los ojos, agarrarme de la mano y confiar ciegamente. Quería que mi selección musical fuese como aquel chófer. Quería que la gente confiase ciegamente. Quería mantener la dirección con terquedad, que era lo que solía hacer habitualmente. Estaba dispuesto a arriesgarme a que la gente alzase el puño indignada debido a mi selección. Estaba dispuesto a arriesgarme a que pidiesen que les devolviesen el dinero. Estaba dispuesto a arriesgarme a que alguien se pusiese a escuchar su iPod (hola, Solange).

Pero, por alguna razón, en esa presentación, por razones que no puedo explicar (no estoy siendo remilgoso; ya he dicho que es un secreto), decidí cambiar de orientación y darle a la gente lo que quería. Tenía a French Montana. No era la versión de la radio. Eso habría sido una blasfemia. Tenía una letra sexualmente explícita. ¿Sería apropiada para los jóvenes? Pero me lo habían pedido y decidí que lo haría. En cuanto puse aquella música, la pista de baile se llenó con el doble de gente y después con el triple.

Con un público tan numeroso debido a mi cambio en la selección, me convertí en mi peor pesadilla. La gente empezó a hacerme sugerencias. La gente me pasaba peticiones. Busqué en Spotify para ver cuáles eran las canciones más populares y las hice sonar todas. Eso alteró incluso un poco más a la masa. Les encantaba lo que estaban escuchando. Incluso mis conocidos, que habían acudido a muchas de mis sesiones a lo largo de los años, me dijeron que era una de las mejores que habían visto nunca.

Cuanto más metida se sentía la gente más excluido me sentía yo. Me sentía fatal. Me había traicionado. Había planeado utilizar mi púlpito de DJ para dejar huella en la historia y en la cultura. En lugar de eso, le había dado a la gente una buena selección para bailar. Pero ¿qué tenía eso de malo? (Eso era lo que me preguntaba la otra parte de mi cerebro.) La creatividad depende del contexto. El público es el contexto. Un artista performativo siempre tiene que calibrar el estado del público. Tal vez había hecho lo correcto. Entonces ¿por qué me sentía tan mal? ¿Por qué me sentía vacío y triste, roto y abatido?

Pienso en *Purple Rain*. A menudo pienso en Purple Rain. En este caso me refiero más a la película que al álbum, y pienso específicamente en la diferencia entre la música del Niño (el personaje que Prince interpreta) y la música de Time, la banda rival liderada por Morris Day. El Niño elabora unos temas complejos, emotivos, que le ayudan a lidiar con los problemas que tiene en casa. Lo hace sobre el escenario. Time crea grandes himnos para las fiestas, sube al escenario para darle al público lo que espera. Durante gran parte de la película, Time da la impresión de saber llegar mejor al público; a la gente que los escucha de noche en un club, quiero decir. El público que está viendo la película en el cine o en su casa sabe que El Niño es un artista superior, pero nos resulta desesperante ser testigos de su incapacidad para encontrar un equilibrio entre lo que necesita y lo que quiere la gente. Es entonces cuando surge una de las líneas de diálogo más famosas de la película. Billy, que es el gerente del club en la película —una versión ficticia del auténtico First Avenue— le hace un reproche al Niño. «Nadie profundiza en tu música excepto tú», le dice con mucho criterio. ¿Y cómo responde El Niño? Con una palabrota.

En los meses en los que me sentí frustrado porque el público —bueno, el público de todas las fiestas menos la de Hamilton— no se había sentido inmediatamente embelesado por la brillantez de mi lista de reproducción, a veces tenía ganas de hacer lo mismo: soltar una palabrota. Pero en la película, El Niño acaba coincidiendo con el punto de vista de Billy, o al menos llega a un punto medio. Entiende que tiene que incorporar las necesidades del público a su fórmula. ¿Y qué es lo que ocurre? Que vence a Time jugando a su juego. Conecta emocionalmente (con el tema *Purple Rain*) y también les proporciona un par de himnos funk (*I Would Die 4 U* y *Baby I'm a Star*).

Llega un momento en el que el artista y el público encuentran un equilibrio, pero la cuestión de su relación no tiene tanta importancia como el hecho de reconocer durante un momento que resulta imposible solucionar dicho equilibrio. En última instancia, fue lo imbricado de ese asunto lo que lo desenredó todo para mí. En los casos en los que no soy capaz de llevar adelante una selección musical del modo en que a mí me gusta, siento una melancolía que ensombrece la experiencia al completo. El público no está triste, pero yo sí; tanto en un sentido melodramático como real. En esos momentos, cuando tengo que lidiar con mi tristeza (y, por fortuna, la dejo atrás), experimento algo igualmente iluminador, una demostración de la tensión que existe entre las necesidades de muchos (el público) y las necesidades de unos pocos (yo).

La verdadera creatividad, o como mínimo la versión de la misma que tiene lugar durante una actuación, requiere del artista que, por una parte, insista en su plan y, por otra, reconozca las necesidades de la masa, y que viva en esa tensión entre los dos.

No entendí ese detalle clave al momento. Tras aquella desastrosa noche en la que me vine abajo e hice sonar una lista de temas de baile, evalué mis necesidades. Dejé de trabajar como DJ. No por completo, pero rechacé muchas oportunidades. Todavía estaba un poco maltrecho por mi fracaso como para encontrar las respuestas y la energía necesarias para volver a plantearme las preguntas importantes.

Hacia finales de 2016, empecé a trabajar para Pandora, la emisora de radio online, en un programa titulado «Questlove Supreme». El programa incluye una entrevista, en la que converso con importantes figuras de la cultura pop, tanto del presente como del pasado. Es el paraíso para los frikis de la música: en uno de los programas puede aparecer Ray Parker Jr., y en el siguiente Shep Gordon, y después Alan Leeds y en otro MC Serch. Los invitados de mi programa forman parte todos de la historia. Cada uno de ellos cuenta su parte. Si pudiese imaginar cómo tendría que ser el programa dentro de diez años, supongo que sería como una versión perfecta del DJ que había imaginado, pero

---

La verdadera creatividad requiere del artista que reconozca las necesidades de la masa.

construido a partir de entrevistas en lugar de canciones. Si me sentí decepcionado, casi devastado, por mi fracaso como DJ, *Questlove Supreme* me ofreció una solución. Ejercer de curador y también curarme.

Colgar los cuadros de la exposición
Imagina que tienes que crear una exposición con todas las cosas que te resultan inspiradoras e imagina cómo ordenarías todas esas cosas en la exposición.

LA PARTIDA

Sal de tu zona de confort

Las personas creativas tienen especialidades. Pero también tienen inquietudes. Esa es parte de la paradoja: ¿cómo mantener afilado el talento al tiempo que exploras cómo hacerlo crecer? ¿Cómo seguir haciendo lo que estabas haciendo al mismo tiempo que haces otras cosas?

La respuesta, al menos por lo que yo puedo decir, es una versión del principio que esbocé en la sección de la micromeditación. Tal como dije, el truco consistía en estar presente y ausente de manera simultánea, sumergirte en ti mismo en el presente pero lograr un estado mental que te suspenda momentáneamente y te aleje de la labor que estás llevando a cabo. Existe una versión interna más amplia de la misma estrategia, algo que yo denomino *la partida*. Haz un esfuerzo para que tu vida sea diferente. Es el único modo de que siga siendo igual en términos de inspiración creativa y energía creativa. La meditación ayuda a cambiar de canal en lo que respecta a lo que te recorre por dentro. La partida ayuda a cambiar de canal en lo que se refiere a moverse por el mundo.

Los cantantes, obviamente, cantan, pero otras de las cosas que suelen hacer es pintar. Recuerdo haber leído una entrevista con un famoso cantante que también pintaba. Podría haber sido Joni Mitchell, que hizo las cubiertas de un puñado de sus álbumes. Podría haber sido John Mellencamp, que hizo lo mismo que Mitchell para alguno de sus discos. Podría haber sido Tony Bennett. Cualquiera de ellos podría haber dicho que pintar era algo más que un entretenimiento, que era la traslación de sus ideas musicales. Y los cuadros que pintaban no eran malos. A los críticos les gusta definirlos como *«logrados»*. (Siempre utilizan esa palabra cuando quieren decir que un cantante es buen pintor, pero no tan bueno como alguien dedicado por completo a pintar.) Este cantante hablaba del modo en que la música y la pintura compartían ciertas características. Hay que tomar una paleta, ya sea cálida y energética o fría y controlada. Tienes que escoger un ritmo, ya sea rápido y frenético o lento y lánguido. Tienes que escoger un volumen. Tienes que decidir si lo organizas todo para que las cosas resulten fáciles de entender, como una canción pop o un retrato figurativo, o de un modo más difícil, como una canción artística o un cuadro abstracto. No recuerdo exactamente qué cantante era el que hablaba en esa entrevista de pintura, pero estoy completamente seguro que no se trataba de Miles Davis.

A finales de los años setenta, Miles empezó a pintar de manera regular. Pintaba rostros y cuerpos, así como su idea de a qué música se asemejaban. Hay dos citas de Miles que nunca se me han olvidado. Una es sobre ropa. «He pintado y dibujado toda mi vida —dijo Miles—. Suelo dibujar los trajes para mi sastre, porque no sabe hablar inglés.» Me gusta esta cita porque me hace reír. La otra es más útil: «Pintar es como una terapia para mí y mantiene mi mente ocupada con algo positivo cuando no hago música». La terapia no solo consiste en solucionar problemas: consiste también en encontrar un ritmo para el proceso de bregar con tus problemas. Durante el periodo en el que se dedicó a pintar de manera más seria, Miles estaba lidiando con problemas de salud y con diversas adicciones, y dejó de tocar la trompeta durante un extenso periodo. No tocaba. Tampoco grababa. La gente se preguntaba si volvería a sacar otro disco. Sin embargo, no dejó de hacer cosas. Sabía instintivamente que tenía que mantener su mente ocupada, pero en realidad no le importaba su mente; le importaba su creatividad. Sabía que tenía que comprometerse con el proceso que implicaba encontrar un espacio vacío, ya fuese de tiempo o de espacio, y llenarlo con su sentido de cómo debían de ser las cosas.

Pero insisto en que una nueva habilidad no significa un nuevo talento; no necesariamente. A menudo trabajas con el mismo talento. Lo que sucede es que lo colocas en un lugar distinto, en el que puede adquirir una nueva energía. Existe una base científica para eso. Los neurólogos han demostrado la plasticidad del cerebro, y que cuando amplías tu vida, aunque se trate de pequeños detalles, amplías tu cerebro, lo cual te ayuda a entender tu vida. A veces la monomanía parece una respuesta adecuada, pero solo si no piensas en otra cosa. No se trata de tomarse un descanso, o de hacer una pausa, o de echarse una siesta. Hablo de excursiones. Se trata de partir.

Incluso al hablar de esto me estoy alejando, en cierto sentido. Después de todo, esto va en contra de la teoría de las diez mil horas popularizada por Malcolm Gladwell. ¿O no? Quiero proponer una corrección: por cada hora que pasas haciendo algo, pasa al menos unos pocos minutos haciendo algo que no tenga ninguna relación con tu tarea. He ahí el corolario de Questlove a las diez mil horas de Gladwell. Adentrarte en una rutina puede ser tan peligroso como estancarte. En algunas ocasiones, he pasado horas y horas trabajando en una parte de batería, solo para darme cuenta de que no me resultaba satisfactorio, a pesar de haberme acercado a la perfección. Tengo que ir a alguna otra parte para ser capaz de aprovechar al máximo el tiempo que paso sentado a la batería.

Estoy siendo poco concreto. ¿Qué es lo que estoy pretendiendo decir? Hay que empezar pensando en los lugares específicos del mundo que parecen incentivar la creatividad en el sentido más

No se trata de tomarse un descanso, o de hacer una pausa, o de echarse una siesta. Hablo de excursiones. Se trata de partir.

—

amplio. El gran director creativo George Lois era un gran aficionado a los museos. Solía recomendarle a todos los que estaban vinculados al ámbito de la publicidad o de las revistas o de la moda que trabajaban en Nueva York que pasaran la hora después de comer dando una vuelta por alguno de los museos. Aunque no fuese lo que más te apeteciese podía aportarte energía. Es algo mucho menos aburrido de lo que puede parecer.

Hoy en día el mundo te ofrece un millón de museos diferentes. Busca en Spotify siguiendo claves aleatorias. Si estás buscando una película en Netflix escoge la siguiente a la que buscas por orden alfabético. Tomar rutas inesperadas puede conllevar grandes recompensas. Para una persona creativa —una persona que está siguiendo ese camino general hacia las ideas y que está siguiendo todos los pasos de ese proceso específico— esos giros inesperados a menudo son una especie de reinversión. Michael Solomonov, uno de los chefs más destacados de Filadelfia, me dijo que la mayoría de sus ideas relacionadas con la comida se le habían ocurrido cuando estaba experimentando diferentes formas de arte: cuando escuchaba música o estaba viendo una obra de teatro. La artista Wangechi Mutu me dijo que le gustaba escuchar audiolibros o grabaciones de autores leyendo sus propias obras: «Ahora —me dijo—, estoy escuchando una lectura de Derek Walcott recitando sus poemas. *Tiepolo's Hound*. Su voz es como un océano cerebral. Últimamente también me gusta oír a Ngũgĩ wa Thiong'o hablar de la memoria y del poder que entraña borrar la memoria de alguien, con el fin de reemplazarla con nuevos recuerdos para que su pasado deje de existir. Cuando me siento frustrada, intento unir cosas misteriosas, crear un todo que sea más fuerte y más hermoso, y acaba teniendo más sentido que los fragmentos individuales.» El modo en que se utiliza la tradición, en que se conserva y se amplía es un elemento central para el trabajo de la mente creativa. Cornel West a menudo se denominaba a sí mismo un «*bluesman* en el mundo de las ideas», con lo que yo creo que quería decir que se desenvolvía en una tradición existente, le inyectaba una dimensión profundamente personal e intentaba siempre localizar el componente universal de sus ideas. El mejor modo para él de explicarse a sí mismo era a través de una metáfora. Utilizamos metáforas porque la mente de las personas intenta combinar dos cosas que no se asemejan. La creatividad existe en buena medida porque existen las metáforas.

Sacudido y agitado

Todos tenemos lugares en los que nos sentimos cómodos con lo que nos rodea, y tenemos la esperanza de que encontraremos siquiera una pizca de inspiración si permanecemos allí el tiempo suficiente. Alejarse de esos lugares y espacios conocidos hace que suban las apuestas. Nos coloca en una posición en la que encontraremos una mayor inspiración o ninguna clase de inspiración. Es una inyección de adrenalina. Renueva el riesgo.

A la hora de agitar las cosas no hay que ponerse dramáticos. Puede ser algo sencillo. The Bee Gees compusieron su famoso *Jive Talkin'* porque el puente que corre sobre Cayo Vizcaíno producía un curioso ritmo bajo las ruedas del coche cuando lo cruzaban todas las mañanas. Barry Gibb empezó a oír en su cabeza ese tunticka-tun-tucka-tun. Así crearon la base para el primero de sus grandes éxitos en aquel momento, un importante tema de transición entre el pop de cámara y la música disco.

Muéstrate receptivo a las ideas que te rodean. Cuando me

movía de un sitio a otro durante mis salones culinarios, escuchaba fragmentos de conversaciones que podía convertir en nuevas ideas. Era como estar en un aeropuerto. Siempre que estoy en uno, pienso en la escena final de *El origen del planeta de los simios*, la protagonizada por James Franco. Al final, hay una escena en un aeropuerto en la que un piloto que está enfermo debido a un virus está a punto de entrar en un avión. La última escena muestra una línea roja que ilustra hacia dónde va a viajar el piloto, y eso hace evidente la futura expansión de la gripe de los simios, el virus que va a matar a gran parte de los seres humanos y que va a llevar al origen del planeta de los simios y a la siguiente película de la serie. Me pone un poco nervioso —llámame paranoico— pero al mismo tiempo, cuando pienso en ello, me emociona. No existe tal gripe de los simios, por lo que yo sé. Pero hay centenares y centenares de ideas y se expanden en la vida real del mismo modo en que la gripe se expande en la película. Escucho retazos de conversaciones que se convierten en ritmos. Oigo referencias que ponen en marcha otras referencias. Escucho palabras que no entiendo, que me motivan a crear nuevas ideas. No soy el único que hace estas cosas ni los aeropuertos son el único lugar en el que pueden pasar. Hay puntos que son nexos. Pero también son puntos de partida.

Mantente activamente alejado

Los ejemplos que he dado sobre la partida son relativamente pasivos. Eso no quiere decir que no sean buenos ejemplos. Lo son. Y vienen con una advertencia. Si eres músico, no olvides mirar cuadros. Si eres compositor, lee sobre temas que no te resulten familiares. Esas partidas te conformarán. Te harán crecer. Darán forma a tu sensibilidad o la moldearán. Te nutrirán en momentos en los que, de otra forma, te sentirías como si estuvieses famélico, creativamente hablando.

Pero existe un segundo nivel de partida. Cuando practiques una disciplina creativa, practica también otra. Si eres cantante, dibuja caricaturas. Si eres escritor, intenta esculpir algo.

Hay varios canales de expansión y superación. Muchos músicos de jazz pintan; hay algo en su modo de ver las canciones en su mente que se presta a ser reformulado y reorganizado a través de pigmentos y lienzos. Muchos pintores han probado hacer películas. Ellos ya entienden la composición visual y el trabajo a través de la luz y el color.

Lo que a mí me resulta especialmente interesante, al menos en términos de creatividad, es qué clase de habilidades se llevan consigo de una disciplina a la otra. Según mi encuesta sin base científica —pero sí artística—, creo que lo que pretenden no es trasladar sus habilidades conocidas sino aprender otras nuevas. A mediados de los años noventa se estrenó una película sobre el pintor Jean-Michel Basquiat titulada *Trazos audaces*. Estoy bromeando: se titulaba *Basquiat*. La película la dirigió otro pintor, Julian Schnabel, que pretendía convertirse en director de cine.

A la gente le encantó *Basquiat*. O más bien dicho, a algunas personas les encantó. A otros no les gustó por razones muy específicas: el director Jim Jarmusch la boicoteó porque recordaba que a Basquiat no le gustaba Schnabel cuando ambos eran pintores. Las vidas creativas son complicadas. Pero mucha gente aceptó a Schnabel como director de cine después de haberlo aceptado como pintor. (No todos pueden decir lo mismo. Robert Longo, otro artista reconocido, se lazó a hacer una película titulada Johnny Mnemonic, en 1995, que no le gustó a mucha gente y que no tuvo éxito comercial.) Con Schnabel resulta interesante pensar cómo se embarcó en una segunda carrera creativa y tuvo éxito. ¿Son transferibles algunas habilidades? ¿Veía él las películas de un modo especial mientras pasaba su vida pintando cuadros?

Por aquella época, David Bowie concedió una entrevista. Había actuado en *Basquiat* y en algunas otras películas y el entrevistador le preguntó cómo era Schnabel como director de cine. Le preguntó, en concreto, cómo un pintor había trasladado sus habilidades creativas al mundo del cine. Le pidió a Bowie que comparase el enfoque cinematográfico de Schnabel con el de Tony Scott, un director de cine mucho más comercial con el que Bowie había trabajado años antes. (La película de Tony Scott era de vampiros y se titulaba *Colmillos para el recuerdo*. Estaba bromeando, se titulaba *El ansia*.) La respuesta de Bowie fue interesante:

> La prioridad de Tony era crear un complicado marco asimétrico. Se centró prácticamente por completo en lo visual. Casi no me dio instrucciones ni ideas sobre el desarrollo de la historia. Se trataba de desplazar un interés visual contra otro. Podría pensarse que sería Julian el que trabajaría así. Pero a él le interesaba la narración, la forma. No diría que lo visual tuviese menos importancia para Julian, pero sin lugar a dudas lo que contaba la historia para él tenía la misma importancia que lo visual.

Lo que me enseñó ese comentario es que la gente pasa de una forma artística a otra de maneras complejas que colocan toda clase de fascinantes presiones sobre su creatividad. Para un pintor, hacer una película no es como colocar un marco y encender la cámara. De hecho, como Bowie dio a entender, los principales motivos de Schnabel para hacer la película no tenían nada que ver con sus habilidades visuales. Es posible que se sintiese confiado en ese sentido y en lugar de eso quisiese darle fuerza a la historia o a su manera de construir los personajes. Esto me lleva de vuelta a uno de los primeros temas que traté, que la gente creativa es creativa. ¡Estoy convencido de ello! Lo que quiero decir, como ya expliqué antes, es algo un poco menos obvio y estúpido de lo que puede parecer a primera vista (pero, por desgracia, solo un poco). Quiero decir que las personas creativas sienten cierto impulso en su interior que las empuja a transformarlo en algo material. Dicho material puede variar. Pero cuando lo encaran lo hacen con cierta actitud. Es una actitud de cambio, o de compromiso activo, o con la voluntad de equilibrar razón e irracionalidad, o de canalizar las pasiones personales, las obsesiones y los fetiches. Hay un montón de opciones. Pero si tienes esa actitud creativa, eres una persona creativa. Y si eres una persona creativa, entonces las cosas que haces son, por definición, creativas. Una película de Schnabel puede articular, potencialmente, toda una serie de ideas al mismo nivel que un cuadro de Schnabel.

Eso no quiere decir que una cosa sea tan buena como la otra. Esa es una discusión para otro momento. Tal vez Jim Jarmusch estuvo en lo cierto al boicotear *Basquiat*. Pero lo que a mí me interesa es la partida. Cuando un artista que está en la habitación A recorre el pasillo para llegar a la habitación B, ¿qué es lo que ha aprendido en el proceso? ¿Se lleva consigo sus herramientas y notas de la habitación A o se limita a recorrer el pasillo con las manos vacías, presentándose como un nuevo alumno? Hay muchas respuestas dependiendo de quién seas, en qué punto te encuentres de tu carrera, lo alejadas que estén una habitación de la otra y muchas cosas más. Pero la partida en sí es una parte vital de cualquier carrera creativa. De no ser así, acabas viéndote atrapado en un único lugar.

Hablando de sentirse atrapado —y esta puede ser entendida como la transición más obvia de la historia—, Schnabel dirigió después *La escafandra y la mariposa*, una alucinante película sobre la creatividad y la partida por derecho propio. Trata sobre un periodista francés, Jean-Dominique Bauby, editor jefe de la versión francesa de la revista *Elle*. Bauby sufrió un ataque recién cumplidos los cuarenta y se vio atrapado en su propio cuerpo. Era plenamente consciente de todo lo que ocurría a su alrededor, pero estaba absolutamente paralizado físicamente. No podía mover los brazos. No podía mover las piernas. No podía hablar. Lo único que podía hacer era parpadear, y uno de sus ojos tenía que mantenerlo cerrado debido a un problema con el lagrimal. Ni siquiera podía llorar. Desarrolló un código en el que podía enviar mensajes a través de su ojo izquierdo. Así escribió un libro. Se calcula que necesitó doscientos mil parpadeos para escribirlo. Cuando me enteré me quedé paralizado. Sin la capacidad para moverse o hablar o tocar a alguien, el resto de sus sentidos se afilaron, especialmente la memoria. ¿Es un sentido la memoria? Si no lo es, debería serlo. (Esta idea, que cuando queda bloqueado uno de los caminos de la vida el resto se enriquecen de maneras muy interesantes, no es nueva. De hecho, se da por sentado que la ceguera provoca que se intensifique el sentido musical: Blind Willie Johnson, Ray Charles, José Feliciano, Stevie Wonder. Pude haber hablado únicamente de Stevie Wonder. No son necesarios más ejemplos. Stevie no era ciego de nacimiento. Lo pusieron en una incubadora y respiró demasiado oxígeno, eso dañó sus ojos durante el desarrollo infantil. Una de las cosas que me gusta pensar sobre Stevie —y de la que voy a hablar ahora, aunque no pertenece realmente a esta sección, porque no necesito excusas para pensar en Stevie Wonder— es ¿qué imágenes tendrá él de sus canciones? En un tema como *Bird of Beauty* habló de un pájaro y también de colores. ¿De dónde le vendrán las nociones visuales? ¿Ha escuchado sobre los colores en otras canciones y simplemente habrá tomado prestadas las ideas, sabiendo que los colores tienen cierto contenido emocional a pesar de no poder verlos?)

Schnabel adaptó *La escafandra y la mariposa* y lo convirtió en una película. Eso fue una década después y, de nuevo, se trataba de algo diferente. Si la primera película fue una partida, esta fue una especie de síntesis. Puedes apreciar todas las cosas de las que habló Bowie, pero dado que era la adaptación de un libro, Schnabel pudo centrarse también en cosas que Bowie dijo de Tony Scott. Bauby recuerda la mayor parte de su vida como un flashback, y algunas de esas escenas parecen compuestas como si fuesen cuadros.

La escritura de *La escafandra y la mariposa* es el caso más extremo en el que puedo pensar sobre alguien que abandona un camino creativo e inicia otro para acabar descubriendo que el segundo entraña sus propios beneficios e inconvenientes. Pero no se trata solamente de las extremas capacidades creativas que Bauby necesitó para escribir su historia. También trata sobre su idea de que la vida consiste precisamente en verse atrapado por ciertos entornos o hábitos y liberarse de ellos. De ahí la escafandra del título: un antiguo artilugio para sumergirse en el océano. En la película (y supongo que en el libro también, aunque no lo he leído), aparecen retratos de otras personas atrapadas por sus miedos o por sus pensamientos conservadores. Llevan sus propias escafandras. La mariposa representa la libertad y la belleza de dicha libertad. Cuando puedes liberarte de la escafandra eres capaz de convertirte en una mariposa.

Nadie recomendaría verse sometido al síndrome de enclaustramiento como forma de motivación creativa. Eso sería una locura. Pero la obligada partida de Bauby, verse lejos de su antigua vida, conllevó interesantes consecuencias creativas. Puedes crear tu propia versión de eso en tu vida. Puedes obligarte a cierta clase de partida, y comprobar entonces qué efecto tiene eso en tu trabajo. Sin duda causará un efecto. Y dado que he pasado mucho rato rondando por las historias vitales de otras personas, acabaré con una historia propia. Cuando empecé a escribir *Mo' Meta Blues* nunca antes había escrito un libro. Había escrito antes, tanto en la escuela como fuera de ella. Escribía en un blog y subía ensayos y también había colaborado en algunos periódicos y revistas, pero nunca me había tomado el tiempo de sentarme para escribir un libro. Fue un libro escrito en colaboración, que en aquel entonces era el método perfecto para mí porque me permitía enseñar y aprender a la vez. Pero supuso una partida. Empecé a pensar en un ritmo diferente. Las unidades cambiaron. No se trataba de compases; se trataba de páginas o capítulos. La idea de corregir cambió. La idea de cómo podría o tendría que incorporar los pensamientos de otras personas cambió. Rich, mi mánager, tenía más experiencia en eso de escribir, y Ben, la persona que escribía conmigo, tenía

más experiencia que los dos juntos. Pero me lancé y lo hice. Me
metí en ese mundo y creé algo.

Vayas donde vayas, ahí estás tú

Una partida no siempre es lo que parece. O, mejor dicho, viajar tiene
mucho más que ver con el lugar del que te alejas que con el lugar al
que tienes pensado llegar. Conozco a una mujer que creció conmigo
en Filadelfia. Fue a Roma cuando teníamos veintipocos años y cuando
regresó me contó su experiencia. Su descripción fue buena y detallada, pero también estaba basada en Filadelfia. Aquella plaza le había
recordado a Rittenhouse Square, un poco. Había allí un edificio que le
daba un aire a la Academia de Música. No se debía a que ella tuviese
un contexto limitado; aunque en parte sí. No se debía a que me estuviera hablando a mí, que también tenía un contexto limitado, aunque
en parte sí. Se debía a que las nuevas ideas crecen a partir de las viejas.

Si lo piensas bien no hay otra opción. Escoge tu metáfora.
Piensa en el compostaje, donde los materiales orgánicos (incluidos
algunos de los que no se puede hablar) se convierten en un poderoso fertilizante. Piensa en el eco, cuando lanzas un sonido y regresa ligeramente cambiado, hasta el punto que puedes (y deberías)
imaginar que lo dijo otra persona. Eh, me gusta eso de que la sugerencia llegue a través de otra voz. Debería hacer algo con eso. A lo
largo de mi carrera he sido testigo de muchos ejemplos cuando he
puesto un pie en un nuevo campo —o me he embarcado en una
nueva partida, según los términos de este capítulo— solo para descubrir en breve que ese nuevo campo está profundamente conectado con aquello que hacías antes.

Así es como llegué a las bandejas Lazy Susan. Las Lazy Susan
son aquellas bandejas circulares que se colocan en medio de la
mesa del comedor. Giran sobre un eje, lo que implica que puedes
usarlas para pasar cosas de un extremo a otro de la mesa sin pasar

Viajar tiene mucho más que ver con el lugar del que te alejas que con el lugar al que tienes pensado llegar.

—

por en medio. He hablado antes de ellas, pero voy a volver a hacerlo. El tiempo es un círculo plano, igual que las Lazy Susan. En 2015 fabriqué unas pocas para una edición limitada hechas de Corian, un material para encimeras, y las utilicé en mis salones culinarios. No eran unas Lazy Susan corrientes. Estaban decoradas con estampados de discos estroboscópicos, así que eran bandejas estroboscópicas. Los discos estroboscópicos son herramientas de trabajo para los DJ: tienen el tamaño de un disco, con la superficie impresa con un patrón en blanco y negro. Esos patrones son bonitos, pero también son funcionales. Cuando giran a cierta velocidad da la impresión de que no se mueven. Es un modo de saber a qué velocidad gira tu equipo, así puedes verificar si las revoluciones por minuto son las adecuadas. Las Lazy Susan que yo fabriqué no giraban a la velocidad de una consola de tocadiscos. De haber sido así, la comida habría ido a parar al regazo de los comensales. Pero se inspiraban en la música, en la tecnología y en la comida, conectando las tres disciplinas. Me recordaban que la música está dividida entre el objeto (el disco) y la experiencia (el sonido), de un modo muy similar a cómo el arte culinario está dividido entre lo permanente (el plato) y lo temporal (la comida). También refuerzan la idea de la circularidad y el retorno, en el sentido en que lo hace *True Detective*: el tiempo es un círculo plano, ya sea en un estudio de grabación o en la cocina. Y lo que es más importante, me recordaban que me encontraría siempre en la posición de que me recordasen cosas. Creía que había tenido una idea totalmente diferente, pero resultó ser una idea que estaba conectada a las ideas que siempre había tenido. Creativamente hablando, sucede a menudo: cuanto más viajan las cosas más permanecen en casa.

Llévame al otro lado

Pero cuando partes, tienes que estar abierto a aquello que ocurre en el otro lado. Tienes que estar dispuesto a llevar en tu maleta todo aquello que crees que vas a necesitar, pero también a usar aquello que encuentres cuando estés allí. Rich Nichols, el difunto mánager de The Roots, mi mentor, solía viajar con nosotros siempre. Iba en el avión. Iba en el autobús. Llegó un momento en que desarrolló una estrategia para hacer las maletas. Se llevaba solo mudas para un día o dos. Cualquier otra cosa, suponía, sería fácil de adquirir. Podía comprar ropa interior. Podía comprarse camisetas. Resultó ser un modo práctico de calcular las cosas. Si la compañía aérea cobraba extra por facturar las maletas tenía sentido poder meterlo todo en la bolsa de mano. Pero Rich no lo hacía por motivos económicos. Lo hacía por razones creativas. Necesitaba repensarse a sí mismo en ese nuevo entorno, incluso aunque fuese cuestión de minutos. Necesitaba experimentar un cambio real, aunque fuese algo muy breve.

Ese es otro de los elementos de la partida. Tienes que permitirte cambiar. Rich creó una estrategia para hacer las maletas, pero siempre estaba en esa onda, y precisamente por eso nosotros también lo estábamos. No importa lo que ya tengas, entiende el deseo de reconstruirte. Es parte de la esencia creativa, la inquietud. Cuando The Roots grabamos discos intentamos en todas las ocasiones encontrar un tono diferente, usar un enfoque diferente, emplear un proceso diferente. Sabemos que ese es el modo en que acabaremos haciendo un disco diferente. No tememos que sea menos creativo. Queremos ver qué ocurre.

Anticipa el cambio. Exígete cambiar. Intenta, como siempre, mantenerte dentro de los límites de lo alcanzable. Hay muchas tensiones en la vida creativa, así que lo más adecuado es limitar las que tú puedes crearte a ti mismo.

Un ejemplo me viene ahora a la mente: en 2014, mientras trabajaba en el libro *somethigtofoodabout*, estuve hablando en profundidad con el chef Dave Beran. Dave y yo nos hicimos amigos. En aquella época, Dave trabajaba en Next, un restaurante de Chicago con innovadoras instalaciones. Cada tres meses, Next se convertía en un restaurante totalmente diferente. Podía ser un asador durante un tiempo y después convertirse en un restaurante tailandés y luego transformarse en un bistró francés. El cambio estaba en el ADN del establecimiento.

Lo que eso implicaba era que tenían que contratar a cierto tipo de cocineros. Di por supuesto que necesitaba personas de carácter generalista, más que gente muy buena haciendo una sola cosa. Dave estuvo de acuerdo conmigo, aunque luego me contradijo un poco. No necesariamente quería a cocineros generalistas. Quería a personas que pudiesen verse a sí mismas como especialistas en una cosa y, meses después, se viesen a sí mismos como especialistas en otra. Tenían que ser apasionados, pero tenían que poder convertir esa pasión en otra pasión.

Tengo otro ejemplo, un tanto diferente, que también me viene ahora a la mente: en 2016, Spike Lee hizo un documental sobre Michael Jackson, específicamente sobre su etapa de finales de los setenta y principios de los ochenta, cuando pasó de ser el líder de The Jackson 5 (y después The Jacksons) a convertirse en una superestrella con *Off the Wall*. En el documental, Spike muestra una nota manuscrita escrita por el propio Michael:

—

**Anticipa el cambio. Exígete cambiar.
Intenta, como siempre, mantenerte
dentro de los límites de lo alcanzable.**

MJ será mi nuevo nombre. Ya no me llamaré Michael Jackson. Quiero una personalidad totalmente nueva, una nueva imagen. Tengo que ser una persona totalmente diferente. La gente ya no tiene que pensar en mí como el niño que cantaba *ABC* o *I Want You Back*. Tengo que ser un nuevo e increíble actor/cantante/bailarín que sorprenda al mundo. No concederé entrevistas. Seré mágico. Seré un perfeccionista, un buscador, un domador, un maestro de maestros. Seré mejor que cualquier actor atado a una sola versión. «Tengo» que disponer del más increíble sistema de entrenamiento. Profundizar, profundizar y profundizar hasta encontrarlo. Estudiaré y echaré la vista atrás en el mundo del entretenimiento al completo y lo perfeccionaré. Iré más lejos del punto al que llegaron los grandes.

Le perdono el «totalmente» y el «maestro de maestros», e incluso la rareza de «seré mejor que cualquier actor atado a una sola versión». No estoy seguro de si esta es la mezcla adecuada de autoconsciencia y autoprotección. Recuerda: estamos hablando de alguien con un talento sin límites y un impulso que le hizo arder de todos los modos posibles que una persona puede arder: hábitos insanos, malas compañías, elecciones cuestionables, desprecio por la realidad y, finalmente, una muerte prematura. Pero, aunque advierta a todo el mundo (y a mí) contra el contenido de esta carta, aun así no dejo de apreciar su atractivo. Hay algo asombroso y admirable en una persona que ve con tal claridad cómo va a cambiar su vida, capaz de ver la crisálida y la mariposa. Y luego está la mejor frase de la carta: «Seré mágico».

Sin embargo, creo que es mejor no permitirse cambiar demasiado. Las partidas tienen que conducirse de manera juiciosa.

¿Quién ha sido la persona más creativa de la historia de la humanidad? ¿Duke Ellington? ¿Picasso? Resulta difícil decirlo porque es posible que todavía no hayas oído hablar de la persona más creativa de la historia. Podría ser alguien que afrontase sin descanso un reto tras otro, siempre revoloteando, sin llegar a posarse nunca. La partida no es una licencia para alejarse y seguir alejándose. Tienes que hacer cosas en alguna clase de línea consistente, retomar tu proyecto principal, a pesar de que la creatividad pura siga empujándote más y más lejos. Ellington, que era pura creatividad, pudo haber hecho música por la mañana y después echarse una siesta y más tarde escribir un sketch cómico y dibujar una caricatura. La creatividad, al menos en parte, tiene que ver con la disciplina, con permanecer en la misma línea. Bueno, permanecer más o menos en ella. Es como un primer plano de una soga. En gran medida es la soga, robusta y gruesa, lo que hace que las cosas permanezcan en su sitio, pero hay fibras que se disparan en todas direcciones. Puedes disparar en todas direcciones, pero no olvides también ser la soga.

O tal vez sería más adecuado decir que las partidas no son reubicaciones. Está la partida, pero el movimiento opuesto es el regreso. No eres un nómada. No eres alguien sin raíces. Tienes que preservar el sentido de tu misión original y la importancia de lo que supone retomarla. No es tanto «Allá donde vayas seguirás siendo tú». Es más bien «Allá donde vayas, ese será el lugar». Tus principales ideas creativas van contigo, y tú te desplazas a través de ellas. Las partidas no echan por tierra tus propósitos. Simplemente hacen que los lleves contigo.

La velocidad es distancia a lo largo del tiempo

Las partidas pueden ser peligrosas, en teoría. A la gente le preocupa convertirse en alguien diferente. A los artistas les preocupa especialmente. Saben que tienen que expandir sus horizontes. Saben que tienen que correr riesgos. Pero ¿hasta qué punto? ¿Y cuándo saben que han ido demasiado lejos y que, de algún modo, están poniendo en peligro la integridad (incluso la existencia) de su ser artístico original?

Un ejemplo obvio es el de Liz Phair. Cuando The Roots estaba empezando, Liz Phair era una adorada cantante indie-rock que había grabado un primer disco, «Exile in Guyville», y luego dos más de estilo parecido: «Whip-Smart» y «Whitechocolatespaceegg». Más tarde, en 2003, cambió. Su cuarto álbum, «Liz Phair», era casi asombrosamente diferente de los tres anteriores. Era pop resbaladizo y sobreproducido al servicio de unas canciones que no tenían nada que ver con la crudeza y la obstinación de las que había compuesto con anterioridad. Muchos de sus admiradores odiaron ese disco. *The New York Times* la atacó por haber cambiado, acusándola de haberse vuelto aburrida y previsible. Eso me pareció un tanto paradójico. Avanzar respecto a lo que ya has hecho —partiendo de lo único que te ha llevado a adquirir fama— me pareció un riesgo tremendo. No sé las razones que llevaron a Phair a hacer algo así. Tal vez estaba harta de ser considerada una artista underground y del limitado éxito comercial. Tal vez su compañía discográfica estaba harta de su limitado éxito comercial. Tal vez estaba genuinamente interesada en un tipo de sonido más pulido. Tal vez estaba evolucionando personalmente y quería que su música reflejase esos cambios. Tal vez su motivación era más compleja y conllevaba elementos de autosabotaje para que su público (que había surgido con bastante rapidez) no pudiese tumbarla. No sé qué le pasaría por dentro. Pero lo que sí puedo decir es que se embarcó en una partida.

Dispongo de otro ejemplo que me resulta más íntimo y cercano: Chubby Checker. Todo el mundo lo conoce por «The Twist», claro está, y por su nombre, que es una extraña variación de «Fats Domino». Fue una de las estrellas de los primeros tiempos del rock and roll, cuando era sencilla música de baile. A principios de los años setenta, vivía en Holanda, donde se relacionó con varios músicos de rock jóvenes. Resulta bastante gracioso que Chubby Checker decidiese grabar un disco con ellos. Y qué disco. Es un extraño artefacto psicodélico que tiene al menos un tema, *Goodbye Victoria*, que es una obra maestra. Es una especie de derivación de otras músicas que se estaban dando por aquella época, como la de Hendrix o Lee Moses, pero para Chubby Checker significaba una verdadera partida. No sé si alguna vez se planteó la posibilidad de firmar el disco con su verdadero nombre: Ernest Evans. Sé que el disco, en el conjunto de su carrera, pasó desapercibido, olvidado por todo el mundo salvo por los coleccionistas más acérrimos. Pero es un disco tan propio de Chubby Checker como «The Twist», incluso un poco más, porque «The Twist» fue un disco artificialmente novedoso. Esos casos forman parte de un género muy amplio: el de los Discos que Suenan Diferente pero Siguen Sonando. En el culmen de su fama como creador de éxitos, Stevie Wonder grabó un disco básicamente instrumental, «Journey Through the Secret Life of Plants», a modo de banda sonora para un documental sobre naturaleza. Beastie Boys tomó esos temas instrumentales y los tocó en directo. A algunas personas esas partidas no les gustan y las desprecian como si se tratase de experimentos. Otras personas entienden que forman parte del Viaje a Través de la Vida Secreta del Arte y aceptan el reto. ¿Quiénes somos nosotros para determinar si un artista está en la senda adecuada o se ha apartado de ella? El artista es la senda.

La milla de la luz de luna

El otro tema de las partidas es que te permiten hacer múltiples cosas del mismo estilo, o de estilos parecidos. Cuando empezamos a salir de gira, hace más de veinte años, con Beastie Boys, Mike se disfrazaba con una barba y era DJ entre la apertura y la llegada de los Beasties. La gente quería saber por qué lo hacía. Tenía una razón. Quería establecer el estado de ánimo y el ambiente para el público. Finalmente lo descubrieron. Cuando yo era DJ no me disfrazaba. Tenía un efecto en el resto de mi trabajo. De repente, lo que había sido mi *hobby* amenazaba con convertirse en aquello por lo que me conocían. Fue un giro extraño.

Pero cuando partes, tienes que volver. En 2016 empecé el programa «Questlove Supreme» en Pandora. Fue una partida para mí, en cierto sentido; ya he comentado cómo me sirvió para darle una nueva salida a la parte DJ de mi cerebro y activó el impulso formal de curador. Uno de mis programas favoritos fue cuando entrevisté a Stephen Hill, por aquel entonces presidente de la cadena BET (Black Entertainment Television). Hablamos de cómo empezó siendo DJ en la Brown University y de cómo seguía interesándole la energía de ser una personalidad de la radio. En tanto que presidente de la BET, su fantasía seguía siendo ser DJ. Hay que entender las partidas en dos direcciones: cuando te desplazas hacia algo, el lugar de donde sales se convierte en tu partida, en cierto sentido, así como en tu ancla. Tienes que empujar hacia delante las nuevas ideas y tirar hacia atrás de las ideas antiguas que te animaron a empujar hacia delante las nuevas. Pienso en ese proceso como si fuese una carretera. He estado en lugares en los que los límites de la carretera caen formando profundas zanjas. Eso es terrorífico y limita la creatividad. Cuando estás haciendo algo no puedes preocuparte por las zanjas. Necesitas una infraestructura que te permita avanzar de manera productiva, ubicado en el centro de la carretera. Si dispones de eso, funcionas adecuadamente, puedes ir tan lejos como quieres y acercarte al límite, que estará tan lejos como necesites que esté.

Este principio tiene un componente relacionado con la política. No quiero usar estas páginas para ser demasiado explícito sobre esos temas. No es el lugar adecuado para discutir sobre la interferencia rusa en las elecciones o para identificar las fuerzas que han llevado a nuestro cuadragésimo quinto presidente al Despacho Oval. Pero quiero hablar del efecto inmediato que las elecciones han tenido en la noción que nuestro país tiene de la creatividad.

A finales de noviembre de 2016, todo el mundo de la comunidad artística parecía haber entrado en crisis. Todo el mundo se preguntaba cómo iba a afectar en nuestras vidas la elección del nuevo presidente. ¿Nos daría más fuerza? ¿Nos recargaría las pilas? ¿Nos pondría en peligro? ¿Cómo crear algo artístico en un tiempo tan incierto?

Justo después de las elecciones, participé en un acto inaugural en el Kennedy Center para celebrar el Día de la Creatividad de la NEA (National Endowment for the Arts). Estaba hablando con Eric Deggans, crítico de televisión en la NPR, en el escenario. (Antes del acto había descubierto que también era baterista y que, de hecho, me había entrevistado en 1994, cuando estaba en Alemania, justo después de que saliese «Do You Want More?!??!!».) Jane Chu, presidenta del NEA, nos había presentado y había puesto en la mesa algunas cuestiones importantes. ¿Cómo se pueden fortalecer las comunidades? ¿Cómo puede conectar la gente? «Las artes nos aportan las herramientas para descubrir y celebrar nuestros recursos y transformar nuestros retos en ventajas. Las artes pueden conectarnos con nuestros vecinos y nos ofrecen la oportunidad de celebrar nuestras diferencias, en lugar de entenderlas directamente como una señal de división.» Todo el mundo asintió. «Las artes pueden nivelar el terreno de juego. Son una fuente de enriquecimiento.» La gente asintió todavía más.

Cuando Eric y yo salimos de allí intentamos mantener viva la conversación. Hablamos de personas con las que yo había trabajado. Hablamos sobre la necesidad de mantener la frente alta. Pero teníamos la sensación de que el arte tenía que comprometerse con el mundo y de que el mundo estaba cristalizando de un modo hostil para los intereses del arte. Esa es una línea de pensamiento que conecta con un buen número de cosas que se han comentado en este libro. Se trata de calmar la voz que sientes en tu interior y de buscarle el objetivo adecuado. Se trata de encontrar creadores en la misma sintonía; y, en ocasiones, sobre resistir la necesidad de acercarte demasiado a ellos a expensas de tu visión particular. Pocos días antes de ir al Kennedy Center, la escritora Jacqueline Woodson presentó un premio para jóvenes escritores como parte de las ceremonias relacionadas con el National Book Award. Habló de cómo había estado en manifestaciones toda la semana, de lo cansada que estaba de manifestarse. Pero animó a los escritores a que escribiesen a favor de la revolución sin importar lo cansados que estuviesen. En The Roots siempre hemos intentado hacerlo. Pero también hay un movimiento contrario. En la misma ceremonia, el humorista B. J. Novak, que era uno de los anfitriones, se preguntó si podría ser seleccionado para un debate político. Dijo que sería muy complicado. Sabía que las ideas de la administración eran peligrosas. No estaba de acuerdo con muchas de ellas. Pero si empezaba a mostrarse como un artista más receptivo a nivel político, ¿qué ocurriría con su habilidad para jugar con las ideas, para escribir, para experimentar, para hacerse preguntas?

Volver al Black Cool

Soy absolutamente favorable a los dos extremos de la argumentación. Hay una idea que circula en el mundo de la cultura, Black Cool, que identifica los modos en los que los artistas afroamericanos ocupan (o al menos solían ocupar) un lugar en la cultura en el que ejercen de pioneros en términos de ideas novedosas y de vanguardia. Todo eso ha cambiado. La cultura afroamericana ha dejado de ser el lugar principal donde la cultura convencional resiste y se ve rejuvenecida. La floración hizo surgir la rosa hasta cierto punto. Pero el cambio de estatus también es una oportunidad. Es una oportunidad para dejar de dirigir la política de la creatividad negra y hablar sobre la sospechosa esperanza de que la creatividad negra llegue a ser, en cierto sentido, productivamente apolítica.

Soy totalmente consciente de que el papel de los negros en el entretenimiento se ha visto limitado a cuatro microcategorías. Se desdibujan entre personajes y personalidades reales, pero tal como lo perciben los artistas negros funcionan como contenedores. La primera de ellas es la fantasía del tipo malo. Todo el mundo adora a los tipos malos. La número dos es la del Mandingo, una imagen supersexualizada. La número tres es la que marca la ambigua, diluida y segura ruta apolítica: sin opinión personal, sin alterar el orden, un artista que realmente no tiene personalidad. Y la cuarta es la más complicada de sacudir, y de ahí la idea de que las personas negras creativas están, de algún modo, fuera de este mundo: operan según un nivel de talento o de genialidad que no puede ser entendida de manera racional. Resulta halagador, pero forma parte de un mecanismo mayor que no tiene nada que ver con los halagos. Dave Chappelle me dijo en una ocasión que lo mejor que podría pasarle al presidente Barack Obama es que fuese visto como un tipo mediocre. En lugar de eso, existe un relato de habilidades sobrehumanas que suele adjudicarse a los creadores negros. Piensa en los deportistas. Ves a LeBron James: no es de este mundo. Michael Jordan no es humano. Pero, por otra parte, O. J. Simpson es un animal. Cada punto colocado en la balanza de la genialidad crea un déficit en algún otro lado y, por lo tanto, mucha gente en el mundo piensa en los negros como una subespecie inferior a los humanos. Nunca estamos al nivel que corresponde. El año pasado, Donald Glover creó una serie de televisión para FX titulada *Atlanta*, la primera vez que he visto comedia surrealista enfocada de ese modo. Los personajes tienen tres dimensiones, no son caricaturas. Rompen las categorías. Se relacionan unos con otros porque son seres humanos. Al final del día lo que me gusta es que me vean como alguien tridimensional y cercano, más que cualquier otra cosa.

De nuevo, eso me sitúa en un lugar conflictivo, un lugar de tensión y —por extensión— de creatividad. Al mismo tiempo que me entristece que haya desaparecido la idea del Black Cool, tengo la esperanza de que esa desaparición me aporte (a todos nosotros) una nueva visibilidad. Y al mismo tiempo que me siento esperanzado sobre dicha desaparición, me pone muy triste en varios sentidos. Lo más triste y específico es que me obliga a plantearme la posibilidad de desvelar uno de mis secretos mejor guardados. Durante años, la gente me ha preguntado sobre aquellos proyectos creativos que más me gustaría llevar a cabo pero que temo no ser capaz de realizar. A veces digo que no tengo respuesta para eso, pero sí la tengo. Me gustaría volver a lanzar «Soul Train». Fue el programa de televisión —el momento cultural— que más me importó durante mi juventud, y me gustaría volver a ponerlo en marcha. Pero en cuanto lo formulo, me doy cuenta de que el momento de «Soul Train» seguramente pasó para siempre. «Soul Train» apareció en un momento de identidad afrocéntrica, cuando existía el Black Cool, y cuando hablar de esas cosas tenía una recepción entre el público. Tratándose de un público cada vez más multicultural, en el que hay menos blanco y menos negro y más de aquello en lo que nos estemos convirtiendo —¿Arcoíris? ¿Gris?—, creo que ya no sabría ubicar el papel de los antiguos modelos de expresión cultural. No digo que no funcionen. Digo que ya no estoy seguro de ellos. De nuevo: tensión. De nuevo: creatividad.

Expandir la experiencia
Si eres músico, acude a una exposición; si eres pintor, estudia danza.

EL MERCADO

Hola, amantes del arte

Soy un artista comercial. Creo una obra que va destinada al público. Y, sin embargo, utilizo dicha obra para transmitir un mundo personal. La mejor metáfora de la que dispongo para ello es un poco extraña. Siendo niño recuerdo haber visto *Mary Poppins*. Hablo de la única versión que considero legítima, la película original con Julie Andrews, no del musical o de cualquier otra adaptación.

Me gustaba toda, pero una de mis partes favoritas es cuando Bert, interpretado por Dick Van Dyke, hace dibujos con gis en la acera y después se introduce en ellos. Bien, en realidad está cantando Chim Chim Cher-ee mientras dibuja con gis. En un momento dado se da cuenta de que allí está Mary Poppins. Ella le presenta a los niños y los niños le dicen a Bert que se van al parque. Él se burla. Les dice que las niñeras corrientes llevan a los niños al parque. Mary Poppins les ofrecerá algo más especial. ¿El río, tal vez? ¿Tal vez el circo? Él niega cada una de esas posibilidades. Finalmente, los niños se fijan en uno de los dibujos, el típico paisaje de la campiña inglesa. Quieren introducirse en el dibujo. Mary Poppins no quiere nada de eso. Bert dice que está preparado para la magia. «Piensa, guiña y parpadea dos veces. Cierra los ojos y salta.»

Pero eso no funciona. Ella se exaspera. «¿Por qué siempre complicas las cosas que son más sencillas?» Les da la mano y saltan todos juntos. Todos empequeñecen y entran al dibujo. Mientras están allí cantan y bailan. Un bastón y un paraguas bailan al ritmo de ellos.

Cuando era niño me encantaba esa idea. Ahora que soy mayor la entiendo como una metáfora del arte comercial.

Lo primero que dice Bert es: «Hola, amantes del arte». Está orgulloso de lo que ha hecho. ¿Y cómo valora su propia obra? «No es como para la Real Academia, pero es mejor que un dedo en el ojo.»

Pero no se trata del arte por el arte. «No les pido dinero —canta—. Pero a mi gorra le gustaría recibir una moneda o dos.» Es posible que Bert no lo haya hecho por dinero, pero el dinero sería bienvenido. Le permitiría hacer más cosas de esas que le gusta hacer. También se trata de una experiencia que él define como superior a otras experiencias. Las niñeras normales llevan a los niños al parque, es gratis. Las niñeras con gusto y cierto sentido de aventura, como Mary Poppins, se adentran en los dibujos.

Pero no es solo eso. Cuando Bert, Mary y los niños desaparecen dentro del dibujo, viven una experiencia mágica. Bert y Mary se juntan con animales dibujados. Los niños corren hasta llegar a la feria. Bert puede comprobar cómo su obra es experimentada tanto desde el exterior como desde el interior. Él lo ve como un creador y observa también como los demás se sumergen en ella. Esa es la tensión que hay que preservar para el arte creativo. No hay que olvidar nunca que estás trabajando para sentirte satisfecho, pero tampoco hay que olvidar que los otros ocuparán la obra creativa que has hecho. Es necesario que ambas perspectivas convivan en tu mente todo el tiempo.

El arte comercial también tiene otro gran componente: la fecha de entrega. Cuando haces algo para ti, ¿cómo sabes cuándo has acabado? A veces no llegas a saberlo. Y a veces no te interesa saberlo. El proceso es lo que te ha nutrido, y llevarlo a término le restaría sentido.

El arte comercial es diferente. Alguien espera que acabes, para pagarte o para intentar recuperar su inversión, y espera más obra creativa cuando acabes, ya sea tuya o de algún otro. No puedes posponer el fin eternamente. Eso no le valdría a nadie. Tienes que ponerle punto final cuando la cosa está bien. Y si bien es cierto que el proceso de las fechas de entrega y de la recuperación de la inversión puede ser corrupto y vulgar —he visto a sellos discográficos hacer auténticas vilezas a ciertas personas, cosas que harían que la cabeza de un inversor inmobiliario volase por los aires— también es cierto que he visto cómo el proceso comercial funcionaba de maravilla y generaba obras maravillosas.

Empezaré con un ejemplo reciente, el motivo por el cual The Roots trabaja en «The Tonight Show». Nosotros tocamos cuando vienen invitados musicales, pero también tenemos, según una pauta habitual, ciertas participaciones creativas en el programa. Para empezar, tocamos piezas de transición: cuando el invitado se acerca al sofá de Jimmy tocamos canciones que reflejen cierto aspecto de su vida o de su carrera. A veces lo que escogemos hace gracia. A veces nuestra elección es emotiva. A veces se trata de una broma inteligente. Pero siempre pensamos qué es lo que vamos a tocar. La selección de las piezas de transición es una colaboración creativa en el sentido más sofisticado. Incluso hacemos reuniones sobre esas piezas, nos reunimos los miembros de la banda y los guionistas (pasemos lista: Handle Johnbook, Seandmnit, Undeadsinatra, CaptNish, gusto, Spookylectric, Spread, Lonesome D, Dgnosh).

También participamos en los momentos de humor. Hacemos el «Estilo libre con The Roots», donde acompañamos a miembros del público, pero también actuamos en los sketches cómicos. Eso significa que el proceso de preparar el programa tiene muy poquitos momentos pasivos. Es activo. Llegamos pasado el mediodía y a las siete ya preparamos el programa del día. No podríamos hacerlo sin el numeroso equipo que nos rodea. La gente que hace que las cosas funcionen, como en la mayoría de los programas televisivos, son algunas de las personas más centradas e intensas que he conocido. Pero nosotros también necesitamos ideas. En resumidas cuentas, el programa es un recordatorio diario del mejor escenario posible para el desarrollo del arte comercial. No hay menos creatividad que cuando improvisamos en una sesión de grabación en el estudio. Hay exactamente la misma. Pero en un estudio de televisión, con un reloj colgando sobre nuestras cabezas, nos vemos obligados a destilar y disciplinar nuestros impulsos creativos. Surgen muchas preguntas durante la elaboración de una obra de arte: ¿debería añadir X? ¿Debería extraer Y? ¿Y si Z acaba siendo algo diferente de lo que pensaba? Esas preguntas también están presentes en la elaboración de todos los programas diarios de «The Tonight Show», pero tenemos que lidiar con ellas a toda velocidad, de manera eficiente y con decisión. A estas alturas del libro puedo decir que he participado en miles de horas de la franja horaria nocturna de la televisión, y ser consistentes y disciplinados no ha hecho que estemos pasados de moda o que seamos predecibles, sino que seamos más inteligentes y pensemos con mayor rapidez. Jimmy es el capitán del barco, obviamente, y él es el que le da el tono al resto del equipo: para el monólogo, a veces los guionistas tienen que incluir chistes políticos en el último minuto; para los productores de segmentos, que tienen que preparar las parodias para que esa parte extra del monólogo encaje; para The Roots, que a menudo no disponemos de tiempo para aprendernos los arreglos de una nueva canción. Sin todas las horas de preparación ni todo el trabajo de estos años, no estaríamos capacitados para reaccionar: rápido, más rápido, a todo, pero aun ataviados con nuestros más creativos sombreros.

Que se mueva la multitud

El arte comercial tiene que ver con el público, obviamente. El proceso creativo no tiene lugar en el vacío, excepto si se trata de James Dyson. (Este chiste es sobre el magnate de las aspiradoras.) Lo que quiero decir es que la gente hace cosas y después tienen que hacer que esas cosas salgan al mundo. Es un proceso difícil.

Parte de su dificultad radica en saber qué quieres decir cuando dices *el mundo*. ¿A quién estás dedicando tu trabajo? ¿Cómo será recibido? Tenemos todo tipo de públicos. Puede ser un público pequeño que hace que la persona creativa siga adelante debido a la pasión o a cómo conectan con él. Para un joven artista, puede tratarse de un pariente o de un amigo que responde a su obra y lo anima. En el mundo creativo, los artistas tienen que ser conscientes de que los diferentes productos creativos se mueven por el mundo de un modo diferente. Eso se diferencia de la idea de los críticos. He tenido que lidiar con eso antes, y ahora un poco también, pero se trata más bien de distribución (aunque no en el sentido corporativo de cómo lograr que las películas lleguen al cine y cuánto tiempo estarán en cartelera, o qué hacen las cadenas de cines cuando la taquilla empieza a disminuir). Se trata del proceso que permite que una obra llegue al público.

Una de las principales divisiones, en el sentido más amplio, se produce entre el trabajo creativo que sí conecta con el público y el trabajo creativo que no conecta con el público pero que aun así dice algo de sus vidas. Realmente solo se necesita una anécdota para demostrarlo. ¿Sabes quiénes fueron juntos a un estreno cinematográfico en 1931? Charlie Chaplin y Albert Einstein. No es la introducción a un chiste. Es verídico. Eran amigos. En teoría, cuando el coche se aproximaba al cine y Einstein vio a la multitud, le dijo algo a Chaplin sobre lo sorprendente que era que tuviese tantos admiradores. «Tú también los tienes —le respondió Chaplin. Pero entonces añadió algo más—: Me admiran porque me entienden. A ti te admiran porque no te entienden.»

Aparte de la rareza que suponía que Chaplin y Einstein estuviesen juntos, es una de mis historias favoritas sobre cómo el público responde a la creatividad. Y no quiero que nadie diga nada de que Einstein no era un artista creativo. Los científicos pueden ser creativos. Ya lo he dicho antes: todo lo que hizo ese tipo fue tener ideas y traerlas al mundo. Hay gente que quiere trazar una línea entre la práctica del arte y la ciencia, y son unos cuantos. Recuerdo haber escuchado una conversación entre Neil deGrasse Tyson y David Byrne sobre las diferencias entre ellos, y la conclusión a la que llegaron fue que el objetivo de la ciencia es crear los mismos efectos una y otra vez, reproducir resultados, en tanto que el objetivo del arte es justo lo contrario. Es posible que eso sea cierto para la mayoría de los científicos, pero ha habido visionarios como Einstein, Leonardo o Edison que dieron saltos hasta llegar a zonas que nunca antes habían sido exploradas. Lo que ellos hicieron, ¿fue arte o ciencia? Fuera lo que fuese, sin duda se trataba de algo creativo.

Otro ejemplo, más reciente, más adecuado, proviene de un acto en el que participé junto a la directora de cine Ava DuVernay en Pratt. Hablábamos de creatividad, de límites creativos y de cómo organizamos nuestras vidas para poder trabajar. Ava contó la historia de su trabajo. Había sido publicista antes de crear su propia obra y sus dos primeras películas las realizó por completo fuera del sistema de estudios: tanto su primer documental como su primera ficción fueron independientes, autofinanciadas. Cuando le preguntaron a Ava qué había aprendido de ese proceso, su respuesta se centró en el público. Dijo que le encantaba trabajar como publicista, porque le había enseñado que toda obra tiene un público potencial y que el principal trabajo de un publicista —o, por extensión, de un artista— es ser sincero sobre cuál es ese público, lo extenso que es, quiénes lo componen, etcétera. A lo largo de su carrera, dijo, había trabajado en proyectos para públicos minoritarios y para públicos mayoritarios. El tamaño del proyecto afectaba al tipo de actores con los que trabajaba y el presupuesto del que disponía. (Meses antes del acto en Pratt, estaba rodando *Un pliegue en el tiempo*, la primera película con un presupuesto de cien millones de dólares dirigida por una mujer de color.) Pero la cantidad de público, dijo, no tenía nada que ver con su grado de satisfacción cuando veía a cualquier persona conectar con su trabajo. «Puedo ir a un cine y ver a unas pocas decenas de personas sentadas ahí o puedo leer en los periódicos que la película se va a estrenar en miles de salas —dijo— y ambas cosas son gratificantes. A veces escuchas decir que ciertas obras no tienen un público. Eso no es cierto. Tienen su público. Yo he visto a ese público. Se trata de encontrarlo.»

Esa idea me gusta tanto que voy a repetirla, sin necesidad de citarla entre comillas, dentro de mi cabeza. A veces escuchas decir que ciertas obras no tienen un público. Eso no es cierto. Tienen su público. Se trata de encontrarlo. Cuando Ava dijo eso en el acto en Pratt la gente aplaudió. Algunos se pusieron en pie y aplaudieron. Ella había llegado al público adecuado con sus comentarios.

Un millón de puntos de luz

Los comentarios de Ava, inteligentes y seguros, ayudan a explicar el modo en que el público encuentra (o es encontrado por) obras de arte. Pero hoy en día *público* significa algo diferente de lo que

A veces escuchas decir que ciertas obras no tienen un público. Eso no es cierto. Se trata de encontrarlo.

—

significaba entonces. ¿Por qué? Tal vez lo más adecuado sea decir que vivimos en Internet para bien y para mal. Internet tiene muchas cosas buenas, pero también tiene cosas malas. Nos da la capacidad de conocerlo casi todo de manera instantánea, pero también debilita y, en algunos casos, destroza la idea que tenemos sobre nuestra nueva identidad separada de esa expansiva red de información. Nos proporciona un montón de maneras de pasar el tiempo, pero también nos proporciona demasiadas maneras de pasar el tiempo. Pero una de las cosas más llamativas en las que Internet es a un mismo tiempo bueno y justo lo opuesto es que ofrece a personas de todo tipo (o como mínimo a la mayoría) una plataforma. Eso puede ser asombroso a la hora de ayudar a iluminar y dar voz para entender a las comunidades. Si eres estudiante en un país con un régimen represivo o eres pobre en Estados Unidos, Internet puede ofrecerte dos caminos: te muestra el resto del mundo, aportando contexto y contenido, y le muestra al resto del mundo partes de tu vida, aportando (con un poco de suerte) un sentido de conexión y de compasión.

Pero aquello que funciona de maravilla a la hora de verter algo de luz sobre ciertos segmentos de la humanidad, no funciona tan bien cuando el objeto es una obra de arte. Esto, de nuevo, requiere una clarificación. Internet puede tener una efectividad increíble, si de lo que se trata es de difundir obras de arte. Si haces un dibujo o una canción o un video, no tienes por qué depositar toda tu fe y tu dinero en un sello importante o en una galería de arte importante para que tu obra tenga visibilidad. Puedes estar en tu choza en los suburbios de Baltimore y aun así poder conseguir potencialmente un público. No lo tendrás fácil. No tendrás ninguna garantía. Pero las infraestructuras electrónicas se han establecido para permitir, como mínimo, que dispongas de ojos y orejas interesadas. (Eso está cambiando. Se está haciendo duro. Hace cuatro o cinco años, poner los enlaces a bandas que estaban subiendo sus temas en SoundCloud o sus actuaciones en YouTube resultaba apasionante en ese momento estilo Salvaje Oeste de la historia de la tecnología. «Échale un vistazo —podía escribir alguien—: Es alucinante.» Y a menudo solía serlo, y más asombroso aun por el hecho de que conectaba a un oscuro grupo con un consumidor cultural —ejem— destacado. Si me perdonas la expresión, las montañas venían a Mahoma todo el rato. Hoy en día eso ha cambiado, claro está. Un video viral puede provenir de la NBA o de un programa humorístico nocturno tanto como de un artista independiente.)

Internet también canaliza y carga de entusiasmo diferentes tipos de formas artísticas como nunca antes se había hecho. Cuando fui por primera vez al Sukiyabashi Jiro en Tokio documenté mi experiencia en Instagram, y cuando llegué a casa empecé a darme cuenta de la cantidad de gente que hablaba de comida en las redes. Colgaban fotos. Escribían apasionados comentarios. Ilustraban acertadamente el modo en que las obras de arte encuentran su público y los animaban a crear sus propias obras de arte como respuesta.

Pero el entusiasmo no es lo mismo que las valoraciones críticas organizadas y productivas. Durante años, los álbumes de The Roots únicamente recibían comentarios de las personas a las que les gustaban. Algunas de esas personas eran críticos que habían depositado expectativas en nosotros, pero debido a esas expectativas habían tenido una experiencia con nuestra música. Sabían que «Phrenology», por decir algo, suponía una partida respecto a «Things Fall Apart» al menos en cierto sentido, o que algunas canciones eran un intento de capturar la energía de un proyecto anterior. Llegados a un punto, los álbumes podían descargarse gratis si eras un ladrón del mercado gris. Y después pudieron escucharse en *streaming*. Eso estuvo bien. Le daba acceso a la gente a nuestro trabajo. Pero también era algo negativo porque le daba acceso a nuestro trabajo a gente que no era capaz de hacer una crítica en sentido tradicional. Alzaban el pulgar o lo apuntaban hacia abajo. Nos lanzaban estrellas como si fuesen ninjas: tres para este, cuatro para aquel. No quiero decir que esa clase de respuesta no sea válida. No es lo que pretendo dar a entender. Pero esas respuestas pueden ser irrelevantes. Si eres un pintor del estilo color field y tus obras cuelgan de las paredes de una galería y un tipo que pasa por la calle mira hacia dentro y dice: «No me gusta o no entiendo esa obra», no es el tipo de cosa que necesites escuchar. Pero eso es lo que hace Internet. Coloca un encabezado en negritas, NO ES PARA MÍ, y añade un breve anuncio («No me gusta o no entiendo esa obra») y después tienes que puntuar con estrellas (dos y media). Es incluso un poco más perverso que eso. Pide que reacciones a la obra. No solo se trata de que la gente vote o valore o diga si le gusta o no sin detenerse a pensar. Es que a menudo la gente siente que tiene que votar o valorar, a pesar de no querer hacerlo. Y lo hacen con una especie de resentimiento, no solo hacia ti, sino hacia el proceso que los ha colocado en una posición incómoda en la que se les pide que tengan una reacción plenamente formada (a pesar de ser apresurada) a una determinada obra de arte.

Mi primera advertencia en ese sentido es que mantengas la cabeza sobre los hombros. Sé consciente de que cuando tienes que vértelas con críticas estás viéndotelas con productos creativos —o, cuando menos, con productos creados— y que están sometidos a la misma tensión y al mismo estrés que cualquier otro producto creado. Las reseñas hay que escribirlas, igual que cualquier otro texto en prosa. Hay que tomarse el tiempo para componerlas, a pesar de que a veces las condiciones no sean

Sé consciente de que cuando tienes que vértelas con críticas estás viéndotelas con productos creativos.

—

idóneas. Cuando te enfrentes por primera vez a esas reseñas, entiende las condiciones según las cuales se hicieron: el esfuerzo, la energía, la experiencia de quien escribe la reseña, el contexto, la contribución. Adecúa tus sentimientos a esas circunstancias.

Es más fácil decirlo que hacerlo. Decirlo, de hecho, es muy fácil. Ya lo he dicho. Cuando escribí mi libro sobre comida, el chef Dave Beran me habló de esto con mucho detalle. Dave estaba interesado en el modo en que la tecnología le ha dado a la gente demasiadas oportunidades para realizar críticas, pero a los artistas no los ha dotado de un equipamiento similar para soportarlas. Antes, un consumidor de obras creativas podía buscar al autor de un producto en concreto y darle su opinión, aunque no era fácil hacerlo. Podías esperar en la puerta de los camerinos de un espectáculo de Broadway. Podías intentar subir al autobús de The Roots después de un concierto. Pero conllevaba un esfuerzo. Y cuando finalmente estabas allí y llegaba el momento de dar tu opinión, tenías que sufrir toda clase de presiones sociales relacionadas con el contexto. Si deseabas decirme que mi concierto de esa noche había sido un asco, podías hacerlo, pero tenías que suavizar tu tono en un principio para que yo no me irritase de entrada contigo, y tenías que argumentar tu juicio para que yo no lo rechazase de entrada, y debía tener paciencia y civismo y escuchar mi refutación. Dave me dijo que en el negocio de los restaurantes tiene lugar un proceso muy bien entendido. Podías mostrarle tu desagrado al camarero, que a su vez se lo transmitiría al chef o al propietario. A veces el chef o el propietario salían y atendían personalmente las quejas del cliente, o al menos las tomaban en consideración. A veces podían disculparse. A veces le invitaban al cliente la cena. «A nadie le gustan las malas reseñas —me dijo Dave—, pero esa clase de diálogo era algo a lo que todo el mundo estaba acostumbrado.» Los comentarios en Internet no requieren nada de eso. Un cliente descontento puede pagar la cuenta, marcharse y despotricar horas después, desde casa. El restaurador no tiene la oportunidad de escuchar la queja y, por lo tanto, no puede hacer nada al respecto; al menos en lo que se refiere a ese cliente.

Mientras Dave hablaba me puse a pensar en hasta qué punto la tecnología había alterado ese intercambio. Yo no puedo ajustar mi manera de tocar a mitad de una actuación, en realidad no: cuando grabamos un disco lo hacemos a puerta cerrada, y cuando tocamos en un concierto no estamos en la disposición de tocar de nuevo un tema si al público no le ha satisfecho. Tenemos noches buenas y noches malas, y todas ellas conforman una amplia idea del trabajo creativo que llevamos a cabo.

Así es como funciona la cosa en relación con las reacciones del público. Una reseña de verdad es algo totalmente diferente. Si un crítico se toma el tiempo de acudir a un concierto o de escuchar un disco o de ir a comer a un restaurante, resulta más fácil aceptar la crítica, al menos en mi caso. Ninguna persona creativa espera hacer siempre un buen trabajo, si tiene un mínimo de cordura. Todo lo que puede esperar es que su trabajo siga conservando cierta cantidad de energía.

Evaluación versus creación

Este es uno de mis subtítulos preferidos porque me hace reír. ¿Por qué me hace reír? Porque si lo lees deprisa da la impresión de que trata sobre el debate entre los evolucionistas y los creacionistas. No sé si a alguno de ustedes les parece tan gracioso como a mí. Y tampoco me importa. ¿O sí? Esa es la idea esencial de esta sección.

¿Necesita el arte tener un público? Realmente se trata de dos preguntas en una. El modo más convencional de pensar en esto es si el arte tiene un objetivo o no. ¿Este libro que estás escribiendo lo leerá alguien? ¿La canción que estás cantando la escuchará alguien? ¿El sketch humorístico en el que estoy participando lo verá alguien? La última de estas preguntas tiene fácil respuesta. Sí. Forma parte de «The Tonight Show». Millones de personas lo verán y después estará circulando por Internet. Estas preguntas son importantes, pero tienen que ver con cómo se comercializa y se consume el arte.

También hay una versión menos obvia del asunto: ¿Cómo anticipa el arte y cómo se prepara para su público a medida que surge del artista? Esto es algo en lo que he estado pensando desde el principio. Algunas de mis mejores ideas han surgido de un lugar muy profundo de mi cerebro, no estaban sujetas a diálogo alguno, ni siquiera a mis ideas personales de lo que un diálogo debería de ser. Pero algunas de mis peores ideas han surgido a través del mismo proceso. Estuve buscando en Internet y encontré una publicación titulada *Creativity Research Journal*. ¿Quién habría imaginado que existía algo así? Supongo que pude haber imaginado su existencia, pero también suena a lo que podría inventar un tipo que está escribiendo un libro sobre creatividad para justificar algunas de sus ideas. «Ah, claro. Eso me recuerda a un artículo que leí en... Mmm... el *Creativity Research Journal*.»

Esa publicación en particular existe e incluye artículos de académicos de todo el país e incluso de todo el mundo: Francia y China e incluso Noruega. Encontré un artículo titulado «Social Influences on Creativity» («Influencias sociales en la creatividad»), que tenía un carácter bastante general, pero que tenía un subtítulo complicado: «Evaluation, coaction, and surveillance» («Evaluación, trabajo conjunto y vigilancia»). El subtítulo complicado tenía relación con el experimento en el que se basaba el artículo, en el que un grupo de personas creativas había sido dividido en dos subgrupos, en tres ocasiones diferentes. En cada una de esas tres secciones, a la mitad del grupo se le dijo una cosa y a la otra mitad otra, y las diferencias tenían que ver con las expectativas en relación con la presencia o ausencia de cierto tipo de público o de evaluadores. En la primera parte del experimento, a una mitad de las personas creativas se les dijo que iban a evaluar su trabajo y a la otra mitad se les dijo que su trabajo no sería evaluado. La segunda y la tercera parte del experimento puso en contacto a los grupos de personas creativas con otras personas de diferentes maneras. La segunda parte tenía que ver con el trabajo conjunto, lo que quiere decir que se les colocaba en una habitación con otras personas que estaban llevando a cabo el mismo trabajo que hacían ellos. Y la tercera parte tenía que ver con la vigilancia, y se ubicaba a la gente en una habitación con otras personas que los observaban. (Para esta sección se me ocurre una posible secuela para el video de Rockwell *Somebody's Watching Me.*) El trabajo conjunto y la vigilancia no provocaron un efecto llamativo en las personas creativas: el trabajo conjunto no produjo ninguna clase de efecto y la vigilancia los debilitó un poco, probablemente porque a ciertas personas les incomoda ligeramente el hecho de que otras personas los observen (a otras les excita ligeramente: los exhibicionistas). Pero la evaluación sí estableció una gran diferencia. La creatividad, fuera como fuese definida para el experimento, «descendió significativamente» en los grupos que esperaban ser evaluados.

Internet, y en particular las redes sociales, proporcionan una versión gigantesca de esa experiencia. Puedes ver el trabajo conjunto. Puedes apreciar la vigilancia. Pero lo que más puedes ver (y escuchar y sentir) es el sentido de evaluación.

Aquí hay un último y fascinante contraejemplo, y es la forma en que las ideas sobre la tecnología se instalan en el mundo. Cada vez colaboro con más frecuencia con tecnólogos y emprendedores tecnológicos, ya sea Kevin Systrom (de Instagram), Tim Westergren (de Pandora) o Andy Rubin (de Android) y siempre me sorprende cómo los modelos tecnológicos para crear se apoyan en los modelos artísticos. En muchos sentidos, son iguales. Los creadores experimentan flashes de inspiración. Tienen que tomar esos flashes y unirlos a ideas existentes, que pueden ampliar. De vez en cuando, se adentran en territorio desconocido, donde se ven obligados a inventar nuevos materiales para construir el bote que les permita navegar hasta ese rincón del mapa. Pero la tecnología muestra algunas diferencias clave en lo que se refiere a mostrar esas ideas al público. La primera de ellas, obviamente, es la idea de las versiones beta, en las que la idea —con la que ya se ha empezado a trabajar— se lanza al mundo antes de que esté totalmente acabada. El público ayuda entonces a redefinir el trabajo, a resolver cuestiones que el curador podría no ser capaz de resolver. Hay versiones de esta manera de crear en otros campos. Se trata de un extenso proceso comercial, pero resulta interesante pensar en su relación con el arte. No hay versiones beta de una canción o un libro o un cuadro; no en el sentido tradicional. (A veces los artistas filtran canciones para ver si sus seguidores se sienten cómodos con un cambio de orientación, o un político utiliza a un sustituto para lanzar un mensaje, a modo de globo sonda.) Pero, aunque en el mundo creativo no existan las versiones beta, podrías imaginarlas.

Imagina mostrar tu obra al público. ¿Qué dirán? ¿Dirán que es demasiado extensa? ¿Demasiado breve? ¿Demasiado confusa? ¿Demasiado directa? ¿Demasiado complicada? ¿Demasiado exigente a nivel superficial pero excesivamente tacaña en su esencia? Utilizarte a ti mismo para valorar una versión beta, al menos en un sentido conceptual, es otro de los ejemplos de ese principio del que he hablado en varias ocasiones: estar presente y ausente al mismo tiempo, tanto en la elaboración del trabajo como fuera del trabajo, evaluándolo. Ocupa ambas posiciones. Interpreta los dos papeles. Empuja esa primera versión, más allá de su propio alfabeto, más allá, hacia la existencia.

Qué hay en la tienda
Incluso si eres un artista no comercial, piensa en cómo tu trabajo puede llegar a los demás y en qué sentido ese proceso se parece o no a la distribución comercial.

ÉXITOS Y FRACASOS

El fracaso de las críticas negativas

Si haces algo durante mucho tiempo acabarás fracasando. Esto es tan importante que voy a volver a decirlo, con énfasis. Si haces algo durante mucho tiempo, fracasarás. Lo mismo que en un primer momento te lleva a ese lugar elevado que supone ser un artista creativo, se fastidiará o se torcerá o caerá de bruces o delante de tus narices y te convertirás en una persona que habrá hecho algo que no debía haber hecho. Fracasarás a la hora de conectar con el público que ya tenías, pero también, desgraciadamente, fracasarás intentando conectar con un nuevo público. Cuando eso ocurra te sentirás fatal. Te sentirás destrozado. Ni siquiera querrás saber por qué empezaste a hacer algo. La gente te enviará mensajes e intentará sacarte de la cueva en la que te has encerrado. La gente te dirá que tienes que tomarte con filosofía todos esos asuntos relativos al éxito y al fracaso, que solo debería preocuparte conectar con tu verdadero yo interior. Tú mirarás a todas esas personas y pensarás que son idiotas.

Hay miles de historias parecidas sobre el fracaso; como míni-

Si haces algo durante mucho tiempo, acabarás fracasando.

—

mo una por cada artista creativo. Chris Rock ha hecho películas que no alcanzaron el éxito que él quería. La gente mostró una mayor ambivalencia de lo que yo imaginaba ante los espectáculos especiales que marcaban el regreso de Dave Chappelle en 2017. Incluso Eddie Murphy vivió una época en la que ni siquiera pagando pudo haber conseguido una buena crítica. Hay un ejemplo que me conmueve, porque oí hablar de él con detalle. Recuerdo haber escuchado al humorista John Mulaney en una entrevista con Pete Holmes en un podcast titulado «You Made It Weird». «You Made It Weird» es un podcast extraño, como podrías suponer por el título. Si bien otros podcast de ese programa hacen un repaso cronológico de las carreras de los invitados («WTF» de Marc Maron) o tratan temas específicos («How Did This Get Made», que repasa películas malas), el programa de Holmes se centra en una extensa charla sobre espiritualidad, identidad y consciencia. Puede resultar agotador; hay episodios que duran tres horas. Se comporta como una especie de Sherlock Holmes e investiga cosas que jamás se te habrían ocurrido. Puede comportarse como Eldridge Holmes porque hay una especie de música en su proyecto. Y puede ejercer de John Holmes porque puede desnudarse y mostrarse un tanto grosero. El episodio sobre Mulaney fue una excepción, muy interesante, y hablaron básicamente de uno de los aspectos de su carrera: la comedia de situación que llevaba su nombre a modo de título y que se emitió en la cadena Fox.

Durante muchos años, Mulaney fue un chico de oro. Su sketch sobre cómo tomarle el pelo a los clientes en la cafetería Salt & Pepper de Chicago, con el tema *What's New Pussycat?* de Tom Jones sonando en la rocola, es algo así como el gol de toda una carrera;

yo solo soy capaz de soñar con si alguna vez seré capaz de reunir el valor para ser monologuista y hacer el número del veintiuno. Se lo recito a otros de memoria, del mismo modo en que los universitarios cantan a todo pulmón *Ruff Ryders Anthem* de DMX trepados en el coche los sábados por la noche.

Le preocupaba mucho tener éxito y en parte por eso tomó las decisiones correctas para asegurarse de conseguirlo. Frecuentaba Comedy Central. A los veintiséis le hicieron una prueba para «Saturday Night Live» y lo contrataron como guionista; trabajó allí durante seis temporadas. Escribió un montón de sketches que se encuentran entre los mejores de esa época del programa, incluidos los de Stefon que creó con Bill Hader. Durante ese tiempo también empezó a crear una comedia de situación. Muchos de los guionistas de «Saturday Night Live» lo hacen. Es una evolución natural y nadie habría dudado de que esa era precisamente la evolución que debía seguir Mulaney. Desarrolló una idea para una serie semiautobiográfica que relataría su vida como chico maravilla y, al mismo tiempo, trataría algunos de los aspectos más oscuros de su propia historia; en particular sus problemas con el alcohol y las drogas durante su etapa universitaria. El programa se titularía *Mulaney* y estaba previsto que lo emitiese NBC, la misma cadena que lo contrató para trabajar de guionista en «Saturday Night Live» (y, para decirlo todo, la misma cadena que me paga como líder de la banda que toca en «The Tonight Show Starring Jimmy Fallon»). Los de la NBC le echaron un vistazo al capítulo piloto que Mulaney había grabado y lo rechazaron. No es algo infrecuente. Se graban muchos capítulos piloto pero no muchos de ellos acaban convirtiéndose en series. Mulaney tenía una segunda opción: Fox sí la quiso y le encargó seis episodios, que más adelante se convirtieron en dieciséis y después quedaron reducidos a trece. Se estrenó en Fox en octubre de 2014. A esas alturas, la trama de la serie había variado ligeramente respecto a la idea original de Mulaney.

Hasta ahí la historia resulta familiar. Una joven estrella de la comedia sigue siendo una joven estrella de la comedia. La serie tenía muchas cosas a su favor. Se parecía a *Seinfeld* pero ofrecía una panorámica desdibujada de la vida real y de los personajes. El personaje que interpretaba Mulaney, John Mulaney, era el de un joven guionista que vivía en Nueva York con dos compañeros de piso: Jane, interpretada por la humorista estadounidense de origen iraní Nasim Pedrad, y Motif, interpretado por el humorista y actor afroamericano Seaton Smith (nota al pie: Tariq hizo una audición para ese papel). La vida de John da un giro radical cuando es contratado como guionista por una leyenda de las series de humor llamado Lou Cannon, interpretado por el legendario Martin Short. El igualmente legendario Elliott Gould interpretaba al viejo vecino gay de Mulaney, Oscar. Los cimientos de la serie se asentaban en «Saturday Night Live» —Pedrad había formado parte del reparto durante el tiempo que Mulaney trabajó allí y Lorne Michaels era el productor ejecutivo—, pero también había varios veteranos de *Seinfeld* metidos en el proyecto. El director principal de la serie era Andy Ackerman, que había trabajado tanto en *Seinfeld* como en *Curb Your Enthusiasm* con Larry David.

Antes de que empezase a emitirse, todo el mundo creía que la serie iba a ser un éxito. ¿Cómo iba a fracasar? Pero desde el principio se apreciaron signos preocupantes. Los críticos no fueron amables. Creían que se parecía demasiado a *Seinfeld*, o bien que era demasiado tradicional, o que había demasiados personajes secundarios extravagantes, o que sus chistes eran demasiado elaborados. Dijeron que el tono cómico de Short, extravagante e irónico, no casaba demasiado bien con el sentido del humor de tipo corriente de Mulaney. Pero el humor en televisión no tiene que ver con los críticos, ¿no es cierto? Era la gente la que tenía que opinar. Se la mostraron a la gente y la gente no la quiso. Casi dos millones y medio de espectadores vieron el primer capítulo, que es una cifra pequeña para una serie de la cadena, y la audiencia no dejó de descender desde ese momento. Aparte de un repunte en enero cuya causa principal —bueno, la única— fue que el partido de la NFL entre los Packers y los Seahawks que la precedió fue líder de audiencia (¡incluida la prórroga!), la serie logró tener poco más de un millón de espectadores, hasta que la cadena la canceló debido a sus bajas cifras.

Mulaney habló de muchos de esos asuntos en «You Made It Weird». Pero los enfocó de un modo más íntimo. Lo que hizo durante buena parte del programa fue intentar explicarle a Pete Holmes —y probablemente a sí mismo— cómo había sobrellevado el fracaso. Lo primero que hizo fue aceptar la palabra. Su serie fracasó. No había modo de enfocarlo de otra manera. No había gustado ni a los críticos ni al público. Mulaney pasó dos años desarrollando algo que desapareció como si nada, con total rapidez y sin despedirse. Sintió un agudo dolor. En las semanas posteriores al estreno se tropezaba por la calle con amigos —podían ser otros humoristas o amigos de su vida normal— y lo que le resultaba más desconcertante era que se negaban a hablar de la serie. En la entrevista recordó haberle preguntado al humorista Neal Brennan (creador del espectáculo *Chappelle*) si cuando entraba a una habitación todo el mundo pensaba que era el tipo que había fracasado con su serie. Sí, le dijo Brennan: era más o menos así. Lo que empeoró las cosas, según Mulaney, es que al trazar la serie como lo había hecho había mezclado las ideas que algunas personas tenían de la serie con las ideas que tenían sobre él. No se trataba de *The Larry Sanders Show*, en el que Garry Shandling interpretaba a un tipo que se llamaba más o menos como él; ni siquiera de *The Mary Tyler Moore Show*, donde el título identificaba a la estrella, pero no al personaje principal. Era más bien como *Seinfeld*: el nombre de la serie era el nombre de la persona que lo protagonizaba y el nombre del personaje que interpretaba. Como resultado, cuando los críticos hablaban de la serie, no había más referencias que las personales. *Mulaney* no hacía gracia. *Mulaney* era una pérdida de tiempo. No resultaba agradable oírlo, a pesar de que las letras aparecieran escritas en cursiva.

Había pasado un año desde la cancelación de la serie, pero Mulaney todavía seguía dándole vueltas a su fracaso. Esbozó varias reglas para la supervivencia creativa, que me resultaron muy interesantes porque estaba empezando a trabajar en este libro. Eran muy específicas: reglas para trabajar en un proceso colaborativo de un modo en que no te arriesgues a perder la razón si fracasa. Una de ellas destacaba por encima de las demás, así que decidí que estaba bien compartirla si citaba la fuente. (Ni siquiera era originalmente suya. Era algo que un humorista mayor que él, tal vez incluso Seinfeld o Larry David, le había dicho a Mulaney.) La idea consistía en que hay una asombrosa cantidad de decisiones que deben tomarse durante la elaboración de una comedia de situación, y Mulaney tendría que haber prescindido de tomar muchas de ellas; tendría que haber delegado el control limitándose a no aparecer, porque de ese modo su presencia en otras reuniones habría sido considerada como más consecuente. Mulaney dijo que en un primer momento fue una lección difícil de aprender. Le gustaba la idea de ser un buen gestor, de trabajar con todos, ya fuesen los encargados del guardarropa o los comerciales, pero aprendió que no tenía que estar en todas partes.

Dijo que hubo ciertos riesgos que él quiso tomar pero que nunca tendría que haber tomado. Quería sacudir el formato para subvertir la comedia de situación tradicional. Parecía una buena idea. Quería introducir subtramas sobre fantasmas reales. Lo cual parecía una mala idea. Pero permitió que ciertos aspectos de la serie se le fueran de las manos a medida que el proceso avanzaba. En cualquier caso, dijo que la responsabilidad (o la culpa) del fracaso del programa recaía sobre sus hombros.

Pete Holmes, como anfitrión de la entrevista pero también como amigo de Mulaney, no salió en su defensa. Es más, le dijo que no había cuidado adecuadamente su serie. Esa afirmación, incluso un año después del final de la serie, dio la impresión de herir los sentimientos de Mulaney. Finalmente, Mulaney admitió que durante un tiempo el programa lo hizo polvo. Durante un tiempo lo volvió loco y, después, durante algo más de tiempo, lo sumió en una depresión. Se casó el mismo mes en que se estrenó la serie y, al ver que el programa se encaminaba poco a poco hacia el desastre, se había centrado más en entender su nueva relación. Encontró un nuevo modo de afrontar los retos creativos. En el año que transcurrió desde la cancelación de la serie, realizó un espectáculo especial basado en un monólogo y coprotagonizó con Nick Kroll una obra de teatro del Off-Broadway, *Oh, Hello*, que sería estrenada en Broadway. Todo el mundo parecía coincidir en que la obra era buena.

No tengas miedo de la oscuridad

Al menos hay dos lecciones a extraer de las historias de fracaso. La primera, obviamente, es que no hay que temerlo. Cualquier carrera, si es lo suficientemente larga, incluye una mezcla de éxitos y fracasos, y así tiene que ser. Esa mezcla es rica en oxígeno. Permite que puedas seguir respirando.

Durante muchos años The Roots fuimos la niña bonita de los críticos y eso es un poco como estar en una prisión. Cuando era niño, los artistas musicales intentaban saber qué opinaban de ellos los críticos, en gran medida para sentirse satisfechos con las reseñas de *Rolling Stone*. Una crítica de cuatro estrellas resultaba impresionante. Una crítica de cinco estrellas era inimaginable. Ya hemos hablado de esos raros álbumes que consiguieron esa proeza. Poco después, la vara de medir fueron los micrófonos de *The Source*. Si conseguías cinco, el mundo reconocía que eras un genio. Nas consiguió cinco con «Illmatic». Outkast logró cinco con «Aquemini». De La Soul consiguió cinco con «De La Soul Is Dead».

Insisto, esa no es más que una forma de medir el éxito, el éxito de crítica debido a una publicación autorizada, pero importaba. En nuestra era, el criterio crítico ha variado gracias a Internet. Ni *Rolling Stone* ni tampoco *The Source* tienen tanta importancia. Ahora se trata de las calificaciones de *Pitchfork*. Esa es ahora la vara de medir si estás llegando al público de manera adecuada. *Pitchfork* valora los álbumes en una escala que va de 0.0 a 10.0. Solo un puñado de álbumes lograron la máxima nota en sus inicios: «Kid A», de Radiohead; «The Soft Bulletin», de The Flaming Lips, y «My Beautiful Dark Twisted Fantasy», de Kanye West figuran entre ellos. (Muchos álbumes consiguieron esa puntuación en reediciones, pero eso es diferente; eso es arte *a posteriori*. El logro radica en conseguir esa cima cuando aparece el disco.)

Yo no esperaba un 10.0. Lo tenía claro. Pero también sabía que éramos una banda con muy buenas críticas y que estábamos haciendo alguna de nuestra mejor música a finales de los noventa; los temas eran muy potentes y al mismo tiempo muy accesibles. Cuando lanzamos «Things Fall Apart» en 1999, crucé los dedos porque quería alcanzar la valoración más alta posible y estuvimos cerca: 9.4. No fue simplemente uno de esos discos bien concebidos y bien ejecutados que gustan a los críticos. También vendió mucho y nos mantuvo en el candelero durante un tiempo. Si existe algo así como un éxito global, eso es lo que conseguimos. «Phrenology», el siguiente álbum, apareció en 2002 y seguía transitando el mismo camino. *Pitchfork* nos dio un 8.1: no era demasiado alto, pero todavía estábamos ahí arriba. Pero «The Tipping Point», el álbum que siguió a este último, supuso una gran decepción. Recuerdo que Rich Nichols, nuestro mánager, me llamó. «No te va a gustar lo que dicen en Pitchfork», me dijo. Me quedé helado al ver la puntuación: 5.4. No era lo que decían de él, era simplemente un número. Y no era el número que yo quería ver. Finalmente leí la reseña. El crítico decía toda una serie de cosas negativas sobre el disco, muchas de las cuales no me parecieron correctas, aunque algunas sí tenían sentido para mí; había estado allí mientras lo grabábamos, obviamente, y tenía cierta idea de por qué algunas letras podían sonar un poco flojas o ciertos arreglos musicales podían parecer inconsistentes. No aprendí gran cosa de aquella crítica. Era consciente de los límites de lo que habíamos hecho. Pero no dejaba de pensar en aquel número.

¿Qué efecto tiene el fracaso en un artista? Puede confundirte. Eso se debe a que es algo que ocurre, principalmente, en tu cabeza. Las cosas que hoy todo el mundo halaga pueden quedar olvidadas mañana. También puede pasar lo contrario. Un trabajo etiquetado de una manera no tiene por qué mantener esa etiqueta siempre. Algunas obras son consideradas obras maestras y flotan en el aire eternamente, pero por lo general esa designación que perdura en el tiempo sin recibir oposición, sin ser revisadas, son el resultado de una falta de reflexión por parte del público, el resultado de una preferencia debido a una sabiduría recibida.

El fracaso no es algo fatal. Para empezar, puede suponer una motivación. Navegar en aguas tranquilas no siempre es la mejor manera de convencerte de que arriesgues. La lucha y la frustración y el miedo (creo que ya he hablado antes de esa precisa combinación en *Mo' Meta Blues*, que recuerdo porque suena a *El mago de Oz*: leones y tigres y osos) pueden ser estupendas herramientas para aprender a centrarse y a recuperar las fuerzas. Y eso vale para cualquier clase de fracaso: una chica que no quiere salir contigo o un jefe que no quiere ascenderte. Aunque el fracaso en las cuestiones creativas es algo especial dentro del mismo principio. En una entrevista (creo que para una cadena de televisión alemana), Da-

—

**Navegar en aguas tranquilas
no siempre es la mejor manera
de convencerte de que arriesgues.**

vid Bowie dijo algo que me gustó mucho. No sé si solía decirlo a menudo, pero es una de esas cosas que uno debería tatuarse en la pierna. Dijo que la creatividad era «uno de los pocos empeños humanos en los que podías estrellar tu avión y alejarte de él». Tus errores no tienen que hundirte, en ningún caso. Pero la observación de Bowie tiene un nivel incluso un poco más profundo. Los fracasos creativos pueden sentirse como experiencias cercanas a la muerte, así que sobrevivir a ellos puede generar una sensación de liberación. Hay una película titulada *Sin miedo a la vida*, protagonizada por Jeff Bridges, en la que él es uno de los supervivientes de un accidente de avión. No se ajusta exactamente a la metáfora de Bowie. El avión no es suyo. No es más que un pasajero. Pero sale indemne de un accidente. Durante las semanas y los meses posteriores al accidente, se ve atrapado por una especie de manía. Toma riesgos que nunca antes habría tomado. Se relaciona con Rosie Perez, que interpreta a otra superviviente que perdió a su bebé en el accidente. (Rosie Perez estuvo nominada a un Óscar por esta película, fue el movimiento adecuado y todavía hay más: *Sin miedo a la vida* fue cuando me di cuenta de que lo ocurrido en *Haz lo que debas* no había sido cosa de suerte. Por absurdo que pueda parecer, Perez podría ser la chispa para mi obsesión con *Soul Train*. No hay cosa humana —ni cantante ni bailarín, ni siquiera el propio Don— que signifique más para mí que Rosie Perez bailando en aquella película.)

El fracaso creativo lleva a una liberación similar. Cuando te alejas del avión accidentado, estás jugando con el dinero de la banca. Puedes hacer cualquier cosa; y, por fortuna, lo harás. El fracaso, a veces, no está más que en tu mente. A veces en la mirada del... bueno, no del observador, pero sí del afligido. Incluso cuando no es así, incluso cuando es algo indiscutible, nunca es un final. Piensa en James Brown, que vivió muchos momentos de éxito, cimas indiscutibles, pero también otros momentos en los que su obra no fue bien recibida o fue borrada por el paso del tiempo. A veces se debió a que su público no estaba preparado para lo que estaba haciendo. Otras veces se debió a que estaba demasiado ansioso por salir de su cabeza y ponerse al día con las tendencias, en lugar de permanecer un rato más en su cabeza y ser él quien crease la tendencia. ¿Y qué? No hay ley que diga que en todas las ocasiones hay que sentir el sudor frío, como diría James Brown. Incluso cuando no te sientes en plan *Sex Machine*, te pondrás en pie. La única corrección que yo hago de esa fórmula es que las auténticas personas creativas no se alejan, o no exactamente. Caminan hacia lo siguiente.

Renacer de las cenizas

Tengo muy buenos ejemplos de este principio. Un director de cine me contó su historia. No quiero dar su nombre porque tal vez no le gustaría. Años antes, alguien había filmado una película basada en un libro suyo. Era una historia de ciencia ficción, no he oído decir nada de la película, lo que tal vez no resulte sorprendente, porque son muchas las películas de ciencia ficción que no conozco. En cualquier caso, él se sentía orgulloso del libro y le alegró que alguien quisiese convertirlo en película, se ilusionó cuando el director y uno de los actores se reunieron con él y le prometieron que mantendrían intacta la visión que ofrecía la novela, y lo animó mucho visitar el set de rodaje... y ahí acabó su optimismo. A medida que avanzaba el rodaje le quedó claro que el director y el actor principal no tenían intención alguna de preservar su enfoque. Iban a dejar el libro a un lado e iban a hacer un remake a su estilo.

La película, cuando finalmente fue estrenada, era incluso peor de lo que había imaginado. Habían cambiado al personaje principal. El actor lo había hecho por vanidad. El director había simplificado la estructura hasta el punto de perder por completo la idea principal del libro, que tenía algo que ver con cómo el tiempo se pliega sobre sí mismo. Y lo que es todavía peor, los críticos destrozaron la película y fue un fracaso en taquilla. Las reseñas indicaban lo que él ya sabía, pero lo hicieron de un modo en el que daba la impresión de que todos aquellos puntos débiles ya estaban en el libro. El escritor se sintió devastado. Durante seis meses apenas pudo salir de la cama. Pero entonces empezó a sentir rabia, de un modo que no le resultaba familiar. Empezó a sentirse enfadado y motivado. He dicho de él que era director de cine, pero también he dicho que esa película estaba basada en un libro que él escribió. Puede parecer que me he equivocado. Pero no es así. Es una explicación de lo que ocurrió. Originalmente, el tipo había sido escritor. Escribió seis o siete libros, y algunos de ellos se vendieron muy bien, otros no tanto. A los críticos parecía gustarles su obra. Pero cuando se recuperó tras los seis meses de depresión, cuando empezó a sentir que ya no podía resistir más la rabia por la película, empezó a pensar menos como escritor y más como director. Cuando retomó la escritura lo hizo con algo de vergüenza. Todavía tenía que lidiar con el dolor que le había causado la adaptación cinematográfica. Además, quería entender cómo habían hecho la película, y cómo la habían hecho tan mal como para malversar el libro que él había escrito. Empezó haciendo su propia película sobre el proceso de que se hubiese hecho una película con su libro. Fue lo bastante sincero consigo mismo como para admitir que no tenía ni idea de lo que estaba haciendo. No sabía cómo conseguir actores profesionales. No sabía cómo iluminar una escena o colocar bien el micro o adquirir los derechos de una canción. Le resultó evidente que lo que estaba haciendo no era una película que pudiese mostrar al público de manera tradicional. Pero fue aprendiendo a medida que avanzaba. Y lo importante no fue simplemente que aprendiese, sino que estaba creando. Lo ilusionaba y estaba muy metido en el proceso, determinado por completo a hacerlo lo mejor posible, y la mayoría de esas cosas siguieron sucediendo durante años. Como escritor había sido profesional, un autor de éxito que había perdido la chispa esencial que lleva a hacer cosas. Como director de cine, reconectó con esa chispa. Cuando hablamos, estaba empezando a rodar una segunda película, una que esperaba que pudiese estrenarse.

A la luz de esa experiencia, empezó a entender de un modo diferente el fracaso. Para él, como mínimo en aquella época, el fracaso servía para nutrirse. Se dio cuenta de que, si uno lo digería correctamente, podía generar una tremenda cantidad de energía en el artista. Ese es el verdadero tema sobre cómo se recibe tu trabajo como creador profesional. Para otras personas, se trata de si gusta o no. Para ti no se trata de si gusta o no, sino de que el modo en que lo sienten te motiva o no para seguir trabajando. La creatividad fracasa cuando se detiene. No puede tomarse un respiro, tiene que seguir adelante y adoptar otras formas. «Aquí el autor se tomó un respiro, pensó en una película que había hecho adaptando una de sus obras, y regresó como director de cine.»

El hecho de que al principio tengas éxito tampoco tiene por qué ser algo estupendo, excepto para tu ego, y tu ego es algo que tienes que controlar, más que ser indulgente con él o ignorarlo.

El mismo principio puede aplicarse en situaciones en las que el artista no fracasa. Es más, se aplica en casos de éxito. Cuando empiezas como artista, en lo único que piensas es en tener éxito. Lo deseas. Harías cualquier cosa para conseguirlo. Pero si tienes un sentido de la historia relacionado con la forma de arte que tú practicas y con el importante papel que juega el arte en general en la sociedad, no quieres que tu éxito sea meramente económico. Quieres que la gente a la que respetas tenga en cuenta tu obra y

—

**Tu ego es algo que tienes que
controlar, más que ser indulgente
con él o ignorarlo.**

reconozca su calidad. No tiene por qué encantarles, pero tienen que respetar sus logros y el modo en el que has escogido llevarlos a cabo.

Eso puede ser una especie de trampa. El 9.4 que le dio *Pitchfork* a «Things Fall Apart» es un número que nunca olvidaré, porque nos dejó sumamente cerca del 10.0, que es la perfección. Entonces descendimos y volvimos a subir. El álbum «Game Theory», que salió en 2006, consiguió un 7.7 en *Pitchfork*. Un éxito. «Rising Down» obtuvo un 7.8. Éxito. «How I Got Over», en 2010, nos llevó a los niveles de «Phrenology» con un 8.1. Sé que solo se trata de números, y que son tan reduccionistas como los números bajos. Utilizo esto para llegar a algún lado. (No estoy completamente seguro de que se trate solo de números. Pero eso también tiene sentido.) No siempre el ascenso conllevaba unas rápidas y alegres consecuencias a nivel económico. Me gusta decirle a la gente que The Roots experimentó el más largo éxito de la noche a la mañana en la historia de la industria musical. Recuerdo estar en la ceremonia de los premios Grammy un día en que me habían cortado el suministro eléctrico en casa. Seguimos adelante porque queríamos seguir, y porque habíamos imaginado que nos dirigíamos a algún sitio, a pesar de que fue cambiando con el paso del tiempo. Cuando volvimos a nuestra senda después de The Tipping Point, a la gente le dio la impresión de que el sitio al que nos dirigíamos era el adecuado.

Pero el éxito, mal entendido, puede ser tan peligroso como el fracaso. Estoy especialmente orgulloso de «How I Got Over», no por la valoración de *Pitchfork* sino por todo lo que contiene. No es una copia a carboncillo de «Rising Down». Ni siquiera pretendimos que lo fuese. Acababan de contratarnos en «Late Night with Jimmy Fallon» y eso nos puso en contacto con un montón de nuevos músicos. Eso nos hizo conscientes de que teníamos que aprender a tocar con cualquier clase de banda. Podrías decir que eso es justo lo opuesto de la creatividad. Pero «How I Got Over» fue el

El éxito, mal entendido, puede ser tan peligroso como el fracaso.
___

disco en el que nos decidimos a fusionar nuestro trabajo en la televisión y nuestro proyecto creativo. Incluimos a un montón de invitados en ese disco. Joanna Newsom estaba ahí. La agrupación Dirty Projectors está ahí. Y Jim James. También hay una idea que se da a entender en el título. ¿Qué era lo que estábamos superando? Estábamos superando la ansiedad. Habíamos sufrido mucho estrés. Estábamos superando las dificultades propias de encontrarte a la mitad de tu carrera. Pero, en un sentido extraño, estábamos superando el éxito.

Así que no permitas que el éxito te tumbe. Puede colocarte en una línea muy estrecha y que eso provoque que te atemorice experimentar. Piensa en todos los actores famosos que se ven forzados a actuar en el mismo tipo de películas una y otra vez debido a que los estudios ansían repetir los éxitos. No estoy diciendo que tengamos que sentir lástima por ellos. No hay motivo alguno para sentir lástima por ellos. Son actores famosos. Pero, mirado desde un punto de vista puramente creativo, sus movimientos laterales se han visto restringidos.

La fuerza de la inseguridad

Hay un componente racial en la cuestión del éxito. No hay dos modos. Solo hay uno.

Según mi teoría, especialmente con aquellos éxitos que tienen que ver con la música negra, me da la impresión de que el denominador común en los últimos tiempos es que un montón de artistas negros se toman entre tres y dieciocho años para sacar un nuevo disco. ¿Por qué tanto tiempo cuando Stevie Wonder o Smokey Robinson necesitaban unos ocho meses, y James Brown todavía menos, y los dos años que empleaba Sly Stone eran considerados una eternidad?

No creo que sea casualidad. Hacer cosas entraña un proceso psicológico y retrasar las cosas es una forma común de autosabotaje. ¿Por qué te sabotearías como artista negro? No puedo hablar por todo el mundo, pero creo que hay un peso muy fuerte de la culpa del superviviente si has salido de un ámbito de pobreza o desigualdad cultural, de un lugar donde te sabías en desventaja mientras crecías. De repente, en un abrir y cerrar de ojos, tu vida cambia; y no necesariamente porque te hayas visto obligado a encajar en el sistema, sino porque puedes ser tú mismo. ¿Por qué tendría que pasar algo así? ¿Qué te ha llevado a tener tanta suerte? Cuando algo así sucede inevitablemente te sientes culpable.

Un buen ejemplo es el caso de Allen Iverson. ¿De qué modo emerges de la pobreza y la oscuridad y te conviertes en alguien importante? ¿Cómo gestionas tal cantidad de dinero siendo tan joven? ¿Y cómo te ves a ti mismo mientras pasas por todo el proceso? He pensado en muchas ocasiones en cómo tratan los artistas negros a su público y cómo se entiende esto como algo muy cool cuando, en realidad, parecen no respetar el proceso. Cuando Miles Davis actuaba, le daba la espalda al público. Su actitud era como si le estuviese haciendo una seña obscena a la sociedad. Pero cuando empecé a profundizar en esa cuestión, descubrí que la gente —incluso Miles, un genio de los pies a la cabeza— desea rechazar al público antes de que el público los rechace a ellos. Puedo nombrar a siete u ocho artistas que piensan demasiado y que hablan mucho de la situación. En la película de Mike Birbiglia *Don't Think Twice*, a uno de los siete humoristas de un grupo de cómicos, interpretado por Keegan-Michael Key, se le ofrece la posibilidad de aparecer en «Saturday Night Live». En la película no aparece debatiéndose con cuestiones de raza —es un tipo muy blanco dentro del mundo de la comedia— pero sí lucha para superar el sentido de culpa, en parte porque su novia (interpretada por Gillian Jacobs) es otro de los miembros del grupo que él va a dejar atrás. Y, recuerda, esta clase de cosas son subjetivas. ¿Qué hace a una persona mejor que el resto de su comunidad? Cuando te elevas por encima del grupo, ¿cuál es el resultado? ¿Agarras esa oportunidad, que suele pasar una vez en la vida, o la dejas pasar debido al sentimiento de culpa?

En los círculos creativos, a veces, lo que podríamos definir como la culpa del superviviente hace que tus mejores ideas se vuelvan en tu contra. El chef Dominique Ansel, durante la fiebre de los cronuts, tuvo que vérselas con su propio éxito. Le ofrecieron un montón de dinero para que continuase centrado exclusivamente en esa única idea o bien en pensar otra con el mismo éxito masivo. En parte no lo hizo porque insistió en hacer siempre algo nuevo, pero yo creo que le preocupaba la percepción que pudieran tener de él otros chefs; es decir, el respeto dentro de su propio círculo. Ahí tenemos dos asuntos interrelacionados, así que vamos a separarlos durante un segundo: está el miedo a elevarte por encima de la comunidad que te apoya, y también está el miedo a perder el contexto de artistas similares. Para mí esas dos cosas se combinan para crear una inseguridad específica. Pienso en cómo actúo durante las sesiones de DJ o bien justo después: en cuanto acaba la última canción estoy deseando largarme. Corro hacia la puerta. Tengo amigos que, a lo largo de los años, me han animado a quedarme un rato. Creen que tendría que conversar con otras personas creativas que hayan asistido a ver mi actuación. Si se trataba de algún periodo en el que no tenía pareja, mis amigos me animaban a quedarme a charlar con alguna mujer. Pero yo no lo hago. Ya lo he dicho: corro hacia la puerta.

Hay algo de timidez, obviamente, pero no es una forma simple de timidez. También es algo de arrogancia. Pienso en la gente que respeto, la gente por la que siento reverencia, como Prince o Michael Jackson, y no puedo imaginarlos esperando después del concierto para tomar algo en el bar y hablar con sus fans. Las redes sociales ya hacen que sea mucho más accesible de lo que sería sano. Puedo lanzar ideas azarosas a mitad de la noche vía Twitter o mostrar en una foto una extraña seta que crece en una tubería en el sótano de un local vía Instagram. Pero creo que está bien cultivar cierto grado de misterio. Es más, a pesar de que participo en las redes sociales tanto, si no más, que cualquier otro famoso, no creo necesariamente en el impacto de mi presencia en la cultura. O, mejor dicho, extiende y amplifica mi presencia de un modo que podría tener efectos negativos en mi creatividad.

Por otra parte, me gusta pensar que algunas de esas plataformas que ofrecen las redes sociales son, en sí mismas, creativas. A finales del año pasado hice mi primer chat en directo en Instagram. La idea era aparecer frente a la cámara, poner un disco, tal vez hablar un poco. Hice un pequeño discurso introductorio que era un tanto pesaroso y autocrítico. Le advertí a la gente que posiblemente se sentiría decepcionada. Dije que yo no era tan simpático como las Kardashian o, al menos, tan simpático según el lenguaje de los medios. No tenía intención de hacer muecas o hacer fotos empalagosas. En lugar de eso, iba a poner algo de música, un tipo de música muy concreto: versiones de temas soul de bandas de marcha. Supongo que en lo más profundo de mi mente había dicho esas cosas para librarme de la responsabilidad y que la multitud me demostrase lo contrario. Si les hubiese dicho que no había nada que los retuviese, ninguna fuerza centrífuga de verdad, y que los números iban de quinientos a mil y a diez mil, me habría equivocado; y durante el tiempo que lo hice habría comprobado que estaba en lo cierto. Pero no fue eso lo que ocurrió. En lugar de eso, lo que pasó fue justo lo que dije que pasaría. El número de personas que lo vieron en vivo empezó en unos mil y, poco a poco, fueron descendiendo hasta novecientos, después a ochocientos y después a setecientos. La gente no tardaba en irse. Los números eran como las cifras de un altímetro en la cabina de una película de accidentes de avión. Pero la gente que se quedó, en su mayoría, entendió lo que estaba ocurriendo. Lo entendieron. Estaban profundamente conectados, conectados como si estuviesen en *Matrix*, como si el cable les llegase hasta el cerebro. Es posible que pienses que eso me gustó, al menos a cierto nivel. Pero también fue un poco incómodo para mi ego creativo. Tengo un amigo escritor que cuando utiliza los chats para leer algo y son pocos los que se conectan se enfada. «¿Por qué te enfadas con la gente que lo ve?», le pregunté. Se encogió de hombros. «Si lo entendiese, no me pasaría», me dijo.

Tras el chat me puse a pensar en todo el proceso: por qué acepté hacerlo, por qué escogí un tema que sabía que no resultaría ampliamente atractivo, por qué quise librarme de la responsabilidad, por qué albergué la esperanza de que librarme de la responsabilidad acabaría siendo algo infundado, y por qué no tuve la suficiente claridad para apreciar a las personas que estaban al otro lado. Llegué al menos a una conclusión: mi miedo al rechazo era tan grande que provoqué un cortocircuito. Esto es muy importante para la idea de fracaso. No se trata simplemente de hacer algo y permitir que funcione según sus propios términos. Se trata de hacer algo y entonces, funcione o no según sus propios términos, sentir una grieta entre el público que has imaginado y tú. Te ves expulsado de esa fantasía como el conductor de un coche que no lleva puesto el cinturón de seguridad en un accidente. Vaya: dos metáforas de accidentes en dos párrafos. Pero no voy a pedir disculpas. Supongo que es así como uno lo siente. Si ves las actuaciones de Miles Davis posteriores al disco «Big Fun», donde él camina dando la espalda al público, tendrás un enfoque diferente de todo esto. Solíamos pensar que era una pose cool. Miles es el mejor. Tan auténtico. Solo le preocupa su arte. Pero cuanto más la veo y mayor experiencia tengo en una carrera que, si no es exactamente igual que la suya, sí al menos es como una versión —hacer cosas en un lugar abarrotado de gente—, menos creo que se deba a la pureza del arte y más entiendo el complejo proceso del artista para evitar el rechazo. ¿Por qué no tendrían que evitarlo? El rechazo es como un aguijón. Es como un puñetazo en la cara. Es un sentimiento negativo en tu vida amorosa o profesional, y quizá aún sea más devastador el efecto en relación con lo creativo, cuando ser rechazado es una parte fundamental de tu ser, algo personal y espiritual, la semilla de tus ideas únicas. Los artistas incorporan la sensación de rechazo a su personalidad. Puedes tener éxitos o fracasos, pero la esencia fundamental de la dinamo que alimenta el miedo al fracaso siempre estará ahí.

No sé quién me contó por primera vez la historia del globo, pero resulta extremadamente relevante. Es un escenario hipotético que te habla de la perspectiva que una persona tiene del mundo. Aquí va la historia: Estás en un campo. Un tipo que iba conduciendo un camión salta de él. Lleva agarrada una gigantesca cantidad de globos de helio, globos suficientes como para elevarse del suelo. Pero el tipo no sale volando porque lleva unas botas muy pesadas. «Agarra esto», te dice el tipo de las botas tendiendo los globos hacia ti. Tú los agarras. Empiezas a elevarte. ¿Qué haces? La mayoría de la gente dice que los soltaría de inmediato, caerían desde poco más de un metro de altura y verían cómo los globos ascenderían hacia el cielo. Pero, después de un concierto, me encontré con un joven negro con quien conversé sobre música y creatividad y sobre sus aspiraciones y le hablé de los globos.

«¿Qué harías?», le pregunté.

«Me prepararía para el viaje», me dijo.

No pude creerlo. «Así que me estás diciendo que tienes mil globos de helio en la mano y que te estás elevando lentamente del suelo. Estás a veinte, treinta centímetros de altura, ¿y lo que deseas es seguir subiendo?»

«Por supuesto», dijo.

«No, no», le dije. Tuve que explicarle todos los peligros asociados. «Todas las personas a las que les había planteado este ejemplo dejaron ir los globos.»

Pero resultó que fue él el que tuvo que darme la explicación. «Yo no los soltaría porque entonces los globos ascenderían y yo me quedaría en el suelo. Y yo siempre he soñado con volar.»

Tuve que preguntarle: «¿Dónde creciste? ¿Cómo ha sido tu vida?». Nació en 1993. Sus padres seguían casados. Todos sus abuelos vivían y seguían casados. Tuvo suerte durante su infancia, es más: formaba parte de esa generación de chicos negros que han crecido en un entorno estable, amable y enriquecedor. Había escapado por completo del proceso que implica dudar de uno mismo y acabar odiándose. «¿Qué pasa cuando llegas demasiado alto? —le pregunté—. Con los globos, me refiero.»

Se encogió de hombros. «Supongo que alguien vendría a rescatarme.»

Fue un análisis sorprendente. No se me habría ocurrido en la vida, en parte porque no es cierto. Nadie irá a rescatarte. En última instancia, tendrás que hacer las cosas por tu cuenta. Pero tal vez creer en que van a rescatarte tenga su punto. Tal vez haya algo en el valor de mantener agarrados los globos. Tal vez haya sabiduría (una inmadura sabiduría) en el cerebro que no deja ir los globos.

Ajustando tu mente

El éxito y el fracaso son estados mentales. Y dado que son estados mentales puedes mantenerlos dentro de tu mente.

En primer lugar está la cuestión de dónde trazar la línea alrededor de unos particulares trabajos o experiencias creativos. Uno de los temas más importantes en relación con la vida creativa es darse cuenta de que tienes que gestionar el tiempo e incluso, hasta cierto punto, controlarlo. No quiero decir que tengas que escoger cuánto vivirás, aunque eso sería una ventaja alucinante. (No creo que escogiese ser inmortal, en parte porque no sabría cómo motivarme sabiendo que dispongo de tiempo infinito para hacerlo, pero esa es una discusión para otro momento.) Lo que quiero decir es que tienes que decidir, hasta cierto punto, cuál es la medida de tu vida creativa. Piensa en un partido de fútbol americano. Puedes tener una horrible primera mitad y después una estupenda segunda parte, y remontar hasta ganar el partido. Eso es lo que sucedió en el Super Bowl de 2017 entre los Falcons y los Patriots. La primera mitad fue un fracaso para los Patriots, pero en el descanso fueron a los vestuarios y llevaron a cabo toda una serie de ajustes. Después, salieron y dominaron a su oponente. Por tratarse precisamente de un juego con reglas fijas, puede haber varias capas de éxito y fracaso, pero el resultado final es que los Patriots se impusieron. La creatividad tiene incluso más matices. Se tiene en cuenta la posibilidad de que quieras centrarte únicamente en la primera mitad porque estás creando una primera mitad; en ese caso podrás admirar el despliegue de Atlanta. O tal vez lo que te interese no sea tanto el partido, sino más bien el modo en que los jugadores tratan a sus familias cuando llegan a casa por la noche, en cuyo caso (y esto es una pura especulación) admires a los jugadores de los Falcons que no pagaron su frustración con otras personas o a los jugadores de los Patriots que no son altos y fuertes (esas son formas de éxito), y es posible que no te gusten aquellos jugadores de los Falcons que permiten que su tristeza y frustración afecte su manera de tratar a los demás y los jugadores de los Patriots que se fueron de fiesta toda la noche, mientras sus esposas o sus novias tuvieron que regresar al hotel (esas son formas de fracaso). O tal vez te interese observar tan solo un aspecto específico del juego, como el preciso momento en que se realizó un pase. En el trabajo creativo eso es el equivalente a ser consciente de que tu técnica está mejorando, incluso aunque tu trabajo no esté a la altura de las expectativas. La cuestión es que como persona creativa, estás a cargo del tamaño de la obra que va a ser juzgada. Si a los críticos no les gusta este álbum, pero les gusta el siguiente y tú quieres sentirlo como algo en general positivo, es cosa tuya. Si no les gusta ninguno de los dos, pero los motivos tienen que ver con lo mucho que creen en tu talento y con que creen que guardas un gran álbum en tu interior esperando a salir, también puedes elegir no sentirlo como un fracaso. Otros podrían decir que esto de lo que hablo no es más que un truco mental, que estás alterando la realidad para sentirte mejor. ¿Y cuál es mi respuesta a eso? ¡Por supuesto que lo es! ¡Por supuesto que lo estás haciendo! Ese es el asunto.

El segundo asunto tiene que ver con la responsabilidad individual y con hasta qué punto tu personalidad tiene que lidiar con los embates de cualquier clase de crítica a tu trabajo. Retomemos el ejemplo del fútbol americano. En un deporte de equipo siempre hay alguien con quien compartir los resultados y las consecuencias de esos resultados. Un jugador puede salir al campo y hacer todo lo que le pidan, pero si su defensa no detiene al otro equipo, o si su entrenador no realiza las indicaciones adecuadas, sus esfuerzos pueden ser en vano. (También eso ocurrió en el Super Bowl. Lo siento, Julio Jones.) Lo mismo puede decirse de una banda, hasta cierto punto. Cuando salgo de gira con The Roots vamos todos juntos; una buena noche es una victoria para todo el grupo y no una mera medida de mi propio valor, y una mala noche es una experiencia que nos baja a la realidad y no una mera medida de mi propio valor. Otros artistas tienen su propia versión de esto. A algunos de mis amigos humoristas les gusta trabajar como maestros de ceremonia. A algunos de mis amigos escritores les gusta trabajar como moderadores en debates. Es un modo de formar parte de un equipo, sin estar en primera línea, bajo la luz de los focos.

Pero hay ocasiones en las que los artistas sí están en primera línea; cuando desaparece la idea de equipo o de banda y están solos, expuestos, junto a su obra. En esos casos, es necesario retomar todas las estrategias de las que hablé anteriormente. Tienes que ser consciente de los beneficios nutricionales del fracaso y de la escasez de calorías de cierto tipo de éxito. Pero quiero acabar con otro apunte, uno de carácter filosófico. Una de las mejores maneras de manejar el sentimiento de fracaso (o el estrés del éxito) es aceptar un hecho muy simple: al mundo le importas poco. Cuando eres una persona joven y creativa, ya te dediques a la música o escribas o pintes, trabajas en tu disciplina sin tener un sentido adecuado de cuál es tu público. Si preparas un concierto a la hora de la comida y diez personas aparecen por el patio para verte cantar, o bailar, o contar chistes, te produce una enorme sensación de satisfacción. Más adelante, cuando consigues algo más de fama, tu sentido del público cambia. Esperas que a más gente le interese lo que haces. Si lanzas un disco y lo compra menos gente de la que habías previsto, si escribes un libro y se vende menos de lo que esperabas, incluso si escribes un tweet sobre algo gracioso y no consigues tantos likes o retweets como estás acostumbrado, es posible que te veas acosado por el pánico o que te sientas especialmente mal contigo. No lo hagas. Siéntete bien por ello. Te están agasajando con el regalo de la libertad. El silencio de la gente o la distancia del público no tienen que ser entendidos necesariamente como algo negativo. El mundo está demasiado abarrotado. Está lleno de todo. Gran parte de lo que haces a nivel creativo no va a caer en mitad de un público receptivo. Caerá en el mundo, será ignorado por la mayoría y encontrará a unos pocos que reaccionarán intensamente, ya sea de manera positiva o negativa. Es

Gran parte de lo que haces a nivel creativo no va a caer en mitad de un público receptivo.

—

posible que eso no case con tus ideas sobre la fama o la celebridad, pero sí casará con tus ideas sobre la creatividad, lo sepas o no. La creatividad necesita cierta cantidad de aislamiento para mejorar tu habilidad de entender las conexiones. La creatividad necesita cierta cantidad de indiferencia para mejorar tus habilidades a la hora de crear diferencias. La creatividad necesita cierta cantidad de vacío para que puedas ser (y crear) contenido.

Sana competencia

¿Cómo mantener el equilibrio? ¿Cómo seguir nadando a pesar de las aguas revueltas? Parte del secreto es no perder nunca de vista la sana competencia.

La primera historia que se me ocurre es de finales de los años noventa. Yo ya no era un artista nuevo. Era una especie de veterano. Llevaba en el juego del hip-hop casi una década, que es lo máximo que cualquiera puede imaginar que dure una carrera en el hip-hop. Seguía trabajando con The Roots, pero estaba empezando a hacer cosas por mi cuenta, a grabar discos y a producir también con otros artistas. Eso fue durante el periodo en que D'Angelo estaba grabando «Voodoo». No fue un periodo tan largo como el de producción de «Black Messiah» —que se extendió durante una década— pero duró varios años. Ya he comentado lo mucho que sufrió con su bloqueo y cómo lo dejó atrás. A esas alturas estaba totalmente superado. Rebosaba de material nuevo. Muchos de nosotros estábamos colaborando en su disco, de un modo u otro —como músicos, productores y técnicos de sonido— y solíamos estar en el estudio. Pasamos muchas horas allí, pero la moral estaba alta. Todos teníamos la sensación de que el álbum que estábamos ayudando a nacer iba a ser algo grande.

Recuerdo una tarde, mientras trabajábamos en *Devil's Pie*, y DJ Premier estaba añadiendo sus scratches a la mezcla. Q-Tip estaba allí con nosotros en la sala y cuando salió —tenía que hacer una llamada— nos quedamos solo cuatro de nosotros: D'Angelo, J Dilla, Premier y yo. Trabajamos durante veinte minutos y después veinte minutos más y después descansamos. Premier dijo: «Eh, ¿alguien tiene algo nuevo para tocar con el grupo?». Él era un poco mayor que el resto de nosotros, era un poco más veterano. Gang Starr tenía numerosos clásicos y su nuevo single del álbum «Moment of Truth», *You Know My Steez,* acababa de salir y había conseguido que el grupo obtuviera su primer Disco de Oro. Si estaba aceptando el reto, eso significaba que nosotros teníamos que tomarlo. D'Angelo fue el primero. Fue a buscar un casete, lo encontró y lo hizo sonar durante unos treinta segundos; era un tema nuevo. Treinta segundos eran todo lo que él necesitaba. No recuerdo bien qué tema era, tal vez *Left & Right,* pero era electrizante. La sala se llenó de energía. Todos empezamos a gritar como si nos hubiesen dado una descarga, y en cierto sentido fue así. Dilla fue el siguiente. Hizo sonar *Fall in Love* y un esbozo de lo que iba a ser *Once Upon a Time,* con Pete Rock. De nuevo se produjo un gran revuelo de placer y excitación y también un poco de envidia. Premier fue el tercero. Él había motivado la situación, así que sabía lo que tenía bajo la manga: hizo sonar *Downtown Swinga '98* de M.O.P. y *The Legacy* de Group Home.

Entonces llegó mi turno. Eso iba a ser un problema. Iba a ser algo más que un problema. Para empezar, no disponía de mucho material. Tenía una cinta de trabajo con lo que sería el tema *Double Trouble* para «Thing Fall Apart». La parte vocal no estaba acabada: ni Tariq había completado su parte ni tampoco Mos Def. Solo era un esqueleto. Pero era lo que llevaba en mi bolsa y fue lo que tuve que utilizar cuando la flecha se movió y señaló hacia mí.

No olvidaré aquella sala. Las paredes eran grises. Y esa fue la sensación que ocupó aquel lugar cuando hice sonar *Double Trouble*. Un recién llegado tal vez no lo habría notado. Es posible que apreciase la misma emoción que había surgido tras los temas de D'Angelo o Dilla o Premier: risas, asentimientos, palmadas en las piernas. No habría apreciado la ligera corriente oculta de falta de sinceridad. No era nada especialmente ofensivo. Era simplemente un detalle en la postura de los chicos. Parecía estudiada. Miraban fijamente, como a media distancia, y movían un poco la cabeza. No me miraron a los ojos ni se miraron entre ellos.

Era el signo de la muerte. Saqué el casete y volví a meterlo en mi bolsa. Podría no haber siquiera estado allí. Sentía en mi interior toda la grisura de aquellas paredes.

Aquella misma noche acudí al estudio con un sentido de venganza. Reelaboré la pieza por completo. Todo lo que no funcionaba lo quité. Lo que funcionaba lo mejoré. He dicho que me comporté como Glenn Close en *Atracción fatal*, en el sentido de que no quería que me ignorasen, aunque fuese engañoso. No quería ignorarme a mí mismo. Quería ser igual que los demás. Quería sacar de mi bolsa una canción que iluminase la sala. Una vez más quiero distinguir entre el proceso y los resultados. ¿Fue eso lo que yo hice? Resulta difícil decirlo. Podrías opinar que, al día de hoy, *Double Trouble* no es igual a *Left & Right*, al menos cuando la escuchas una sola vez. La letra de Tariq es estupenda. Los coros de Mos Def aportan un montón de sabiduría y poder. No es como una de esas canciones pop que te agarran agresivamente, pero no se trata de eso. Lo que me llevó de vuelta al estudio para trabajar en ese tema fue la motivación creativa. En este caso, la motivación respondía a la competencia, así de sencillo. No me importó si la canción vendía cincuenta millones de copias o llegaba a lo más alto de las listas de éxitos. Quería impresionar a los que estaban en la sala, o como mínimo hacer algo que yo entendía que podía impresionar a los presentes.

Eso me conecta con otro de los principios que he esbozado. Ahí es donde la red te sostiene. Es un modo de reducir el mundo para poder pelear con ese millón de cosas que alguien está haciendo en cualquier momento en cualquier lugar. Ni siquiera deseas medirte con todo lo que has hecho hasta ese momento. Quieres conquistar esa sala. Ahí es donde tu creatividad tiene que seguir zumbando. Es la mejor forma de presión entre iguales, el único modo válido de servirte de mentalidades iguales.

Permanecer en la senda

Hay otro modo de pensar en la competencia y tiene que ver con los trenes. Deja que te lo explique.

A finales de 2016, Childish Gambino lanzó un álbum titulado «Awaken, My Love!». Childish Gambino, obviamente, es Donald Glover, el actor y rapero. Se hizo conocido gracias a su papel protagonista en la serie de la NBC *Community* y después creó y protagonizó otra serie de televisión, *Atlanta*, que lo llevó a ganar dos muy merecidos Globos de Oro y un Emmy. También ha grabado y lanzado toda una serie de discos de hip-hop. Durante un breve periodo de tiempo ocupó una extraña posición en el mundo de la música. A algunas personas les sorprendía su versatilidad: ¿cómo era posible que un cómico hiciera estos discos? Otros lo rechazaban por diletante, o daban por hecho que «cantante de hip-hop» era solo otro papel de los que interpretaba. («Camp», el álbum que lanzó en 2011, recibió un golpe brutal por parte de *Pitchfork*, con un 1.6. Pensarlo me hace tener pesadillas, y eso que no era un disco mío.) No voy a entrar en esa disputa, pero sí voy a decir que no creo que eso tuviese mucha importancia. Había temas que me gustaron en los dos primeros álbumes y temas que no, temas a los que respondí a nivel muy básico y otros que me dejaron frío.

Entonces apareció «Awaken, My Love!». Yo sabía que Donald estaba dándole un giro a su música. Había hablado de eso en algunas entrevistas. Estaba escuchando muchos discos de música funk de finales de los sesenta y principios de los setenta, principalmente los discos del imperio P-Funk de George Clinton y de Sly & The Family Stone. Estoy hablando de álbumes fundamentales, como «Maggot Brain» y «America Eats Its Young» y «There's a Riot Goin' On» y «Fresh». Estaba preparado para un cambio en su sonido. Pero no lo estaba para la magnitud de su transformación. Pero en cuanto puse el nuevo disco de Childish Gambino me quedé con la boca abierta. Era de noche, muy tarde, o lo que algunas personas denominarían altas horas de la madrugada. Llamé de inmediato a D'Angelo. «D —le dije—, tienes que escuchar esto. Es el tren.»

Él sabía a qué me refería. Solo unas pocas personas lo habrían entendido. Pero ahora todo el mundo puede hacerlo. Cuando era joven y tenía que tomar el tren en Filadelfia, tenía extraños pensamientos sobre los trenes que llegaban al andén. Si un tren se marchaba y yo saltaba a las vías y echaba a andar, ¿hasta dónde podría llegar antes de que llegase otro tren y me pasase por encima? No era un pensamiento muy cuerdo, pero no tenía que ver con la autodestrucción o algo así. Simplemente me preguntaba cuánto tiempo tendría que esperar para que llegase otra cosa. Cuando me hice mayor, empecé a convertir ese pensamiento en una metáfora sobre arte. Si The Roots grababa un álbum ubicado en el límite entre el jazz y el hip-hop podríamos disfrutar durante un rato. Éramos el único chico en la vía. Pero siempre había otro tren a unos cincuenta metros de distancia, a nuestra espalda. No podíamos darnos la vuelta para asegurarnos, porque era posible que fuese la última cosa que viésemos. Teníamos que seguir adelante, seguir haciendo cosas, mantenernos creativos, aceptar los retos.

Llamé a D'Angelo pensando en su propia música. Su estupenda música, podría decir: «Voodoo» es una auténtica obra de arte y después se tomó su tiempo (por denominarlo de una manera ingeniosa) para sacar «Black Messiah», su siguiente disco. Cuando finalmente apareció, a finales de 2014, fue justo aquello que todo el mundo pensó que podía llegar a ser. Hizo algo increíble al llevar el viejo funk y el viejo soul a una nueva era, manteniendo vivo el espíritu de esa música, pero también empujándola hacia delante. Nadie había hecho nada parecido. ¿O sí? D'Angelo creía que era el único chico en la vía y yo estaba allí con él. Desde nuestro punto de vista éramos los únicos que estábamos en la vía. Pero cuando escuché el disco de Childish Gambino, dos años después, supe que estábamos equivocados. Habíamos permanecido demasiado tiempo acampando en la vía, creyendo algo equivocado y de repente me di cuenta de que una locomotora de veinte toneladas venía hacia nosotros. Donald tenía cierto poder, debido a la plataforma que suponía trabajar en televisión, pero también debido a la distancia temporal que había transcurrido desde la realización de los discos que lo habían inspirado. No había ningún otro artista de su envergadura, de su importancia, que estuviese trabajando con los mismos ingredientes del mismo modo. La mitad de las personas que compraron su disco nunca habían escuchado «Maggot Brain» o «Fresh». Fue su manera de acceder a esa música, y volvieron a traerla a la vida y eso supuso un bien incalificable. Pero también fue una lección de competitividad.

Mantuve largas discusiones sobre ese disco, aquella misma noche y durante los días siguientes, con D'Angelo. Una de las ideas interesantes que surgieron de esas conversaciones, al menos en lo que refiere al tema que estamos tratando, tuvo que ver con la idea de la influencia y eso me lleva a algunos de los conceptos que he tratado al principio de este capítulo. D'Angelo me preguntó si yo creía que el disco tenía unos referentes muy claros. Por supuesto que los tenía, y se lo dije. También le pregunté por qué creía que él tenía derecho a apropiarse de todo, de Smokey Robinson a Marvin Gaye, de Curtis Mayfield a Prince, y rehacerlo todo a su voluntad, y Childish Gambino no. Todo remitía a un marco temporal. En la mente de D'Angelo él se servía de clásicos, pero de clásicos que había adquirido de manera legítima, en la radio, con su propia colección de discos, mientras que Childish Gambino se los ponía encima como una cuestión de moda. Según mi punto de vista ese no era un buen argumento. No eliges aquello que te inspira o el terreno donde competirás. Te inspira y compites con cosas que te importan. A veces vienen de muy atrás en el tiempo. Y ahí estaba la gracia de la segunda implicación que podía extraerse de lo que D'Angelo había dicho. Estaba dando a entender que Childish Gambino, de algún modo, también le estaba copiando, que estaba llevando a cabo los mismos movimientos para apropiarse de su público. Le dije a D'Angelo que estaba de acuerdo con él, pero que tenía que entender que él era también ya un clásico. No le gustó escucharlo. Pero le pedí que le echase un vistazo al calendario. Su álbum de debut tenía más de veinte años. Su influyente segundo álbum tenía más de quince. Sus innovaciones —su modo de entender el hip-hop, sus arreglos vocales, su manera de desplazarse por una melodía— estaban ahí desde hacía tiempo. Si un nuevo artista imitaba a Smokey Robinson también imitaba inevitablemente a D'Angelo. Era incluso algo más específico que eso. En Richmond, Virginia, de donde era D'Angelo, había toda una pequeña generación de músicos jóvenes cuyos padres se conocieron y empezaron a salir en la época de «Brown Sugar». Ahora esos jóvenes tenían veinte años y muchos de ellos se dedicaban a la música. Estaban superando el sonido de D'Angelo, igual que Childish Gambino estaba adelantando el sonido de P-Funk. Imitaban, pero no era solo eso: absorbían, digerían y reformulaban; representaban y re-presentaban.

Debido a que D'Angelo todavía está en activo, todas esas formas de imitación suponían competencia. Para mí se trata de algo
positivo, algo realmente bueno. Nos recuerda que todos estamos
en la misma senda y que todo lo que va acaba volviendo. Piensa
en los trenes. Nunca olvides que están en camino.

Reescribe las críticas
Elige una de las críticas que ha
recibido tu obra y vuelve a escribirla
para decir justo lo opuesto de lo
que dice.

SIN FIN

Toda la vida/persistir

Esopo tiene una fábula. Bueno, Esopo tiene muchas fábulas, pero no todas ellas resultan relevantes para explicar cómo funciona la creatividad. Algunas tratan sobre la diferencia entre la fuerza y el poder. Algunas tratan sobre la diferencia entre ser listo e inteligente. Pero muchas de ellas nos ofrecen una reflexión sobre el modo en que nuestra mente genera y gestiona las ideas. Piensa en la que habla de la hormiga que ahorra para el invierno y la cigarra que despilfarra todos sus recursos. Podemos servirnos de ella para ilustrar que no deberíamos malgastar las ideas de forma irresponsable, porque es posible que llegue la época de vacas flacas y necesitemos revisar las viejas ideas. O piensa en la fábula de la rana que intenta hincharse hasta ser como un buey, pero explota en el proceso. Podemos usarla para ilustrar que la competitividad creativa puede ser destructiva si no eres consciente de tus límites. Y luego está la de las dos ollas, una de barro y otra de metal, que flotan en un río. La olla de metal quiere flotar al lado de la otra, pero la de barro quiere mantener la distancia porque le preocupa que la olla de metal la golpee y la destroce. Podemos utilizarla para ilustrar el principio de igualdad en una sociedad o en una colaboración, y el hecho de que Esopo era un tipo listo. ¡Ollas que hablan!

Pero la que me viene a la mente con más frecuencia es la historia del zorro y las uvas. En ella, un zorro ve un racimo de uvas que cuelga de una rama. Quiere tomarlas. Intenta saltar y apoderarse de ellas. Al ver que no puede lograrlo no admite su derrota, en lugar de eso afirma que las uvas están verdes. Esa fábula es, en última instancia, única en lo que se refiere a fijar tu camino creativo y permanecer en él. Si empiezas pensando que las uvas están verdes arruinarás el proceso por completo. Las uvas no están verdes. Las uvas son dulces. Y es posible que nunca puedas alcanzarlas del modo en que te gustaría. Pero merece la pena intentarlo. Sigue ahí. No te rindas. Encuentra un nuevo modo de hacerlo. Todos esos clichés eran válidos en los días de Esopo, cuando los zorros tontos no podían alcanzar las uvas y son válidos hoy en día. La idea de agachar la cabeza (cliché) y fijar la mirada en el objetivo (cliché) sigue significando algo. Tal vez no signifique algo tremendamente interesante o pleno de matices, pero da un descanso. En lo que respecta al proceso creativo, persiste, persiste y persiste. Tendrá un efecto positivo en tus ideas, pero también en toda la maquinaria humana que produce esas ideas. Recuerda: la vida es corta. Si pierdes el tiempo o te apartas de lo que tienes entre manos te vas a arrepentir. Fíjate en el tema *The Yes and the Y'all*, que no es de Esopo sino de su tocayo el rapero Aesop Rock: «*Maybe I should just give up or stop trying / but life is so uncertain, so short / I've got to keep on searching*». («Tal vez debería rendirme o dejar de intentarlo / pero la vida es tan incierta, tan corta / tengo que seguir buscando»).

Pero la vida también es larga. Y una parte de la persistencia tiene que ver con aceptarlo. En otro capítulo de este libro cité al poeta Joseph Brodsky al hablar del aburrimiento en la vida humana. Brodsky habló a estudiantes graduados, les dijo que tenían que acostumbrarse a la idea de que no siempre les emocionaría o les satisfaría lo que estuvieran haciendo. Cuanto antes se hicieran a la idea de eso, antes aceptarían el aburrimiento. Y aceptar el aburrimiento significa aceptar toda una serie de cosas: que los seres humanos son insignificantes en el planeta, para empezar; lo que lleva a entender que los humanos tienen que crear para apartarse de esa insignificancia. Mantener una actitud adecuada ante el hecho de envejecer y mantener la creatividad en marcha a medida que te haces mayor es la otra cara del mismo principio.

Por eso quiero recordarle a todo el mundo que la creatividad es un esfuerzo que dura toda la vida. La práctica puede o no lograr la perfección, por eso nunca tienes que dejar de practicar. Puedes hacerlo cuando eres niño, con pintura de dedos o con marionetas, y puedes hacerlo al crecer, con las herramientas propias de tu gremio (lápiz y papel, pincel y lienzo, una caja de ritmos Korg y una mesa de mezclas Pioneer DJM-900). Desarrollar hábitos saludables, como he mostrado a lo largo de este libro, te mantendrá conectado a la fuente de tus ideas. Es posible que te aporte algo de dinero y de fama, pero tienes que seguir manteniéndolos cuando te hagas mayor, mucho después de haberte retirado de la profesión de la que dependiese tu creatividad. Las prácticas creativas sanas no solo ayudan a que la gente se haga una idea de cómo triunfar en su campo, sino que también contribuyen a un envejecimiento sano. Y eso está bien, lectores: ¡el plan creativo de Questlove es también un plan oculto para mantenerte feliz a través de las tormentas del tiempo!

El mundo está lleno de ejemplos de eso, pero uno de los que últimamente me gusta más es Dick Van Dyke. ¿Lo recuerdas? Actuó en Mary Poppins y también en su propia comedia de situación y en su propia serie, en plan abuelete-que-resuelve-asesinatos. Lo vi en televisión durante unos segundos hablando de su nuevo libro. (¿Un tipo de noventa años escribió un nuevo libro?) Le estaba hablando al entrevistador sobre los hábitos que lo ayudaban a mantenerse joven. Algunos de ellos eran muy ordinarios: tratar de comer bien. Estar cerca de personas jóvenes con perspectivas propias de jóvenes. Reír. Pero uno de sus consejos me sorprendió. Estaba en contra de resignarte a que la edad limite tus movimientos en el mundo. En concreto, animaba a la gente mayor a que no dejase de bajar las escaleras a pie a pesar de que doliese un poco. Una vez que empiezas a detenerte estás en disposición de detenerte por completo. Me gustó eso, como advertencia práctica y como metáfora del trabajo creativo. Surgirán dificultades y obstáculos de vez en cuando. Pero la edad es una versión diferente del mismo problema, porque resulta sencillo dejarse llevar por la idea de que las cosas escapan de tu control. Tengo tíos y tías. Tengo amigos mayores. En ocasiones he visto que, a medida que envejecían, se iban dejando llevar poco a poco. Es posible que sentarse en una silla durante mucho rato sea duro debido a los dolores de espalda. Es posible que cueste agarrar los pinceles debido a la artritis. Pero dejarse llevar tiene también un componente mental. Es posible que cueste recordar el nombre de aquel cantante que hizo la canción para aquella película. (Vas a tener que buscarte una mejor excusa.) Pero tienes que seguir adelante. Tienes que subir las escaleras aunque te preocupe.

Entender que se trata de un partido largo más que de uno corto ayuda a comprender mejor el paso del tiempo. Te aporta perspectiva no solo con relación a tu trabajo, también con relación a tu identidad. Cuando era más joven solía ponerme nervioso. No era exactamente pánico escénico, sino más bien ansiedad respecto a lo que estaba ocurriendo. ¿Por qué estaba sobre el escenario? ¿Por qué hacía cosas? Después estuve en un programa y escuché a un tipo hablando con un artista. «¿Te sientes especial? —le dijo—. Todo lo que te está pasando le ha pasado a alguien antes que a ti.» El tipo estaba en lo cierto, pero también se equivocaba. El hecho de que estuviera en lo cierto y equivocado al mismo tiempo es la esencia de la creatividad. Se trata de encontrar tu propia manera de encajar en la eternamente repetitiva experiencia humana. Nada de lo que haces es nuevo, pero todavía puede serlo dentro de esta realización. En cierto sentido, eres uno de los engranajes de la rueda. Todos lo somos. Pero cada uno de nosotros gira a una velocidad ligeramente diferente a la de los otros engranajes, y al mismo tiempo cada uno de nosotros está observando el resto de los engranajes para ver cómo giran. Aprendemos de su manera de girar e intentamos darle sentido a la nuestra. Esa es nuestra condición. Pertenecemos a una especie programada y tenemos nuestra propia individualidad, y la superposición de ambas cosas genera un espacio para la creatividad. Vive en ese espacio. Yo también estoy ahí. A lo mejor llegamos a encontrarnos algún día.

EPÍLOGO

Al inicio de este libro dije que no tenía claro si era una persona realmente creativa. Sabía que la gente piensa en mí como un profesional de la creatividad, pero me preguntaba qué significaba eso. Este libro ha sido un intento de aprender tanto como de enseñar. Una de las cosas que aprendí es que la creatividad significa estar en contacto con el proceso creativo. Algunas de las partes de este libro surgieron de manera sencilla. Otras requirieron más elaboración. Pero todas ellas no solo fueron un modo de explorar el proceso creativo sino un ejemplo de dicho proceso. A veces el proceso creativo sobre el que estás investigando puede ser el de otra persona. Hoy en día, debido a las redes sociales, debido a lo sencillo que resulta grabar y emitir un video corto o un podcast, disponemos de un acceso sin precedentes a los procesos creativos de otras personas. Ciertas cosas que quedaban lejos ahora están más cerca que nunca. Sírvete de esa cercanía.

Este libro forma parte ya de esa cercanía. Si lo tienes en tus manos, si lo has leído o lo estás leyendo, si te lo ha prestado alguien o tú lo has prestado, formas parte de un círculo. En este libro he intentado compartir historias de mi vida, de mi participación en ciertos proyectos, para dejar claro cuándo me han resultado fáciles las cosas y cuándo me topé con dificultades, cuándo me resultó satisfactorio y cuándo no lo fue en absoluto. Es posible que cada una de esas historias contacte con los lectores; es posible que no. No son historias de talla única. Pero las hay de todas las tallas y mi esperanza es que cada lector se sienta interpelado por, al menos, una de ellas.

Un epílogo es una manera extraña de despedirse, un lugar en el que el autor puede decir las últimas palabras pero también recordar a los lectores que se queden con el libro. Mi última advertencia, que también es una manera de animar, es que las ideas, las historias, los recuerdos y las sugerencias contenidas en este libro son solo herramientas, y que eres tú el que tiene que imaginar cómo utilizarlas. Ahora son martillos, brújulas, niveles y llaves inglesas. Cuando hayas acabado, no te limites a cerrar el libro y regresar al mundo tal como era antes. Haz cosas. Encuentra el modo de relacionarte con las cosas que han hecho otras personas. Elabora teorías por tu cuenta. Ningún consejo te ayudará en nada si no sales y pones manos a la obra en el perfectamente imperfecto proceso de crear.

AGRADECIMIENTOS

2.33 a. m.

Sentado en la cama, comiendo pay mientras «Soul Train» suena de fondo (episodio 522: Ready for the World y Rebbie Jackson en ese momento se rasca la cabeza ante la brillante idea de hacer que los chicos bailen al ritmo de *Sweet Love* de Anita Baker, como si estuviesen en una fiesta improvisada).

Con cada libro prometo cumplir con los plazos y no terminar como suelo terminar cuando llega la hora de los agradecimientos, que es sentado en la cama, con ropa deportiva, viendo «Soul Train» a unas horas «poco recomendables». Es entonces cuando olvido nombres y me pongo a darle patadas a la computadora; oh, mira, ¡Rosie está bailando!

Sé también que esto es lo primero que leen las personas que quiero para comprobar si me importan lo suficiente como para darles las gracias. Y la respuesta es:

«Por supuesto, amigo».

Dedico este libro a todos los creadores y curadores y experimentadores y aficionados y productores y fracasados y derrotistas y diseñadores y ganadores y perdedores y resistentes de mi vida.

Conozco a demasiados de ustedes, literalmente, como para nombrarlos a todos.

Los aprecio a todos por lo que le aportan a mi vida.

FIRMADO
?uesto

3.29 a. m.

APUNTES SOBRE LA PORTADA

Cuando llegó el momento de crear la portada de este libro, tuve que estrujarme el cerebro. También le estrujé el cerebro a otras personas. Uno de los cerebros que estrujé fue el de Rube Goldberg. Todo el mundo conoce a Rube Goldberg, ¿no es cierto? Lo que quiero decir es que, aunque ya nadie puede conocerlo porque murió en 1970, antes de que yo naciese, todo el mundo sabe quién es, ¿verdad? Rube Goldberg fue Reuben Garrett Lucius Goldberg —¡eso es un nombre!— y fue un caricaturista que también trabajó como inventor y teorizó sobre la creatividad. Se hizo famoso por dibujar esos elaborados aparatos que en realidad llevan a cabo tareas muy sencillas, como el artilugio formado por once partes con una bota, una vela, una botella de champán y una flor que sirve para encender el televisor. Rube Goldberg creó todo un género con esos dibujos. Son divertidos porque los personajes siempre muestran una expresión extraña, intensa, y siempre aparecen animales que forman parte de la maquinaria, como un pájaro que grazna y vuela y, en el proceso, tira de una cuerda que abre una puerta que hace que una manzana caiga en un cubo que activa un balancín.

Rube Goldberg dibujó esas máquinas como caricaturas. Pero la gente empezó a construirlas en la vida real, desarrollándolas en talleres, ligando una cuerda a un pequeño balancín y a una pieza de papel de lija y a un palillo enganchado a una pesa. Cuando era niño, recuerdo haber ido a diferentes museos y haberme quedado pasmado por cosas que recordaban a los artefactos de Rube Goldberg. Algunos de ellos los vi en museos de ciencia. Algunos en museos de arte. Cuando encontraba alguno, me colocaba en un extremo y observaba cómo una bola descendía por una rampa, la rampa rotaba y se encendía un interruptor. A veces esas máquinas, cuando las construían, hacían lo que se suponía que tenían que hacer. A veces hacían algo diferente. A veces no hacían nada y una pieza que se suponía que tenía que balancearse hasta golpear con otra pieza fallaba, o una bola que se suponía que tenía que rodar por una rampa se salía por un lado. Yo pienso en la creatividad de un modo parecido: un plano dentro de un cerebro que puede producir o no un resultado en el mundo real. Para la portada de este libro quería algo que hablase de ese concepto, empezando por la idea de una máquina formada por piezas y partes diferentes para lograr un objetivo concreto, y cambiar un poco después para intentar captar el extraño y complicado proceso de la propia creatividad. Así pues, ¿cómo logramos este diseño? Acabamos con la portada del libro que tienes en las manos, una máquina que pretende representar el modo en que una persona (en este caso, yo) tiene ideas.

No podía tratarse de una máquina tradicional. Las máquinas tradicionales tienen un objetivo específico. Son ventiladores o máquinas de escribir o vaciadores de manzanas. Incluso las máquinas de Rube Goldberg, por complicadas y raras que puedan parecer a simple vista, tienen una misión concreta. Esa es una de las principales razones por las cuales resultan entretenidas. La gracia está en el hecho de que necesitan veinte pasos para verter agua en un vaso o encender un interruptor; van muy lejos para recorrer una distancia muy corta. La creatividad es algo diferente. La creatividad es un objetivo en sí mismo. Una máquina creativa es una máquina que genera creatividad, lo que en cierto sentido viene a decir que es una máquina que se genera a sí misma, una y otra vez, creciendo a medida que funciona. Se trata del concepto y su ejecución a un tiempo, del principio y del final y de un nuevo principio. Esa es la idea que llevó a la portada de este libro. La máquina de la creatividad reúne todos mis disparatados intereses e influencias y muestra la conexión que los mantiene unidos a través de tiradores y palancas y cuerdas. En la máquina está representada la música, obviamente, principalmente por un disco, pero la máquina también incorpora comida y humor y diseño, cada uno de esos aspectos funcionando de manera independiente y todos trabajando juntos.

Esa máquina, la idea de máquina, en realidad no existe, pero sí existe. Es una versión física de aquello que no solo se crea sino que se construye. La tengo en mi poder y la mantengo, del mismo modo que tengo y mantengo muchas de mis ideas. Pero dado que este libro pretende hacer visible para otras personas mi proceso creativo, también comparto la máquina con todo el mundo mostrando una imagen de la misma en la portada de este libro. Ese es, en última instancia, uno de los aspectos más interesantes de la máquina. Se desplaza desde un mundo plano (en el que no es más que un plano) al mundo real (donde fue construida) y desde el mundo real regresa al mundo plano. Empezó siendo un concepto y acabó siendo una ilustración. Ese es el extraño estatus de esta imagen: una versión en dos dimensiones de la versión en tres dimensiones de una ilustración en dos dimensiones de un proceso que tiene cuatro dimensiones (las tres dimensiones más el tiempo). Y ese es otro modo de pensar en la creatividad: el diálogo entre diferentes niveles de representación, diferentes niveles de ideas, diferentes niveles de complejidad. Así es como he intentado capturarla, tanto en la imagen como en las palabras que conforman este libro. Ahora voy a ir a poner la máquina en marcha, aunque ha estado funcionando todo el tiempo.

ÍNDICE ONOMÁSTICO

QUESTLOVE

Ahmir Khalib Thompson es Questlove y Questlove es The Roots o, al menos, la mitad de esta banda de hip-hop estadounidense que fundó junto con Black Thought y que actúa desde 2014 en el *Late Night* de Jimmy Fallon, del que Questlove es también director musical. Además, este artista de Filadelfia es productor, diseñador, profesor y periodista musical y ha ganado cinco Grammys hasta la fecha.